熊月之 主编

上海简史

海 上 繁 华

1 8 4 3 — 1 9 4 9

王敏 著

上海教育出版社

总　序

　　上海之于今日中国，为规模最大城市之一，为文化名城、旅游胜地，为全国改革开放排头兵、创新发展先行者，为最宜居城市之一、环境最优城市之一、人均期望寿命最高城市之一，亦为各类时彦俊杰放飞理想的首选地之一。上海之于近代中国，为特大城市，为经济中心、文化中心、政治重镇，为帝国主义侵华的桥头堡，为中国工人阶级集聚地、中国共产党诞生地，为近代中国光明的摇篮。这在一向重视国情教育、重视近代史教育的国度，早属常识。

　　但是，如果有人告诉你：上海在近代，城市人口在百多年间，从20来万激增至500多万；上海人口之多，民国时期几乎是北京、天津、南京三大城市人口的总和；上海工业产值、工厂数、工人数均曾占全国50%，外贸额曾占全国70%以上，外国金融投资额占全国80%以上，每年新出版物占全国70%以上。对于如此令人难以置信而又不得不信的数据，该如何解读？

　　如果有人问你：中国外贸窗口先前一直是广州，上海开埠以后不到十年就超过了广州，以后一直在全国遥遥领先，这是为什么？鸦片战争以后，中国对外开放的第一批通商口岸有五个，其中广州、福州是省城，宁波是府城，而上海仅是县城，行政级别最低，为什么会是上海在日后的发展中遥遥领先？这与上海近代以前的文化传统有没有什么关联？如果有，那是一种什么样的关联？

上海地下无矿藏、地上无特产，既没有六朝古都、九朝古都那样辉煌的历史，没有做过一省甚至一府的政治中心，也不是六省通衢、三省交会那样的交通要道，更不是"一夫当关，万夫莫开"的军事重镇。那么多的工厂为什么要集聚这里？那么多归国留学生为什么会汇聚这里？那么多来自五湖四海的名人为什么要落户这里？

上海在计划经济时代的中国，曾以全国1/1 500的土地、1/100的人口，提供全国1/10的工业产值、1/6的财政收入。上海先后支援内地专业技术人才、熟练工人100多万，为国家重大项目的实施、内地的发展做出了难以估量的贡献。毛泽东一生来上海50多次，新中国成立后每到历史关键时刻都会特别关注上海，注重发挥上海的作用，曾特别指出"上海有前途，要发展"。邓小平在推动改革开放时强调"上海是我们的王牌，把上海搞起来是一条捷径"，连连夸赞"上海有特殊的素质、特殊的品格"。习近平从上海的自然环境、文化传统与社会现实出发，结合自己的亲身经历，精辟地论述了上海城市的品格，将其归纳为开放、创新、包容。他说："我曾经在上海工作过，切身感受到开放之于上海、上海开放之于中国的重要性。开放、创新、包容已成为上海最鲜明的品格。这种品格是新时代中国发展进步的生动写照。"那么，上海的优势究竟在哪里？上海开放、创新、包容的城市品格是怎么形成的呢？

要回答这些问题，都离不开对上海城市历史的梳理，离不开对上海城市自然禀赋、城市结构与功能、上海与中国及世界联系等一系列问题的研究，离不开对上海文化的阐释，离不开对上海人素质的剖析。

百多年间，上海从一个普通的沿海县城，发展为中国特大城市，远东与世界最大城市之一，走的不是寻常道路。在相当长一段时间里，上海一市三治，一个城市有三个政治实体，有三套立法、行政、司法系统，官府行文分别使用中、英、法三种不同文字，法院开庭分别使用中、英、法三种不同语言，电车轨道宽度不一，甚至电压系统也不一样，有110伏（法租界）与220伏（公共租界、华界）之别。近代上海市面上流通的纸币，除了中国本国银行所发行外，至少还有18家外国银行与合资银行。各种面值、各种文字、各种颜色、各种图案的纸币都有，英国女王头像、孙中山头像、自由女神像、赵公元帅像同时出现在上海市面上。一个犯罪嫌疑人，在这一区域明显犯法，到那一区域则可能完全合法。诸如此类超乎常规、出乎想象的诡异局面的出现，不完全是某个或某些列强巧取豪夺、一手炮制出来的，不完全是某届中国政府腐败无能所致，更不是某个政治巨人坐在办公室里设计出来的，而是在特定的历史时空中由多种错综复杂的因素综合作用的结果。

近代上海意外地成为中外利益共同体、全球化先行区。来自亚洲、欧洲、南北美洲的移民在这里工作、学习、生活，中国文化、西方文化在这里都不占绝对统治地位。不同民族、不同文化在这块土地上，尽管也有矛盾和斗争，但总体上相对平静地交流、切磋、融合，出现了广泛而复杂的异质文化交织现象，诸如会审公廨、万国商团、多教混合、跨种族婚姻、洋泾浜外语等。西方侨民出于生活的需要，将西方各种先进的物质文明、制度文明与精神文明带到这里，使得上海在相当一段时间里成为与伦敦、巴黎、纽约同步发展的现代化城市。出于见贤思齐的中华传统，上海华人自觉地在多种方面仿效、学习西方，从市政管理、地方自治到追求自由民主。数量可观的外国侨民在与华人社会广泛而持久的接触中，认识到中华文明的博大精深与温良美善，从心灵深处涌出对中华文化的赞赏与服膺。

就红色文化而论，自1921至1949年的28年间，中共中央机关所在地有126个月设在这里，超过其他任何城市，这是为什么？出席中共一大的各地代表，毛泽东代表湖南、董必武代表湖北、王尽美代表山东，都是各地人代表各地党员，而上海的两名代表，李达是湖南人，李汉俊是湖北人，没有一个是上海本地人，且在上海定居都不超过三年，他们为什么会是上海的代表？在风云变色的二战史上，华沙、巴黎、柏林等城市，在气壮山河的抗日战争史上，南京、武汉、长沙等城市，论其命运，都是要沦陷则全沦陷，要保全则全保全，而上海呢，说沦陷又没有完全沦陷，说保全又没有完全保全。这才会演绎出人类战争史上绝无仅有的活剧：隔着一条河，一边炮火连天、血肉横飞，一边笙歌达旦、醉生梦死。诸如此类的社会现象，看似离奇、荒诞，却是事实！

任何不可思议的问题，都蕴含着可思可议的独特价值。任何不合常规的现象背后总有其规，任何不合常理的事情背后总有其理。尽管近代上海所住外国人最多时超过 15 万，来自 50 多个国家与地区，但外国人毕竟只占上海人口的不到 5%，换句话说，上海 95% 以上是中国人，是来自全国各地的移民，是各地移民的精粹部分。上海的一楼一舍、一路一桥，各种工厂、各类商店、各色报馆与书局，是以各地移民为主体的上海人建造、发展起来的。上海移民的存在是历史的存在，他们的生产方式、生活方式、社会网络、文化心理都是此前中华民族历史积淀的结果，他们所体现的文化都是中华文化在近代的体现。在这个意义上可以说，上海的奇迹，本是中华民族应对"三千年未有之变局"的时代产物，是中华文化历久弥新的特质在上海城市的具体表现，是中华文明无穷生命力在新的历史时期的闪亮展现。

要思考那么多不可思议的问题，要解读如此复杂纷繁的现象，要回答如此不合常规的问题，那就不是一般教科书提供的常识所能应付，也不是寻常的短篇单册所能胜任的。上海史早已是学术研究高地，也是备受国际学术界关注的领域，各类成果灿若繁花、目不暇接，《上海通史》《上海大辞典》《上海百科全书》也出了多部，但是，还是缺少一部合完整性、系统性、知识性、普及性为一体的，简明扼要、篇幅适中、脉络清晰、史料扎实的读物。于是，有了这部《上海简史》。

本书分三卷，第一卷《云间潮涌（751—1843）》，述近代以前上海地区历史，重点阐述上海资源禀赋、人文特点与开放传统；第二卷《海上繁华（1843—1949）》，述近代上海地区历史，重点阐述上海何以由一普通沿海县城，在百余年间跃升为国内最大城市与国际著名都市；第三卷《东方璀璨（1949—2019）》，述新中国成立以来到2019年上海地区历史，重点阐述上海在不同国际国内环境下持续发展，彰显开放、创新、包容的城市品格，成为全国改革开放排头兵、创新发展先行者。各卷作者都是长期从事上海历史研究的专业学者，也都是新修多卷本《上海通史》分卷主编。全书框架由我设计，时段划分与重要问题论述，与新修《上海通史》一致。在一定意义上也可以说，这部《上海简史》是《上海通史》的浓缩版或通俗版。

上海历史曲折多姿，上海文化丰富深邃，上海前景灿烂辉煌。本书的出版，如果能在梳理上海历史、阐释上海文化、弘扬上海城市精神、彰显上海城市品格、促进上海城市发展方面起一些微薄的作用，则编者荣莫大焉。

熊月之

2024 年 6 月 26 日

海上繁华

（1843—1949）

目　录

海上繁华
（1843—1949）

绪　言

　　本卷主要讲述近代上海的历史，始于 1843 年 11 月上海开埠，终于 1949 年 5 月上海解放。与以往的全面研究近代上海历史的著述不同，本卷从全球化的视角呈现作为现代大都市的上海的历史，或者说上海现代大都市的发展史，近代上海的城市化和现代化是本卷撰写的基本线索。与此相适应，以下三个方面是本卷的主体内容：一是城市空间的拓展和城市建设；二是贸易、航运、金融、工业等现代工商业的兴起与繁荣对上海城市发展的推动；三是与现代工业发展相适应的教育、新闻出版等现代文化事业的起源与发展。

　　1843 年上海开埠通商以后，历经数十年的发展，至 20 世纪二三十年代，成为世界著名大港、远东重要的中心城市，与纽约、巴黎等国际大都市并称。近代上海的崛起，实乃多方面因素所共同促成。除了坐落长三角、拥有广阔的腹地以及襟江带海的地理位置适合开展贸易等因素之外，融入全球化，并充分吸收、利用西方工业革命的成果，这是近代上海走上工业化之路并迅速崛起为多功能的经济中心城市的重要因素。

　　以技术革命为核心的工业革命始于 18 世纪中叶的英国，至 19 世纪中叶，即上海开埠时期，以机械化为标志的第一次工业革命已在英国完成，并且向以电气化为标志的第二次工业革命飞跃。缘此，1843年上海开埠通商后的近一百年间，体现第一次工业革命的成果的火车、轮船、机器织布（纺织机）、机器供水（自来水）等和体现第二次工业革命的成果的电力、电灯、电话、电报、电梯、汽车等，都被引入上海。机械化、电气化联袂而至，使得上海城市的发展跃上新台阶。一是现代市政设施的引入，不仅使上海城市的面貌迥异于中国传统城市，而且远比中国传统城市宜居、宜业。二是助力城市迅速工业化。自19世纪后半期开始，造船厂、面粉厂、纺织厂、缫丝厂等竞相开设，上海工业中心地位形成。在工业化的带动之下，工业区形成，城市空间扩大，容纳人口的能力亦随之迅速增加。三是轮船、火车等现代交通工具和电话、电报等现代通信工具的引入，使得上海与长三角各地、与长江沿线城市、与中国广大内地、与世界各地联系空前广泛而便捷。由是，上海不再是近代以前的单一的港口城市和开埠之初的对外贸易中心城市，而是集贸易、航运、工业和金融中心于一身的多功能中心城市，远东城市的地位由此奠定。

本卷充分吸收了《上海通史》（上海人民出版社1999年版）、新修《上海通史》（上海辞书出版社2020年版）以及《上海——一座现代化都市的编年史》（熊月之、周武主编，上海书店出版社2007年版）、《近代上海城市公共空间（1843—1949）》（王敏等著，上海辞书出版社2011年版）、《世界之城：上海国际大都市史》（王敏著，格致出版社、上海人民出版社2022年版）等著作和其他相关研究成果，在此一并致谢。

第一章 开埠之初
（1843—1853）

近代以前的上海地区，繁荣的市镇星罗棋布，依托上海港发展起来的上海县城已号称"东南都会"。1843 年开埠通商之后，凭借原有的优越条件和对外开放，上海的发展跃上了一个新的台阶。在国际贸易的带动下，开埠十年后，上海即取代广州，成为中国对外贸易的中心，上海成为国际大都市的历程由此开启。

第一节 开埠通商与外国租界的设立

所谓开埠，即开放直接对外（海外）贸易。清代朝廷规定中国只有广州一处可以直接进行海外贸易，因此，上海地区虽然物产丰富，上海港亦是中国东南沿海地区最大的港口，但是上海的对外贸易只能通过广州。鸦片战争后，中英签订的《南京条约》使得广州一口通商的局面发生改变。依据 1842 年 8 月 29 日中英签订的《南京条约》第二款，英国人可以偕同家眷，在中国的广州、福州、厦门、宁波、上海等五处港口居住，从事贸易、传教等活动，英国在这五个通商口岸设立领事官，管理通商事务，是为"五口通商"。上海为第一批开埠通商的城市之一。

开埠通商，必然伴随着与英国人来中国口岸城市经商、居住等相关的一系列具体问题，因此在《南京条约》签订后，中英又订立《中英五口通商附粘善后条款》（1843 年 10 月，简称《虎门条约》）作为《南京条约》的附属条约。该条约对在通商口岸设立领事、英国人租地的原则与办法等都作了比较具体的规定。之后，英国派遣驻沪领事来沪，上海开埠通商提上议事日程。

一、上海开埠与英租界的设立

《虎门条约》订立之后，英国政府任命巴富尔为首任英国驻沪领事。

巴富尔早年在为东印度公司的军队培养军官的军校接受训练。1825 年，年仅 16 岁的巴富尔成为英印马德拉斯炮兵队一名上尉，1832年起，他在马六甲野战部队服役，担任炮兵部队的副官。鸦片战争期间，英军进攻中国沿海城市广州、厦门的战役，他均参加，并且有出色表现，颇受时任英国驻华全权代表璞鼎查的赏识，并随同璞鼎查一同前往南京，参与中英《南京条约》签订。1842年10月，《南京条约》签订后，巴富尔陪同璞鼎查由南京来上海考察。1843年，他被派为英国驻上海首任领事。

巴富尔接受任命之后，率领一个由商人、传教士、医生组成的通商代表团乘船从广东前来上海就任。1843年11月8日晚，巴富尔率随员到达上海，第二天前往上海县城拜见上海道台，商议上海开埠事宜。

道台为清朝政府的正四品官员，其行政级别在知县、知府之上，总督、巡抚之下，在所管辖的行政区域内具有军事和民事权力。鸦片战争后上海等五口通商，道台又兼海关监督，负责与外国人打交道。嘉庆、道光时期，清政府在全国范围内设有约上百个道，上海道就是其中之一。

上海道原称苏松道，辖苏州府和松江府，道署设在松江。清雍正年间，道署从松江移来上海县城。不久，太仓州并入苏松道，因此改称分巡苏松太兵备道。因道署设在上海，故苏松太道习称上海道。上海开埠通商之时，上海道台为宫慕久。

在接待巴富尔来访之后，宫慕久于11月10日礼节性回访。之后双方商定开埠通商等具体事宜。11月14日，巴富尔发布第一号领事告示，宣布上海于11月17日正式开埠。

巴富尔等人抵沪后，先在上海县城内租了一个中国商人的房屋居住，领事馆暂设在此处。此时巴富尔等人但求栖身之所和自由贸易，固不问寓居在上海县城内还是县城外。但后来感觉与中国人混住一处，有诸多不便。于是，巴富尔向上海道台提出以英国女王的名义从中国政府手中购买一处足够宽广的土地作为外侨单独的居住地。但是上海道台以"普天之下莫非王土"，他无权出售为由予以拒绝。最后双方商定了一个办法，即在划定的范围内由英国侨民同中国土地所有人签订土地租约。但是这个办法在实际实施过程中，外商和本地中国业主之间在租地范围、租地形式以及价格等问题上，出现了一些矛盾和纠纷，于是又经过巴富尔和宫慕久两年的协商，1845 年 11 月 29 日，双方公布了《上海土地章程》(后文简称《土地章程》)。

该章程共 23 条，对外国人的租地范围、租地办法、地价的议定等方面都做出具体规定。这是上海地方政府与英国领事签订的第一个地方性的具有条约性质的法规，具体内容如下：

（1）租地范围。以杨泾浜（日后多作"洋泾浜"，今延安东路）以北、李家厂（已被选为英国领事馆馆址，今北京东路）以南、黄浦江以西为范围，西界起初未写明。1846 年 9 月 24 日，双方议定西面以界路（今河南中路）为界，面积约 830 亩。

（2）租地办法。租赁土地，必须由地方官与领事官会同定界，注明步数、亩数，竖立石柱。华民报明上海道暨上海厅县衙门，商人报明领事官存案，并将认租出租各契写立合同，呈验用印，分别发给收执。

（3）租金。均以每亩年租 1 500 文为准。完租日期为每年农历十二月十五日，如租户过期不交，由领事官照英国欠租之例办理。

（4）永租、退租与转租。外商租地建房之后，只准商人禀报不租，退崇押租，不准原主任意退租，更不准再议加添租价。外商如有自租基地不愿居住，全部转租别家，或将本面基地分租与人者，除新盖房屋或租或卖，及垫填等工费自行议价外，其基地租价只可照原数转租，不得格外加增，以免租贩取利。

（5）英国专管。英国以外的别国之人，如有在英商界内要租地建房，或租屋居住存贮货物，须得到英国领事官批准。

（6）他国均沾。别国之人在英租界内租地建房、租屋居住、租栈贮货或暂行借住，均应与英人一体遵照各条。这一条实际上为其他国家的侨民进入英租界提供了便利，也为英租界日后演变为国际公共租界奠定了基础。

（7）华洋分居。租地范围内华民不得自相议租，亦不得再行建房招租华商。这一条实际上规定了租界设立之初的华洋分居原则。

（8）租地限制。英商租地，每家不得超过十亩。如租定后，并不建造可以居住贮货房屋者，即系违背条约，应由地方官会同领事官查明，将其地基拨给别家租赁。这一规定反映了上海地方政府将租界限制在很小范围的愿望，但日后被取消，为租界的房地产投机提供了可能性。

通过《土地章程》，英国人获得在租地范围内租地、建房、居住、经商和一部分市政管理权；另一方面，通过划定范围、华洋分居、租地限制、治安管理等规定，上海地方政府也部分地达到了对外国人进行限制的目的。从这个章程中可以看出，土地只是租赁，不是割让，土地的主权仍属于中国，对土地价格的议定、市政的管理，华人仍有一定权利。从这个章程中也可以看出，租界并不等同于殖民地。《土地章程》日后演变成为上海英租界（后演变为"上海公共租界"）的基本法。

英租界选址县城以北，黄浦江滨，双方都比较满意。这块地方地处县城外的黄浦江边，很多地方是沼泽或湿地，溪涧纵横，间或有一些陆地露出水面，散落几处农民居住的茅草屋。从农耕角度看，或者是在宫慕久眼里，这块地方只是一片利用价值不高的荒滩，但是在巴富尔看来，这却是一块很理想的地方，有开发前景。早在1842年8月《南京条约》签订后，巴富尔陪同英国

旧时洋泾浜

第一章
开埠之初（1843—1853）

全权代表璞鼎查从南京来上海考察，他们就看中了这块地方。这里靠近黄浦江和苏州河，有一条很长的江岸，商船在这里的江面上停泊，既方便又安全，适合建码头停泊轮船，是一个良港；并且沿黄浦江或苏州河向内地航行，可以到达广大的乡村。另外，这里居住的中国人还很少，而且苏州河和黄浦江也可以构成自然的疆界，把英租界同中国人隔开来。

1848年，利用"青浦教案"之机，英租界向西扩展到泥城浜（今西藏中路），北面从李家厂推进到苏州河。这是英租界的第一次扩张，面积扩充至2 820亩。

二、美租界与法租界的设立

英租界设立以后不久，美国也提出在上海设立租界的要求，其依据是中美之间于1844年7月签订的《望厦条约》。依据该条约，包括上海在内的五个口岸城市也对美国人开放。1846年夏，美国任命当时已在上海的美国商人吴礼国为代理美国驻沪领事。吴礼国在接受任命之后，在英租界的旧纤道（今九江路）设立美国领事馆，但未向上海道台提出划定美租界的要求。其时，美国在上海商业利益还不大，所以委派商人而非外交官来担任领事。1848年，美国圣公会传教士文惠廉正式向上海道台提出建立美租界的要求。

在上海美国领事馆建立以前，1845年6月16日，美国圣公会中国布道区主教文惠廉夫妇与美国传教士格拉翰夫妇、琼司夫人、玛士夫人等抵达上海。这是到上海的第一批美国人。他们先住在英

美国圣公会传教士文惠廉，
上海美租界创始人

虹口美国礼拜堂

国领事馆，不久，前往虹口布道。文惠廉在那里建立教堂，创办小学。1848年，文惠廉向时任上海道台吴健彰提出在虹口辟设租界的要求，吴口头允诺，但未划定四至。此后两三年中，来沪美国人不断增加，但美国人仍主要住在英租界，美国领事馆也设在英租界，当时的美租界仅有圣公会的一点房产、几个码头和几家供水手娱乐的酒食处所。1852年，美国侨民取得了与英国人同样的租地权。美租界的四至虽然没有划定，但美国侨民在虹口租地、造房已有道台口头的批准，虹口成为事实上的美租界。直到1863年6月，美国驻沪领事熙华德和上海道台黄芳才商定美租界的范围。

在文惠廉等与上海道台就美租界划定问题交涉的前后，法国也派代表来上海。1848年1月，法国首任驻沪总领事敏体尼抵达上海，向上海地方当局提出设立法租界的要求。法国提出设立租界依据的是1844年10月中法签订的《黄埔条约》。依据这个条约，法国人得到了同英国人同样的权利。

敏体尼抵达上海之后，在洋泾浜和县城之间的地界租了一处

第一章
开埠之初（1843—1853）

住房，建立了领事馆。经过一段时间交涉，上海道台同意划出一块地方作为法国租界。1849年4月6日，法租界的范围公布，最终地点选在上海县城北门外，南至护城河，北至洋泾浜南岸，西至关帝庙诸家桥，东至广东潮州会馆沿河至洋泾浜东角，面积为986亩。这块地方位于英租界和县城之间，同英租界一样，东临黄浦江，南北有洋泾浜和城河浜，交通便利。

三、早期的外国租界

1843年上海开埠和随后英美法租界的相继设立，对近代上海城市发展带来直接影响：

一是对外贸易开始快速增长。1843年上海开放通商之时，在开放的五口当中，上海的贸易额最低，广州则居首位。1844年，上海进出口货物总值近100万英镑，1845年增至250多万英镑。1846年，上海出口占中国出口比重的七分之一，1851年增长到三分之一。到1852年，上海的贸易额已经与广州持平。而在1855年，上海的贸易额已经是广州的两倍，成为中国贸易的中心。

二是新城区的兴起。英、美、法三个租界划定之后，加上原上海县城，形成了近代上海城市发展的新的空间布局，尤其是位于上海县城以北的英、美、法三个租界，在设立之后就开始了城市建设。这三个租界均设在上海县城之外的黄浦江以西和苏州河两岸一带。这些地方还是没有多少人居住的乡间，地势低洼，布满水塘。经过排水和初步的规划之后，外侨开始在租界内修筑道路和码头，建造房屋。英国领事馆也在李家厂（今北京东路、圆明园路一带）购买一块 126 亩的地皮，建造新领事馆。1849 年，位于苏州河黄浦江入口处的英国领事馆新馆落成。7 月 21 日，英国领事馆由上海县城迁入新址。

三是租界内外国侨民人口的增加。1843 年底，在英国领事馆登记的外国侨民为 25 人，其中包括时任英国驻沪领事巴富尔。1845 年租界设立这年，在英国领事馆登记的外国人有 90 人。至 1849 年，大部分外国侨民已在租界内居住下来。此时上海的外国侨民约 100 名，其中还包括 7 名女士。在英租界内，还建立起两座教堂。因英租界市政建设较早启动，生活较为方便，因此外国侨民主要居住在英租界，而居住法租界和美租界的外国侨民比英租界少得多。据 1849 年统计，仅 10 人左右居住在法租界。而美国侨民多居住在英租界。至 1851 年，上海外国侨民为 265 人。[1]

在开埠之初至 1853 年小刀会起义前后的十余年间，上海县城以北、苏州河以南，沿黄浦江边，一个与县城面积相仿的新兴市区逐步形成。1847 年，这里已有 24 家洋行，5 家店铺，1 家旅馆和俱乐部。19 世纪 50 年代初，这里已经初步有了城市的模样。

1849 年的外滩

1. 参见 D. 沃尔斯·史密斯著，施恬逸译，王敏校：《1900 年以前的上海》，熊月之主编，《上海史国际论丛》（第 4 辑），上海人民出版社 2017 年版，第 113 页；《上海租界志》编纂委员会编：《上海租界志》，上海社会科学院出版社 2001 年版，第 110 页。

除了设有英、法、美、葡、荷、丹、普鲁士、瑞典、挪威等国领事馆之外，租界已设有沙逊、怡和、仁记、义记等80多家洋行；有英国伦敦会、美国美以美会、美国浸礼会等多个教堂；有墨海书馆、洋义书馆、字林西报馆等文化机构多家。此外，医院、银行、学校和各种娱乐场所也在这个时候次第出现。同时期，租界已建外侨住宅100多幢。房屋高大、店铺林立、货物山积，西方人称之为"欧洲城"。

尽管租界日渐繁荣，但此时上海城市的中心仍然在县城。当时的县城东部及大东门外一带还是上海城市最为繁华的地方。1847年，上海城市人口约三四十万，主要集中在县城。1853年发生的小刀会起义及其后太平军三次进攻上海，对上海城市的格局以及租界的演变都产生了直接的影响。

城内百业兴旺

第二节　租界性质的演变与早期租界的繁荣

1853 年发生的小刀会起义和其后太平军进攻上海，导致一系列连锁反应：一是上海租界出现华洋杂居的局面；二是租界设立了拥有行政和警察权力的市政机构，并建立起准军事武装力量，演变为事实上的"国中之国"；三是清政府和上海租界、列强联手镇压起义军；四是难民的持续涌入刺激了早期租界的繁荣。

一、小刀会起义

上海开埠以后，各地来沪客商渐多。其中，广东籍、福建籍最多。至 1853 年，上海估计有广东人 8 万，福建人 5 万，浙江人也不少于 2 万。各地移民在上海建立了以乡土关系为纽带的会馆、公所等同乡组织，而在广东人、福建人当中有很大影响的民间会党天地会、小刀会也随之传入上海。

天地会在乾隆年间已经出现，主要活动于闽、粤、浙、湘、鄂、川等广大地区。广东人刘丽川在香港参加天地会，1845 年任香港天地会首领，1849 年来上海将天地会传入上海。他会讲英语，与时任上海道台吴健彰是同乡，又富有组织才能，因此在寓沪广东人中很有号召力。

上海小刀会主要源头是 1850 年在厦门建立的闽南小刀会，参加者主要有农民、航运水手和码头工人，成立后很快随福建人传入上海。上海小刀会的主要首领为李咸池、李仙云、陈阿林等。

1848 至 1852 年，江南地区连续发生水灾、旱灾，清政府征收税赋如故，农民抗租抗赋斗争此伏彼起，这为小刀会起义提供了时机。1853年太平军攻克南京，上海各秘密团体相继合并于小刀会，以刘丽川等人为领袖，在上海城乡秘密串联，准备起义。

1853年9月4日，起义首先在嘉定发动。周立春、徐耀、王国初等率领两三千人，一举占领嘉定县城。知县逃跑。起义者推周立春为大元帅。周立春率众嘉定起义后，又攻克青浦县城。小刀会起义本分城、乡两支，周立春为乡村一支的头号首领。

小刀会嘉定起义发生后，在刘丽川带领下，小刀会在上海县城也发动了起义。1853年9月7日（农历八月初五），县城内的文庙照例要举行祭祀孔子的大典。当日凌晨，小刀会起义者头扎红巾，手执器械旗号，趁文武官员准备参加庆典之际，从小东门和北门冲进县城。署理知县袁祖德拒绝交出印信，被乱刀砍死。起义军占领道署，之后以道署为大本营，派兵攻打海防署与参将营。清政府相关官员或逃或死。上海道台吴健彰被起义军抓获以后，刘丽川念同乡之谊，下令勿杀；又因吴健彰是美商旗昌洋行的股东，因此美国驻华公使马沙利出面干涉，在吴被俘当天致函刘丽川，表示愿负保护之责。后吴化装从县城逃出，躲进租界。

为了西进与太平军会师，小刀会起义军占领嘉定、上海等县，并向太仓州发起进攻，一度占领太仓城，后因清军镇压而失败。上海周围各县厅的清军卷土重来，小刀会迭遭重创。9月22日，嘉定、青浦、宝山同被清军攻破，周立春被杀。随后，南汇、川沙又相继失守。

郊县失守后，小刀会屏障尽失，只得固守孤城。这时在上海存在三种势力，小刀会、清政府、外国租界。在此后一年多时间里，三方面关系不断变化，最终清政府与租界联手，镇压了小刀会起义。

起初是小刀会与清政府发生激烈战斗。清政府从江苏、浙江等地调集精锐兵力，对小刀会实施围攻。从镇江、苏州方面来的，驻扎在苏州河畔的新闸一带的清军，称为"北营"；从浙江方面来的，驻扎在县城南面的龙华镇、高昌庙、罗家湾一带的清军，称为"南营"。此外还有吴健彰聚集的一些兵勇，从广东调来的兵船。这样，清军对起义军形成南北夹击、水陆交攻之势。从1853年10月到1855年2月，清军多次从四面攻打上海县城，包括乘兵船从水路炮轰县城，挖掘地道以地雷轰城，起义军也多次出击。双方互有胜负，呈对峙状态。

租界当局对于发生在起义者与清政府之间的战争，一开始持"中立"态度，但是这种"中立"在1854年发生变化。是年4月3日、4日，驻扎在英租界附近的清军，与租界侨民发生一些摩擦与冲突。4日下午，驻守租界的英美军队与清军"北营"军队发生小规模战斗。按照事先的约定，城内的小刀会起义军从西门出击清军，清军只得分兵迎战，结果溃败。这场战斗中，清军伤亡三四十人，被烧死10多人，三座营盘全部被毁，一些防卫工事也被铲除；英美联合军队死4人，伤13人。这就是所谓的"泥城之战"。4月5日，吴健彰到英国领事馆会见阿礼国，表达了清政府关于停止双方敌对行动的愿望。此后，清政府以同意列强对上海海关权益的侵夺为条件，换取了他们对镇压小刀会的支持。

作为对清政府的支持，英、美、法三国代表多次进城会见小刀会首领，进行劝降，表示起义军如果同意撤出县城，可以获得清政府的赦免。劝降不成以后，租界方面便修筑界墙，围困县城，切断县城与外界的联系，堵死起义军物资供应通道。最后，租界出兵攻击起义军。1854 年 12 月至 1855 年 1 月，列强驻沪军队多次配合清军进攻起义军。1855 年 2 月 17 日，刘丽川率众撤出上海县城，在西郊虹桥与清军相遇，壮烈牺牲，小刀会起义失败。

二、太平军三次攻打上海

小刀会起义失败后，其时已经建都南京的太平天国起义军在 1860 至 1862 年间，曾经先后三次挥师进攻上海。

1860 年 8 月 17 日，太平军第一次进攻上海。是日，徐家汇教堂被占，设为大营。次日攻打上海县城。事先，忠王李秀成致书各国公使，要求严守中立，并保证租界安全。然而英法公使应上海道台之请，派英军、法军协助守城。太平军先攻上海县城南门，不克。改攻西南。后占领城外海关，焚毁大片商店、货栈。20 日清晨攻西门，继而攻租界。英军指挥官下令开枪，位于黄浦江边的外国军舰炮火齐发，历时两小时，逼迫太平军向徐家汇溃散。英国驻沪领事派人赴徐家汇太平军大营，要求太平军撤军。李秀成则致书各领事，警告各国若再帮助清政府则停止丝茶贸易。

1862年1月11日，太平军再攻上海。此次太平军走水路，自吴淞口进入上海，距租界一英里半处见租界有防守，旋即撤退。同时另有一路太平军自杭州前来攻打松江，被清军所雇佣的华尔洋枪队击溃于松江与青浦之间的广富林。太平军溃散的军队退守于浦东。次日，上海大雪，太平军因雪阻不能前行，进攻上海计划受挫。2月24日，英法水兵联队以及华尔洋枪队在高桥摧毁太平军大营，继又在南桥击溃太平军。

1862年6月26日，太平军忠王李秀成率军第三次进攻上海。当日，太平军进屯静安寺。这时，英法联军已公开放弃中立，英海军司令何伯的军舰载运9 000名淮军至沪。法海军司令卜罗德率军肃清上海附近30英里之内之太平军。英法联军和清军还建立了防守租界的三条防线：以泥城浜为第一道防线，福建路为第二道防线，河南路为第三道防线。鉴此，李秀成不敢贸然进攻。后终因太平军自量力不能胜，决定撤去。

小刀会起义和太平军三次进攻上海，历时近十年，对上海租界的演变以及近代上海城市的发展，都产生了直接且深远的影响。

三、由华洋分居到华洋杂居

依据上海道台与英国驻沪领事签署的《土地章程》，双方本意是使租界成为一个外侨居住的区域，因此《土地章程》规定租界内的华人居民不能相互买卖、租赁各自所有的土地，外商建造的房屋也不得租给华人，这实际上是不鼓励华人居住在租界。因此在外国租界设立之初，事实上实行的是华洋分居。在1853年之前，这项规定尚能被严格遵守，一些华人在外商高价租赁的情况下，多数转让了在租界的田产。因此，至1853年，租界内居住的华人仅500名左右。但是小刀会起义发生后，大批难民逃入租界避难，华洋分居的局面就无法维持了。

小刀会起义虽然历时只有17个月，但清军和小刀会起义者之间的战争，给上海地区，特别是上海县城带来相当大的破坏。清军和小刀会起义军之间多次发生战斗，城墙多次被炮轰，县城也多次被放火焚烧，其中破坏性最大的放火就有两次：一次是为了切断城外商民与城内起义军的联系，清军放火烧毁小东门至大小南门一带的店铺和民房，原来繁盛的商业区因此变成一片废墟；另一次是小刀会起义败退之后，清军入城，恣意纵火，县城内的繁华闹市亦满目疮痍。这场战乱同时造成上海县城内人口大批外逃，其中一部分逃入租界。至1854年初，租界已有2万多名华人。

人口的骤增和华洋杂处，给租界的管理带来一系列的问题。对此，英国领事、租界当局起初都持反对态度，因为这样给管理带来极大的不便，而且难民乱搭棚屋，对市政管理、城市卫生都造成很大麻烦。起初各国领事均不乐见这种情况，英国领事甚至采取拆掉华人的简易住所的办法，驱赶华人离开。但是外商却欢迎这种情况的出现，他们反对领事驱赶华人的做法。原因是他们从中看到了商机。他们不再遵守不得将所造房屋租赁或卖给华人的规定，在短短几个月的时间里，就迅速建造出800多幢简易的房屋，高价租给逃难来的华人，外商因此获得暴利。他们游说英国驻沪领事，劝说其放弃驱赶华人的做法。最终外商的意见占了上风。1854年7月，通过修订《土地章程》，"华洋分居"的相关规定被取消，此后华人据此可以在租界购买土地、租赁房屋、从事商业经营活动。从"华洋分居"到"华洋杂居"，这对此后租界的演变和发展有深远影响，成为租界性质发生变化的一个重要促成因素。

四、工部局的设立

依据《土地章程》，英租界在设立之初成立了一个由三名外侨组成的道路码头委员会，主要负责决策租界的道路和码头修筑等事务。但是小刀会起义爆发后，大量华人的涌入，带来了一系列的新情况，诸如治安、卫生防疫等，道路码头委员会无法承担这些方面的职能。在这种情况下，时任英国驻沪领事阿礼国提议成立一个正式的市政管理机构。为此，他联合法国和美国驻沪领事，擅自修订了《土地章程》，于1854年7月5日公布。根据这个新修订的《上海英美法租界地皮章程》(简称1854年《土地章程》)的第十条："起造、整修道路、码头、沟渠、桥梁，随时扫洗清洁，并点路灯。设派更夫巡捕的各项费用，每年初期三国领事馆传集各租主会商，或按地输税，或由码头纳饷；选派三名或多名设置经收处，经收饷税，即用为以上各项支销。"此处的"经收处"就是后来成立的工部局，这个机构拥有对包括华人在内的界内居民征税以及其他行政管理的权力，其职能远超出租界设立之初成立的道路码头委员会。这个章程还删除了关于华洋分居的条款，事实上承认了租界华洋杂居的现实。此外，还决定设置维持租界治安的警察力量——巡捕房。

1854年7月11日，新修订的《土地章程》提交租地人会议，阿礼国在对修改《土地章程》和设立工部局所作的说明中表示，外国侨民应当授权一个代议制的市政机关，使它拥有组织警察、维持治安、管理市政以及征收捐税的一切权力，必要时还有权召集各国海陆军及界内居民保卫租界。纳税人赞同阿礼国的建议，投票通过了包括设立工部局、组织巡捕房等决议。

1854年《土地章程》获得租地人会议批准通过之后，一个统

工部局局旗

工部局徽章

工部局印章

一管理租界公共事务的机构——工部局正式成立。工部局设立一个由租地人选举产生的7人委员会——工部局董事会组成，委员称"董事"，委员会主席称"总董"。工部局下设道路码头委员会、警务、税务、财务委员会等职能部门，负责租界的日常事务。

在工部局董事会成立后的第一次会议上，还决议设立巡捕，以维持租界治安。第一任捕房总巡由从香港聘请的前英国警官克莱夫顿担任。此前，租界仅有负责夜间巡逻的更夫，而新设立的巡捕不同于更夫，巡捕配有枪支，并且接受训练，实际上是武装警察。1854年10月，英租界租地人会议上通过成立租界第一座巡捕房——中央巡捕房的议案。

除了巡捕，其时英租界还在事实上组成了一支准军事武装力量——万国商团。太平军占领南京后，居住上海租界的外侨十

公共租界巡捕。自左至右为西籍骑巡、印捕、华捕、华探长、西捕及印度骑巡

分恐慌，他们一方面宣布中立，一方面组织武装力量自卫。1853年4月8日，外侨（主要是英国侨民，也包括美国侨民，其中不少人是洋行职员）组成了一支民兵组织，名称是上海本埠义勇队（Shanghai Volunteers Corps，后称"万国商团"）。这支武装力量主要负责租界的防卫，由职业军官指挥、训练，并且配备精良的武器，主要负责租界的军事防卫。清军和小刀会起义军交战期间，曾参与维护租界安全的行动。1870年，这支武装力量交给工部局管辖和指挥。此后逐步正规化，设司令部，由英国军队现役军人担任司令。每当租界发生骚乱时，司令部发出动员令，队员们到指定地点集合，采取行动。

可以看出，小刀会起义之后，租界建立了拥有征税权和警察权的市政机构，同时还拥有一支准军事力量，租界由建立之初一块外侨的居留地演变成"国中之国"。此后，由于中国政府的软弱以及频繁的战乱等原因，租界攫取的这些权力逐步稳固、扩大。租界的"国中之国"的地位是对中国主权的侵害，为任何一

1885年万国商团年度检阅

个现代的主权国家所不能容忍。但是在另一方面，近代中国内忧外患不断，人民缺少基本的安全保障，加之中国经济、文化等各方面的发展均落后于西方，这种历史背景之下，租界成为一个多面的存在，对中国有多重的影响。近代上海的发展和繁荣就同租界这种多面的存在有很大关系。

五、难民涌入与早期租界的繁荣

小刀会起义和太平天国占领南京时期，上海租界人口大幅增长，租界呈现出初步繁荣景象。

1853年3月太平天国占领并定都南京，之后攻占扬州、苏州等江浙一带的繁华城市和富庶地区，并三次进攻上海，直至1864年南京被清军攻破，有十余年的时间。江南地区战乱不止，导致大量难民来到租界躲避，难民的到来直接促成了租界的繁荣：

一是房地产业的兴盛。租界建在人烟稀少的荒滩之上，加之1853年之前实行华洋分居，因此租界设立之初的十年间，居民仅二三百名外侨和500名左右华人，总数不超过千人，房屋也只有100幢左右。小刀会起义发生后，大批难民涌入。他们在英租界西北部搭建茅棚，或是以黄浦江或洋泾浜的篷船为住所，少数富人则在租界内租赁房屋居住。仅1854年7月，外商在广东路、福州路一带建造出简易房屋达800所，主要租给华人。在华洋杂居已成事实的情况下，1854年《土地章程》废除了原先禁止华人建造房屋、相互租赁的相关规定。1854年新成立的工部局为增加收入来源，在第二次董事会会议上即决议向华人征收捐税。[1] 此后，租界内华人居民数量持续增长，尤其是 1860 年 5 月，太平军东征苏南和浙江，占领了苏州，其间还三次进攻上海，江浙两地地主官绅纷纷逃往上海租界，下层百姓也因城镇乡村遭到战争破坏涌入租界。涌入上海难民人数之多，一时竟然使上海、昆山两地间河道完全堵塞，船只不能往返。当时租界内的道路和空地上也挤满了逃难人群，有的甚至还牵着牲口。1860 年，租界人口增加到 30 万，1862 年有 50 万，最高时竟多达 70 万。难民的涌入，首先带来的是房地产的兴旺。外商再度大肆投资房地产，建造一排排石库门房屋，高价租给华人；地价亦随之飞涨，1852 年租界平均地价为每亩 50 镑，到 1862 年高达 1 万镑，十年间涨幅达 200 倍。[2]

二是商业和金融业的繁荣。太平军攻占江浙地区以及随之而来的清军对太平军的围攻所引发的难民潮，其中包括不少南京、扬州、苏州、杭州和宁波等地的富户豪族，如大学士潘世恩之子苏州著名富绅潘曾玮，苏州木渎的冯桂芬，出身苏常地区著名世家的席立功等，都是此时来沪避难的。"时值洪杨举事，内地受兵，商人借经商之名，为避兵之时，既联袂而偕来，即内地富绅，亦以租界处中立地位，作为世外桃源。"这些富室豪族多携资前来，致使江浙一带的财富亦集中于上海。据估计，自 1860 至 1862 年，至少有 650 万两的银圆流入租界。"商人集则商事兴，

1. 《上海租界志》编纂委员会编：《上海租界志》，上海社会科学院出版社 2001 年版，第 139—140 页。

2. 《上海租界志》编纂委员会编：《上海租界志》，上海社会科学院出版社 2001 年版，第 144—145 页。

海上繁华
（1843—1949）

绅富集则金融裕。"[1]

这些富室豪族进入上海租界之后，大多重操旧业，如苏州地主程卧云逃来上海时携带 10 万两银子，到上海后就在租界开设了钱庄；苏州另外一个大地主柳兆薰在逃到上海后，也常常做银洋的投机买卖。[2] 当时上海一份最有影响的英文报纸《北华捷报》登载一篇回顾 1863 年租界商业发展的情形："在刚过去的一年中，上海租界经历了令人惊奇的变化。每条大马路上都有高大的洋房兴建起来，中式房屋的数量也大幅增加。几乎每天都有新房屋建造起来，其中相当一部分是商业性的，并且所有新成立的公司又都是完全依靠本地的财源筹集资本，这表明租界财富的日益增长和租界重要性的增强。"[3]

茶馆、酒馆、戏院等服务性行业迅速兴盛，珠宝、首饰、古玩、皮货等行业也随着富室豪族的到来发展起来。此外，原来开设苏州票号迁到租界，"昔年票号皆荟萃苏垣，分号于沪者只有数家……待东南底定，上海商埠日盛，票号聚于斯者二十四家，其放银于钱庄，多至二三百万两"[4]。

租界的繁荣，也吸引那些开在上海县城的店铺纷纷向租界转移，像上海著名的绸布业"三大祥"，原来都开设在小东门一带，就纷纷迁往租界营业。如著名的澄明斋珠宝玉器店（吴良材眼镜店

---

1. 姚公鹤：《上海闲话》，商务印书馆 1926 年版，第 161—162 页。
2. 丁日初主编：《上海近代经济史（1843—1894）》第 1 卷，上海人民出版社 1994 年版，第 148 页。
3. "Retrospect of the Year 1863", *The North-China Herald*, No.701, January 2, 1864.
4. 《答暨阳居士采访沪市公司情形书》，《申报》1884 年 1 月 12 日，第 3 版。

河南路是租界与华界最初的界路，又称"界街"，是租界内最早开辟的道路之一

前身），原来开设在南市方浜路，为扩大营业也在南京路开设总店。原来主要集中开在县城的钱庄也随之将营业中心移至租界。

这段时间租界的周围还形成了新的居民点和商业区，如在靠近租界的徐家汇地区，因在战乱时，"西乡避难于此者男提女挈，蚁聚蜂屯，视为安乐土"，教堂和富户购地建房，"外则开设店肆，内则安插难民，遂成小集镇"。[1]

随着人口和财富集聚而来的房地产业、商业、金融业的繁荣，租界逐渐替代了上海县城，成为商业和金融业的中心，上海城市原有的格局自此发生改变。

------

1. 王钟撰，胡人凤续辑：《上海县·法华乡志》卷一，"沿革"。

第二章 现代大都市成形（1854—1900）

近代上海大都市的形成就时间而言，始于 1843 年开埠，就空间而言，则是以上海县城以北的租界为中心。由租界开启的现代市政建设不仅使得近代上海形成了现代大都市的景观，更为近代上海城市现代工商业提供了必备的基础设施。同时，方便、舒适的现代都市生活方式也在此基础上得以形成。

1854—1900

第一节 租界的合并、扩张

小刀会起义之后，尤其是太平天国之后，上海迎来了一个全新的发展时期。一方面，随着第二次鸦片战争后中国华北地区的天津和东南沿海、沿江城市的开埠，地处中国海岸线中点和江海交汇点上的上海成为中国对外贸易的枢纽港，上海的外贸发展更为迅速，并带动了现代航运业和金融业的发展，纺织等工业也在 19 世纪后半期在上海起步，由此在 19 世纪末，上海已奠定中国经济中心的地位。另一方面，随着经济的发展和租界空间的扩张，人口也随之迅速增长，更多的道路修筑，供水、供电等现代市政设施相继建立，上海初步呈现现代大都市的风姿。

一、英美租界合并与第一次扩张

早期的美租界地处虹口，远离县城，且有苏州河阻隔，因此外国居民一直较少，市政设施简陋又缺乏。太平天国军队在占领南京之后，曾经多次进攻上海，当时租界方面主要防卫苏州河以南的英、法租界，虹口美租界内没有固定驻军。1862 年初，当太平军第二次进军上海的消息传来时，居住在美租界的传教士和商人成立虹口防务委员会，组织防卫，但是由于美租界居民稀少，难以独立胜任防卫重任。出于安全考虑，英、美侨民一致认为，应该将苏州河两岸租界视为一个整体，统一部署防卫力量。1862 年 3 月 31 日，英租界租地人年会正式通过议案，同意将虹口的美国侨民居留区并入英租界。为了实施这一决议，租界当局积极谋求划定美租界的具体界址。1863年6月25日，美国领事熙华德和上海道台黄芳订立章程，规定美租界的界址如下：西面从护界河（即泥城浜）对岸之点（约今西藏路桥北堍起），向东沿苏州河及黄浦江到杨树浦，沿杨树浦向北3里为止，从此向西划一直线，回到护界河对岸的起点。同年9月21日，两租界正式宣布合并，合并后的租界一般称为洋泾浜北首外国租界，以区别洋泾浜南岸的法租界。不过，时人习惯上还是称苏州河以南部分为英租界，苏州河以北部分为美租界。

美租界界址在1863年议定时，并未竖立界石。英美租界合并后的第十年，即1873年，美国领事熙华德提出重定租界北面界线，所提方案较原定美租界扩大许多，遭到上海道台的否定。熙华德另提一议，从租界西面苏州河北岸起点，划一直线，到当时靶子场稍北之处，然后再划一直线到原定租界东界的北端。熙华德提议的这一界线，日后被称为熙华德线。熙华德线较1863年驻沪美国副领事白拉福提议的界线扩充范围要小些，较原定线仍扩大不少。上海道台仍不同意。此后，围绕此界线的划定、界内居民的管理，租界当局与上海地方政府多次交涉，各执一词。1893年，上海道与领事团派人会同工部局工程师多次开会、实地察看，于6月基本按照熙华德线划定了美租界新界址，同时拟定了《上海新定虹口租界章程》。7月，上海道台聂缉椝复函批准。这次扩张后，美租界面积为7 856亩。

1863年英美租界合并，使得上海由三个租界变为两个租界，苏州河两岸的租界成为一个整体，为日后租界的发展与市政功能的整合提供了更为广阔的空间。与租界合并的同时，通过越界筑路，租界的实际管辖权又延伸至租界之外的越界筑路区域。

所谓越界筑路，指租界当局通过在租界以外修筑道路、在道路两侧设置巡捕等方式，在越界筑路区域行使行政管辖权和警察权。越界筑路始于太平军进攻上海之时。1862 年，当太平军进军上海时，开筑军路，以便兵丁炮车往来保卫，成了中外会防局的首议之事。英租界在泥城浜西侧先后开筑了英徐家汇路（后改名海格路，即今华山路）、新闸路、麦根路（起于今石门二路的新闸路以北段与康定东路，循苏州河至万航渡路）、极司菲尔路（今万航渡路），而法租界为构筑一个连接徐家汇、董家渡教堂的法租界防御体系，也在界外辟建了包括法徐家汇路（今肇嘉浜路、徐家汇路）在内的 20 多里军路。[1] 另一方面，太平军与清军在江南地区的战争，使得大批难民涌入租界，租界地价骤升。热衷于地产投机的外商乘会防之机，肆意向外扩展。1862 年，上海跑马总会修筑一条横贯跑马场的道路（约今浙江路、西藏路间的南京路路段），然后把该路两侧的跑马场地皮分块高价出售，所得之款不仅在泥城浜西面新圈了一个规模更大的跑马场，还修筑了一条从泥城浜到静安寺的跑马道，取名 Bubbling Well Road（涌泉路，即静安寺路，今南京西路）。这些军路、马路均位于当时的租界以外，故称为"界外道路"，即越界筑路。

---

1. 梅朋、傅立德:《上海法租界史》，上海译文出版社 1983 年版，第 263、308 页。

太平天国战争结束以后，界外军路日趋冷落，不少为华人重行占有，作为农田，而静安寺路也因路费收入渐见减少而不敷开支。1866 年 2 月，静安寺路的股东决议将该路交由工部局管理。3 月，租界外侨在修改《土地章程》时，新增了相关条款，同意工部局"购买租界以外接连之地、相隔之地或照两下言明情愿收受（西人或中国人）之地，以便编成街路及建造公花园为大众游玩怡性适情之处"[1]。虽然该章程并未得到中国官方认可，但在租界当局眼里，接管和修筑界外道路从此有了依据。到 19 世纪 60 年代末，工部局在界外先后接管、修整了静安寺路、英徐家汇路、新闸路、极司菲尔路等，还添筑了卡德路（今石门二路）。法租界也在界外接管了法徐家汇路，新筑了恺自乐路（今金陵中路）。

为了加强对界外道路的管理，1879 年，租界纳税人会议[2]在新修订的《土地章程》（草案）中规定：工部局巡捕房得于工部局所有产业上，不问其坐落何处，有权维持公安及管理交通，一如其在租界界线以内。[3]据此，租界当局将其管辖范围扩展至界外道路。到 1899 年，英美租界的界外道路中又增加了爱文义路（今北京西路）、派克路（今黄河路）、马霍路（今黄陂北路）、坟山路（今龙门路、武胜路），其总长度已近 13 英里。与此同时，法

---

1. 王铁崖：《中外旧约章汇编》第 1 册，生活·读书·新知三联书店 1957 年版，第 293 页。
2. 纳税人会议的前身是租地人会议。详见第二章第二节。
3. 席涤尘：《公共租界越界筑路交涉》，《上海通志馆期刊》1935 年第 2 卷第 4 期，第 1283—1284 页。

海上繁华
（1843—1949）

租界也陆续越界修筑了八仙桥街（后改名爱来格路，今桃源路东段）、宁兴路（今宁海路）、华格臬路（今宁海西路）等。

在越界筑路的同时，英法列强又乘中国政局动荡之机拓展原有的租界界址。1861年4月，法租界将东部界线扩展到县城外小东门口黄浦江边。

二、英美租界的再次扩界与国际公共租界形成

甲午战争以后，乘中国战败之机，租界当局再提扩张要求，理由是：鉴于租界及其邻近地区华人人口的剧增，粉厂、丝厂等工厂的创设，此后房屋、居民还将会因此继续增长，界址以内可供使用的土地拥挤不堪。1896年，工部局将要求扩展租界的理由，附所拟新界的地图一张，函达领事团转呈北京公使团。公使团就此与清政府负责外交事务的总理衙门交涉，但总理衙门不予答复。

租界一扩再扩，中国利权一损再损。对于中国政府来说，凡划入租界的区域，即在事实上失去对其中华人的管辖权：一些华人企业，可能乘机翻挂洋商招牌而躲避厘金。1897年初，署两江总督张之洞痛陈租界扩张之害，说明无论按照条约，还是按照租界西人实际情况，都不应当允许租界无限制地扩展，"今日急务则莫如限制洋人于租界外占地一事为最要，若不亟筹堵截之法，将日辟日多，上海县城外及宝山县滨海地方皆成洋界，流弊无穷，不堪设想"[1]。张的强硬态度，为上海地方政府

---

1. 《署江督张之洞奏严阻租界以外洋人任意侵占以收地利而维政权折》，《清季外交史料》卷一二五，湖南师范大学出版社2015年版，第2455页。

反对租界扩充定下了基调，也为日后华界的地方自筑马路提供了政治上的支持。1898年，工部局又向上海道直接交涉。上海道台蔡钧态度强硬，予以拒绝。但是租界当局和列强并未放弃扩张租界的企图，由上海领事团通过公使团与总理衙门再次交涉。1899年5月8日，中外相关各方就租界扩充界址问题的会商结束，英美租界达到了扩界的目的。扩张后的公共租界的四至如下：

北界：自小沙渡起，沿苏州河，至接连泥城浜之西约七十码之处，由此处朝北，至上海宝山两县之界线（今海宁路西端），循此界线至接连虹口河地方，由此处朝东，直至顾家浜口（今军工路南端）。

东界：自顾家浜口至洋泾浜口（今延安东路外滩）。

南界：自洋泾浜口至接连泥城浜处，由此向西南大西路，沿长浜路之北首支路，并由此支路至静安寺镇后面之五圣庙（今延安西路东端）。

西界：自五圣庙一直朝北，至苏州河小沙渡。

经这次扩充，公共租界面积净增22 827亩，比原来增加两倍，总计达33 503亩，合5 584英亩。

1899年7月1日，工部局开始在扩充区域内设置巡捕。次年6月，又将公共租界分为北、东、西、中四区。北区包括旧虹口租界之西部，以虹口河（即横浜河）为东界；东区包括旧虹口租界东部及扩充区域，即黄浦江以北、虹口河以西之地；西区指泥城浜以西地区；中区即旧英租界。

海上繁华

公共租界这次大行扩充以后，为防现有租界以外各国都要求开辟租界，经中英双方议定，改称"上海国际公共租界"（International Settlement of Shanghai），意为无论何国籍人均可享受居住租界的权利。

三、日本谋求设立专管租界

甲午战争前后，日本竭力扩大包括在通商口岸设立专管租界在内的在华侵略权益。早在 1895 年 8 月，日本就已经着手准备在上海设立租界。当时日本外务次官原敬传令驻上海总领事珍田舍己，在上海预选适于设立日租界的地方并报告。珍田舍己经过调查后表示，权衡黄浦江两岸各处利弊，杨树浦下游江岸相对合适。[1] 1896 年 7 月 21 日，日本依据《中日马关条约》，逼迫清政府签订《中日通商行船条约》，将《马关条约》有关条款具体化。《中日通商行船条约》承认日本在华享有领事裁判权和片面最惠国待遇，同意日本在通商口岸设立领事，日本臣民可以在通商口岸来往居住、经商、设厂、租地造屋、起造礼拜堂、建医院、修坟墓。同年 10 月 19 日，总理衙门大臣荣禄与日本驻华公使林董在北京订立《中日通商口岸日本租界专条》，又称《公立文凭》，凡四款，内容之一是清政府允许日本在上海、天津、厦门、汉口设立专管租界。

---

1. 李少军：《甲午战争后六年间长江流域通商口岸日租界设立问题述论》，《近代史研究》2016 年第 1 期。

《公立文凭》签订以后，日本在上海设立专管租界的问题便进入实际交涉阶段。同年11月14日，日本政府传令驻上海总领事珍田舍己，就在上海设立租界的位置、范围和租界组织制度等作出详细报告。珍田舍己随后报告说："各国驻上海领事的态度，似乎都持反对日本设立租界的意见，一般外侨也同样是反对的，上海的英文报纸认为日本包藏祸心。"他建议避开英美锋芒，考虑以不设日租界来换取清政府给予别的"优待、特益"。[1]中日《公立文凭》签订以后，时任上海道台吕海寰按照南洋大臣刘坤一的布置，预作准备，查勘上海各地情形，调查何处可以划为日租界。结果，他们认为杨树浦一带，尚可允许。

1897年，日本驻沪领事来沪交涉设立日租界之事，上海道允以杨树浦一带。经双方派员勘查，日本以其地不合适而拒绝。杨树浦一带滨临黄浦江，地面比较辽阔，便于客货运输，从地理位置上说是比较优越的。但是当时此地已是英美公共租界进一步扩张的目标，建有一批英美商人控制的码头和向公共租界供电的发电厂，在一定意义上可以说已是英美口中之食，上海道以此地许与日本，可能含有让鹬蚌相争的深意。

1898年，清政府宣布将吴淞自辟为商埠，作为沪关分卡，日本政府觉得有机可乘。5月31日，日本公使矢野文雄照会清政府，要求以吴淞代替上海，在吴淞设立日租界。[2]日租界预选的面积为

1. 李少军：《甲午战争后六年间长江流域通商口岸日租界设立问题述论》，《近代史研究》2016年第1期。
2. 《四月十二日日本公使矢野文雄照会》，《总理各国事务衙门清档》，藏台北"中研院"近代史所档案室，上海日本租地定界案01-18/7 6-1。

150 000 平方丈，合 2 500 亩。所选地点在规划中的铁路总局以北，安石炮台以南，以洋码头为中点。总理衙门要求南洋大臣、上海道台研究可行与否。上海道台蔡钧表示，此事万难允许，因为吴淞是吴淞（当时吴淞属宝山县，不属于上海县），上海是上海。吴淞开埠，是为了辟一各国公共杂居场，中国已允日本在杨树浦设立租界，日人如果要在吴淞活动，淞沪相距非遥，非常便当，不必再在吴淞设立租界。再者，如允日本，各国继起效法，中国必然权利大损。

1899 年 5 月 8 日，上海英美公共租界扩张成功，并改为国际公共租界，包括杨树浦一带在内的地方被划入国际公共租界范围，无论何国籍人均可依约在此租地居留，日本自然包括在内。此后，日本没有再提在上海设立专管租界的问题。

第二节 一市三治的城市权力结构

在空间扩展的同时，公共租界和法租界建立起不同于华界的制度，从而形成近代上海一市三治的城市权力结构。一方面，公共租界和法租界基本上排除了中国政府在租界的管辖权；另一方面，公共租界和法租界也各行其是，互不统属。其中公共租界不但占地面积最大，也最为繁荣，因此人口也最多、最集中，是上海城市的中心区域，也是最为繁华的区域。本节重点介绍公共租界实行的制度。

公共租界的前身为英租界，且英国侨民占据外侨人口的绝对多数。英租界设立之后，尤其是1854年租界的市政管理机构设立之时，英国侨民将其母国具有悠久传统的自治理念和三权分立制度引入了租界。

一、立法机构：从租地人会议到纳税人会议

英国人具有悠久的地方自治传统。早在15世纪，英国已形成自治市与郡二元并立的地方权力结构。那以后，地方自治程度不断强化，自治也因此成为英国人的重要文化传统。近代以来，随着英国殖民地的扩展，英国人的足迹遍布全球，也把自治文化带到世界各地。

1845年上海英租界设立，英国领事巴富尔在与上海道台宫慕久谈判时，便强调了租界的自治色彩。他与宫慕久共同商定的《上海土地章程》便规定，相关市政经费由各租户公议均摊，居留地设立以后应行公众修补桥梁等各项事宜，这些都应该"由商人与民人公平定议"，凸显的是自我管理、不容他人控制、遇事通过相关会议协商解决的自治精神。

1846年12月22日，英租界举行第一次租地人会议，推选三人组成道路码头委员会。会议对租地人会议召开的日期、会议的职权范围都作了规定。1852年7月3日，租地人特别会议通过议案，对租地人投票权做出规定，使得租地人会议更为正规，更具有可考查性。这种投票制度一直被沿用。

1854年7月，英、美、法三国领事为了统一租界行政，颁布由租地人会议通过、三国公使签字同意的《上海英美法租界

土地章程》，确定租地人会议制度，对租地人会议的职责做了明晰规定。1861 年、1863 年，租地人会议先后通过更为严密的细则，包括开会的准备、出席会议的人数、有关决议案的形成、表决的程序等。1863 年 12 月 30 日，租地人会议决议，租界内凡拥有经估定地价为 1 000 两或不满 1 000 两的租地人，均享有一份投票权；土地估价值每增加 1 000 两，增加一份投票权；同时规定，凡缴纳房屋租金超过 500 两者，亦可获得一份投票权。这些条款与决议，规定了租界捐税用于租界、财务公开、租地人会议权限等原则；规定了租地人会议投票人的资格、租地人会议的程序；划定了工部局权力范围，以及对工部局进行监督的原则。这使得租界权力运行具有鲜明的法治特点，也确立了拥有大片土地的大洋行和大地产商在租地人会议上获得更多发言权的原则。

1869 年，公共租界租地人对 1854 年《上海英美法租界土地章程》进行修订，将租地人会议扩大为纳税人会议。

法租界也有类似于公共租界的租地人会议制度，细部表述有所不同，总的原则一致。1866 年，《上海法租界公董局组织章程》规定，租地人会议扩大为纳税人会议，仅拥有选举公董局董事的权力，原租地人会议的其他职权均被取消。纳税人会议在法租界实质上成为选举人大会。

公共租界与法租界的纳税人会议制度，都是在 19 世纪 60 年代定型。公共租界纳税人会议通常每年举行一次，主要议事事项包括批准工部局预算、通过工部局决算、商议征收捐税、发给执照、估价界内地产房屋、选举地产委员、选举董事会董事等。法租界纳税人会议成立于1866年，议事原则和程序之类与公共租界大同小异。

二、执行机构：工部局与公董局

英租界与公共租界的执行机构，即行政机构为工部局。工部局前身是英租界设立之初成立的道路码头委员会。1854年，鉴于租界内人口剧增、事务繁杂，英、美、法租地人会议决定解散道路码头委员会，成立具有政府职能的行政委员会负责三个租界的行政事务。同年修订《上海土地章程》，规定选派3名或多名人员组成行政委员会。1862年法租界退出这一机构。1863年英、美租界合并，行政委员会成为英美租界单独行政机构。1869年，英美租界将行政委员会改称工部局（Municipal Council），英文直译为"市政委员会"。

工部局大楼

工部局由董事会集体领导。董事会由租地人会议或纳税人会议选举产生，起初为3—7人不等，1870年后一般为9人。每届董事自纳税人年会后接任，至次年年会时交卸，任期1年，可连选连任。董事不支薪水，纯尽义务。董事会设总董1人，1866年起增设副总董1人，主持董事会会议，其人选由全体董事于第一次会议时推举产生。凡工部局重要行政，均须交董事会讨论决定。投票表决时，一人一票，如果两种意见得票相等，则会议主席可多投一票。董事会由英、美、德等欧美籍侨民共同担任，英籍侨民占绝对多数。20世纪之后，日本籍董事替代了德籍董事。20世纪20年代之前，华人没有当选董事的资格。1925年五卅运动之后，租界华人掀起参政运动。经过不懈努力，1926年，公共租界纳税人会议通过工部局董事会增选华人董事的决议。1928年起，增选的5名华人董事就职。此后工部局董事会共设有董事14名。

董事会可以根据需要设立各种专门委员会。19世纪60年代中期以后，董事会下有三个常设委员会，即财政、税收和上诉委员会，另设工务委员会和警务委员会，还设有各种小组委员会。到1930年，已有工务、警务、财税、卫生、公用、交通、音乐、学务、图书馆等十多个委员会。各委员会均有董事1—3人分工兼管。遇事先由分管委员会讨论，提出意见，然后交董事会议决。

工部局下设总办处、警务处、火政处、工务处、财务处、卫生处、图书馆等机构。总办处正式成立于1860年，其职能为负责协调工部局各职能部门工作。工部局的大政方针由董事会议

公董局大楼

决，但董事会会议的议程由总办安排。

公董局是法租界行政机构。1854 年，上海英、美、法三国租界为统一行政成立工部局，但法国不愿意工部局插足自己界内的事务。1856 年，法国领事在界内设立巡捕房，直接受法国领事指挥。1857 年，法租界举行租地人会议，决定成立道路管理委员会，是为法租界市政机关前身。1862 年，公董局成立，其权限覆盖治安、税收、市政建设等各个方面。

1866 年 7 月，法国政府颁布《上海法租界公董局组织章程》，授予法国总领事对公董局董事会拥有绝对权威，董事会一经纳税人会议选出，便置于总领事的控制之下。此后，董事会及其各委员会实际上成为总领事的附庸。

公董局董事会自 1865 年开始分设各种专门委员会，如财政委员会、工务警政委员会、学校委员会与医院委员会，其作用与英美租界工部局董事会下属相关委员会相似。

与工部局机构相类似，公董局下设警务处、火政处、公共工程处、医务处等机构。

三、司法机构：领事法庭、领事公堂与会审公廨

近代上海租界存在三类司法机构，即领事法庭、领事公堂与会审公廨。这三类司法机构受理案件的法庭和适用的法律通常视被告的国籍而定。

1. 领事法庭

领事法庭是各国驻沪领事所设的法庭。根据中英《南京条约》等不平等条约，西方列强在华享有领事裁判权，相关各国驻沪领事或总领事在上海设立了领事法庭。所谓领事裁判权，指的是一国通过驻外领事等对处于另一国领土内的本国国民根据其本国法律行使司法管辖权的制度，从而使得这些国民免受所在国的司法管辖。这是一种治外法权，它的存在已构成对所在国家属地主权的侵犯。上海开埠后，一批国家先后在上海设立了领事馆，按时间顺序依次为：英国（1843）、美国（1846）、法国（1848）、葡萄牙（1853）、荷兰（1854）、德国（1854）、西班牙（1856）、丹麦（1856）、挪威（1856）、意大利（1861）、俄罗斯（1861）、比利时（1863）、日本（1872）。从逻辑上讲，领事馆的设立，意味着同时可以设领事法庭。领事法庭庭长或审判官多由领事或副领事担任，并设有政府任命的或民选的审判员。只有意大利、

日本两国特设审判官，美国则以司法委员兼任。

2. 领事公堂

始设于 1882 年。该法庭为在沪各国领事联合组成的法庭，成员每年由领事团选出各国领事若干人组成。领事公堂专门受理以公共租界工部局作为被告的民事案件。这一机构在当时中国与世界上都是独一无二的。这是一个行政法庭，具有国际性，但并没有一个完整的、各国领事共同认可的法律文本，上海租界也没有为此制订过任何专门的类似于法律的条文。审理案件时，法官只能根据自己的司法理念与经验做出判断，因此，来自不同国家、不同文化背景下的法律观念都能起到一些作用。实践中，这个机构确实起到一些作用。据统计，1882 至 1941 年的 50 多年间，领事公堂受理案件凡 55 件，其中工部局败诉 23 件，工部局胜诉 7 件，驳回起诉 10 件，庭外结案 5 件，其他未决、无记录、自然结案等共 10 件。[1]

3. 会审公廨

也称"会审公堂"。根据中国和列强批准的《洋泾浜设官会审章程》，由中国政府于 1869 年在公共租界和法租界正式设立。该法庭由上海道台委派同知官员担任谳员，主持审理租界内华人为被告的民事和盗窃、斗殴等比较轻微的刑事案件；涉及外国人利益时，如原告为外国人，或被告是为外国人服务的华人，该外

---

1. 孙慧：《试论上海公共租界的领事公堂》，见马长林主编：《租界里的上海》，上海社会科学院出版社 2003 年版，第 227 页。

国人所属国的驻沪领事听讼或参加会审。晚清时期的会审公廨是一个中外混合法庭，但是上海辛亥起义以后，各国驻沪领事借机完全掌控了会审公廨，会审公廨无论从形式还是实质上，都成了列强控制的司法机构。直至1926年，会审公廨才由中国政府收回。

会审公廨是特定时期的产物，从国家主权的角度看，是对中国司法主权的侵害，但是另一方面，因中国传统司法制度落后于欧美国家，因此实践当中，这个法庭吸收了一些西方的法律制度和司法理念。如在审理程序方面，规定适用西方律师辩护制度，无论民事、刑事案件，华人都可以聘请律师辩护；审判时不再局限于口供，重视将人证、物证等证据作为判决的依据；在对犯人实施惩罚方面，慎用打手心、打板子、枷等中国官员审理案件时常用的肉刑。据相关研究，从1878年4月1日至1880年7月31日的28个月中，陪审官仅同意谳员在47个案件当中责打人犯，其中最多的被打了100板，最少的被打了20记手心。对于枷刑，减轻木枷的重量，将示众的地点选在可避风雨之处，并允许受刑者回家吃饭、睡觉，第二天饭后再重新枷号。1905年，又废除了鞭刑。民国以后，列强完全控制了会审公廨，主持会审公廨的法官谳员虽然仍然是中国人，但其身份已不是中国的官员，而是雇员，会审公廨也基本上变成一个西式的法庭。

拥有独立的立法机构和决策执行机构，这使得租界，尤其是上海公共租界实际上拥有相当高的自治权；再加上拥有一定司法

会审公廨开庭

权力的会审公廨的存在，使得上海租界当局就如同一个微型的实行三权分立的代议制政府。而在移植英式制度的同时，这套制度设计的基础，即对人身权利和财产权利保障的理念也随之引入，租界所制订的各种法规条例以及租界当局对一些具体问题的处理原则，都不能背离这一点，这个制度对于近代上海工商业的发展有一定的促进作用。

第三节　市政建设与现代都市风姿

供水、供电、煤气、排水、消防、公共交通以及通信等城市基础设施最早出现在率先实现工业化的欧美国家。相比较而言，包括上海县城在内的中国城市虽然也具有悠久的历史，但是中国传统城市是建立在农耕文明基础之上，城市规模不大，更缺乏前述现代城市公共设施。租界设立之后，欧美侨民将其母国的市政建设成果移植到上海。此后，一系列迥异于中国传统城市的市政设施次第创建和发展起来，并逐渐形成了一整套现代市政管理制度。现代市政建设不仅使城市生活更为方便、舒适，也为现代工商业的发展提供了基础条件，是近代上海城市化的重要推动力量。现代市政设施的建设使得上海逐渐展现出现代大都市的风姿。

一、道路建设与管理

英法美租界设立后，都启动了道路建设，其中英租界的道路修筑启动最早。英租界设立后，即于1846年组织道路码头委员会主持修筑道路、建码头。1848年，沿黄浦江边筑黄浦滩（又名外滩，后改称黄浦滩路，今中山东一路），此后又陆续修建了界路（今河南中路）、打绳路（今九江路）、海关路（今汉口路）、布道路（又称教堂路，后改称福州路）、花园弄（又称派克弄，今南京东路东段）等几条道路；同时，黄浦江边也建起了码头和一些堆放货物的货栈。1854年工部局设立之后，大规模道路建设开始。至1865年，初步建成26条道路，东西向、南北向干道各13条。1863年英美租界合并后，虹口的道路建设也被纳入规划，进度加快。1865年以后，英美租界增辟或延长界内道路，并将道路网络向西部和苏州河北面扩展，拓宽、取直原有的干道，接管、添筑界外道路，供外侨驱车、驰马或散步等娱乐之用。到19世纪80年代末，工部局先后接管、修筑的界外道路有静安寺路（今南京西路）、徐家汇路（今华山路）、吴淞路、新闸路、极司菲尔路（今万航渡路）、麦根路和卡德路等。1890年代以后，工部局将筑路的重点放在虹口，在虹口地区延长或添筑40多条马路。

　　租界道路质量也不断改进。租界在 1840 年代所筑道路还以土路为主，1850 年代以后修筑道路开始使用碎砖、碎石和圆卵石铺筑路面，在巾道路（即福州路）和领事馆路（即北京路）等少数重要干道，铺设花岗碎石路面，以后陆续推广到其他道路。1890 年起，工部局在铺筑人行道时试用水泥等新材料。到 1893 年，界内用柏油、水泥或其他混合材料铺筑的人行道已达 7 英里。此后，水泥人行道陆续推广。

　　自 1866 年起，工部局从英国订购了陶制排水管道，用以代替原来的砖沟。到 1870 年代初，英界内系统的排水管道基本完成。1891 年，工部局在武昌路铺设了上海第一条水泥混凝土阴沟。此后，界内道路排水系统多使用水泥混凝土。

　　租界还加强了对道路、市政的管理：

　　其一，创设人行道，实行人车分道。1861 年先在花园弄等干道实行，后推行到其他街道。

　　其二，配备道路附属设施。1860 年代开始使用煤气路灯照明，兴建道路排水工程，在道路两侧种植行道树。自 1882 年起，租界道路逐渐改用电气路灯，从 1890 年开始使用白炽灯，并逐渐取代原来的弧光灯。

　　其三，规范路名，竖立路牌。南北向干道用中国省的名称命名，如四川路、河南路；东西向干道用中国城市的名称命名，如南京路、北京路，每一条街道路角竖立写有中英两种文字的路牌。

海上繁华
（1843—1949）

其四，加强对道路设施的维护。1869年《上海洋泾浜北首租界章程》的附则中，规定了道路的保护原则，包括：（1）如果有人擅自取去、私行改动铺砌之砖石等，即行照罚。（2）凡欲造房、开沟，其基地之下如有公局管辖之大小各沟，必奉工部局所给准据，方可施工。如有在此租界章程已经批准颁行之后犯此条例者，即由公局将犯例人所造之房、沟拆去，其拆去工费仍向该犯例造作之人索取。（3）凡人私造之沟，未经奉有工部局准据，擅自接通于公局管辖之一切地沟者，即应致罚。1880年代以后，规定马车行不许在门口洗车。

其五，规定行车靠边原则。1872年，工部局规定，凡行走于租界道路的马车、轿子、小车等，一律采用英国习惯，左去右来。

其六，禁止在公共道路上堆放杂物。1869年，工部局规定，凡有人将各项货物、盖房材料囤积公路之上致将行人走道拦阻者，均予议罚。

其七，对可能影响道路通行的设施作出规定。工部局规定，凡各式房屋，有门前天窗、沿街阳台、各式天棚、台阶、石坡、门窗、百叶窗、墙壁、栏杆、篱笆或各项招牌、沿街售物置摊等项，伸出街外，拦阻街道，导致行人通行不便，均可由工部局饬令全行搬开，酌加修拆。

其八，对于不得已在路上施工者作出安全规定。

其九，清扫街道。工部局雇人打扫界内主要街道。最初每周3次，后因界内人口日多，街道的打扫次数也逐渐增加。为了防止尘土飞扬，从 1870 年代初开始，工部局在界内主要街道实行洒水制度。

其十，规定倾倒垃圾时间。1874 年工部局规定，凡居民垃圾只允许在天亮到早上九点以前倒在路旁，由工部局派清洁工运扫，超过期限，一律送罚。

其十一，建造公共厕所。工部局从 1864 年起在界内设立公厕、小便池。到 1884 年，界内已有公厕 14 处，小便池 177 处。

其十二，添置垃圾桶。1897 年开始试用垃圾桶，规定嗣后所有垃圾，一概不准倒在路上或阴沟内，必须存放在垃圾桶内。到 1906 年，有关垃圾桶的规定在全界正式实行。

其十三，采用单向交通、禁行规制等管理办法。1891 年，工部局规定，自本年 7 月 6 日起，所有沿着福州路由东向西行驶的车辆行驶至福建路，即不准再往西行，但马车往西行不在阻挡之列。1897 年，工部局规定自上午 8 点至下午 8 点，除装卸货物之外，载货小车、手推车不准在南京路行走，但搭客小车不在其列。以后，工部局又规定，山西路汉口路转角处，每至午后 3 时，东洋车即不准向南行驶。

法租界的道路建设启动较公共租界晚。1857 年 3 月，法租界成立道路管理委员会，着手修筑马路。1862 年法租界公董局成立后，加快道路建设。1862 年，延长或开辟了公馆马路、宁兴街、施政路、郑家木桥等交通干道。这些道路质量较高，有排水系统，并铺设下水道。公董局还对越界道路、徐家汇路进行了重修，将路面放宽到 30 尺。1860 年代中期，公董局修筑了沿洋泾浜和沿寺浜的马路，特别是修筑了法租界沿外滩的马路。与公共租界一样，公董局注重对马路的管理。1869年公董局决定在租界内编排门牌号码，并设立路名牌。1869年以前，法租界马路的洒水由公董局付钱委托工部局公用事业部门代办；1869年，法租界决定自行洒水。从1867年开始，公董局在公馆马路、科尔贝尔路、辣厄尔路、孟斗班路以及洋泾浜沿岸马路上安装金属灯杆，使用煤气灯照明。但对于新修筑的道路的命名，法租界与公共租界却有很大不同。

公共租界的道路命名主要取中华省、市命名法。而法租界道路大都以法国人名命名，如以法国特派大使及驻华公使命名的道路有喇格纳路、葛罗路、吕班路、毕勋路等，以法国驻沪领事命名的有敏体尼荫路、爱棠路、巨籁达路，以法租界公董局董事命名的如皮少耐路、萨坡赛路、白尔路，以法租界公董局职员命名的如望志路等。这种马路命名方式，带有明显的殖民统治的印记。

二、修建桥梁

英法美租界设立之时，界内河道纵横，除了苏州河、洋泾浜之外，还有众多的小河流。因原本位于县城之外，这些河流上少有桥梁，过河一般需要渡口摆渡，无法适应越来越大的人员和货物流动的需要，因此在修筑道路的同时，陆续在这些河流上修建桥梁。首先是为方便与位于苏州河北岸的虹口和闸北通行，苏州河上建起多座西式桥梁。

上海开埠通商之前，苏州河上桥梁仅有重建于 1672 年（康熙十一年）的三洞石闸（今福建路桥处），闸上有桥，可通行人。除此之外，两岸来往都靠渡船。1863 年英美两租界合并之后，为解决苏州河南北两岸英租界与美租界的交通，在两租界之间的苏州河上相继修建了多座西式桥梁。最早建起来的是 1856 年建成的"韦尔斯桥"。该桥靠近苏州河与黄浦江的交汇口（靠近今外白渡桥），由外侨韦尔斯出资建造。为方便船只通过，该桥设活动桥面，船只通过时，需将桥面吊起。建成后，行人需交过桥费方能通过。1873 年，上海租界工部局出资在韦尔斯桥东建造了一座木质浮桥，韦尔斯桥拆除。该桥免收过桥费，因此也称"外白渡桥"或"外摆渡桥"。至 1906 年，因不能适应交通发展的需要，另建钢桥代替原木质浮桥，即今外白渡桥。外白渡桥建成后，苏州河上又相继建起里摆渡桥（今四川路桥）、三摆渡桥（今河南路桥）、老垃圾桥（浙江路桥）、新垃圾桥（今西藏路桥）、汇通桥（恒丰路桥）等多座新式桥梁。

早期韦尔斯桥

此外，为方便与法租界的通行，在位于租界南部的外洋泾上，工部局重建了洋泾浜上的外洋泾桥。1870年代中期以后，洋泾浜上的木桥陆续被更换为新式铁桥。

苏州河和洋泾浜上桥梁的兴建与重建，使上海南北租界逐渐连为一体。

三、公共照明

开埠之前，上海与中国其他城市一样，城内没有有效的公共照明系统，入夜的城市几同黑暗世界。租界设立以后，开始设立公共照明，起初用于公共照明的是煤油灯。

煤油灯又称火油灯，或洋油灯，使用的是由石油提取的煤油，点燃后其亮度是其时中国家庭使用的油盏灯的四五倍，价钱便宜，方便耐用。

煤油灯进入上海，曾一度遇到一些阻碍。1882年，上海道台刘瑞芬发布《禁用火油提示》，不准使用煤油灯，理由是火油容易引发火灾。这种因噎废食的禁令遭到很多有识之士的驳斥。《申报》连续发表《书禁火油示论后》《论火油通行与洋布同》，说明煤油灯取代豆油灯是不可逆转的历史趋势。上海居民也不理会这一纸禁令，照用如故。

19世纪60年代起，煤油灯被煤气灯取代。1864年3月，上海第一家煤气公司——大英自来火房开张，厂址初设汉口路，后迁新闸路。1865年10月8日，这家公司制成的煤气灯在一些洋行内试用。12月18日，大英自来火房在南京路正式点亮第一盏煤气灯。此后，英美租界其他主要街道陆续装上煤气灯。

大英自来火房成立后，法租界公董局请其将煤气灯接至法租界，经协商未果，乃决定自办。1865 年 1 月 16 日，上海法商自来火行成立，厂址在八仙桥。1866 年 8 月 15 日，法租界试装煤气成功。到 1867 年 3 月，法租界公馆马路、科尔贝尔路、辣厄尔路、孟斗班路、洋泾浜沿岸马路一带均装上了煤气灯。

较之煤油灯、豆油灯，煤气灯不但光亮，而且便利，使用时只要拧转开关，点亮即可，而不用像煤油灯那样要不断添油。煤气灯起初主要用于洋行和街道，后来行栈、铺面、茶馆、戏楼以及居家，竞相使用。这为夜市的繁荣提供了必要的条件。租界普遍点上了煤气灯，这给上海城市面貌带来很大变化。入夜以后，火树银花，如同白昼，上海成了名副其实的不夜城。19 世纪 70 年代，上海人评沪北十景，其中之一就是"夜市燃灯"。

1882 年，电灯引入上海，上海城市照明又进入一个新的阶段。是年 4 月，上海电光公司创办，厂址初设南京路江西路口，次年迁至乍浦路。7 月 26 日，该公司在英美租界装成电灯（弧光灯）15 盏。是晚 7 时，在虹口招商局码头、礼查饭店、公家花园等处一齐放明。这是上海第一次亮起电灯。随后，上海电光公司逐渐将英美租界街道的煤气灯置换为电灯，许多店铺、货栈、旅馆和私人住宅也竞相使用电灯。

1882 年，法租界公董局同意上海电光公司进入法租界营业。

海上繁华

欧洲式煤气路灯　　外白渡桥的弧光灯

1897 年 6 月 1 日，法租界公董局自营的电灯厂建成启用。

从油盏灯到煤油灯，从煤气灯到电灯，上海城市照明设施不断更新，保持与欧美大都市同步，初显大都市的繁华气象。

四、自来水

开埠以前，上海县城居民与其他江南地区的城镇居民一样，世世代代都用江河溪浜之水或井水。开埠以后，上海人口迅速膨胀，城市规模急剧扩展，原有的河流溪浜或被填没，或受污染，居民用水日益困难。特别是县城里的河道，因居民密集、秽物堆积而腐浊不清，取用的河水虽用明矾澄清，仍腥臭难闻。因此，从 19 世纪 70 年代起，改善居民用水已成为公众舆论的重要话题，租界外侨不断呼吁兴建自来水厂，改善居民用水状况。在这种背景之下，安全、卫生的公共饮水设施的建立提上议事日程。

1870年春，工部局委托卫生官爱德华·亨德生对黄浦江及邻近河、湖进行了一次比较全面的水源水质调查，分别采取水样，并由工部局卫生处送往伦敦检验，为工部局在供水问题上的相关决策提供依据。

1875年，英商格罗姆等集资在上海建成立德洋行供水公司，这是近代上海同时也是近代中国第一座城市自来水厂。水厂位于今杨树浦水厂南部，占地115亩。因未铺设输水管道，其经营方式是用木船将过滤水装运到外滩，再分装到水车向租界内居民出售。因价格较高，只有少数居民饮用。1880年，英商麦克利澳特等组建上海自来水股份有限公司，并购买了立德洋行供水公司的杨树浦水厂和设在浦东的分厂。上海公共租界工部局同意其在租

19世纪90年代英商上海自来水公司全景

界进行埋管施工，向租界居民供水。1883 年 6 月 29 日，自来水公司在杨树浦水厂举行开闸仪式，两江总督李鸿章出席，并应邀为水厂打开水闸，将黄浦江之水放入水池。8 月 1 日，杨树浦水厂开始向当时的公共租界、法租界及静安寺以东的越界筑路地区供水，以后供水区域不断扩大，制水工艺和供水能力不断提升。至 1937 年抗日战争全面爆发前夕，水厂经过长期经营，制水设备、输水管道、生产技术、生产规模及经营管理都已达到相当高的水平，成为当时远东最大的现代化水厂。

1902 年 1 月，法租界公董局在董家渡兴建的自来水厂建成，2 月 1 日起，董家渡水厂正式向法租界供水。同年 9 月，华界在高昌庙附近建成的内地自来水厂也陆续向江南制造局、外马路及城厢供水。至此，公共租界、法租界和华界都建成了自己的自来水厂，界内的部分居民也开始用上了自来水。

五、消防

自古以来，防火、救火一直是困扰城镇居民的一大问题。中国古代城市已有望火楼等设施，有水铺、冷铺、义社之类的民间消防组织。但是这些组织大多没有健全的规章制度，所使用的消防工具是相当原始的水桶、水囊、水袋等。

开埠以前，上海城市的消防主要由民间慈善组织善堂承担。上海开埠以后，人口增多，建筑密集，火灾增多，单靠善堂已无法满足城市安全的需要。1863 年，工部局从美国购来新型灭火机一架。1866 年，工部局成立火政处，组建了一支由外国居民组成的完全义务性的消防队——上海救火会，专司界内消防。

法租界方面，公董局还对界内的消防也采取一些措施。1863年，公董局订购了一台普通的手压水泵，遇有火警，巡捕和临时雇来的苦力就使用这台水泵救火。1866年间，法租界巡捕房组织了一支消防队；1869年，消防队从英国进口一台手压水泵，并组成一支有29人参加的志愿消防队；不久，这支消防队加入公共租界火政处，被编为上海救火会第5队。1907年，法租界消防队从工部局火政处独立出来，并于1908年5月1日组建独立的消防组织。

除了消防队，两租界均设有警钟楼和火龙间（即消防站）。公共租界设有两座警钟楼，一在三马路外国坟山内，一在闵行路巡捕房中；另在河南路、吴淞路、爱文路和苏州路等4个路段设有火龙间。法租界在嵩山路巡捕房中设有警钟，另在法大马路和嵩山路两个路段设有火龙间。两租界还采取分段报警措施，并制订了相应的鸣钟悬旗灯规则，如有火灾，先鸣一阵乱钟，引起关注，然后鸣钟，以继鸣次数标明火灾具体地段。具体方法如下：

第一段：虹口河以东，继鸣一下；

第二段：虹口河以西，苏州河以北，继鸣二下（以上二段，日间悬美旗，夜间悬红灯一）；

第三段：苏州河以南，南京路以北，继鸣三下；

第四段：南京路以南，洋泾浜以北，继鸣四下（以上二段，日间悬英旗，夜间悬红绿灯各一）；

第五段：法界公董局之西，继鸣五下；

第六段：法界公董局之东，继鸣六下（以上二段，日间悬法旗，夜间悬绿灯一）；

第七段：泥城桥外，新租界一带，继鸣七下（日间悬英旗，加红旒一条，夜间悬白灯二）；

第八段：浦江中及浦东一带，继鸣钟八下（日间悬华旗，夜间悬红灯二）。

这种分段报警措施，使租界及浦东一带的火警，被置于严密的监视之下，一旦发生火灾，消防队就可以根据警钟数目迅速赶到现场，有效地控制火势。

对此消防模式，华界依样仿行。到1907年，南市救火会（社）已达30多个，分布于各行业和各街区。但这些救火会各自为政，常在救火过程中互争水源，妨碍救火。为了改变这种状况，李平书等人于1907年9月联合各救火会组成了上海内地城厢内外救火联合会（后改为上海城厢内外救火联合会），并拟定《上海内地城厢内外救火联合会暂定简章》。

救火联合会在华界增设灭火栓，并对容易引火的石油销售店的石油储存量予以严格限制；在小南门城根高泥墩旧址上，建造警钟楼，将城厢内外地区划分为五个救火区，各就其区建筑火龙间，以遇警鸣钟记数地段，通知火警所在区域的救火会赶赴灭火。具体如下：城内肇家浜西至中华路，只鸣一下；城内肇家浜北至护城河，鸣二下；十六铺至董家渡大街以北，鸣三下；董家

仿照租界体制，建立小南门救火会

渡以南至沪杭铁路界线，鸣四下；西门外西区界，鸣五下。警钟楼又称望火台，有专门的瞭望员严密监视火情，一有火灾即鸣钟，及时施救。

华界其他地区也设立了救火会，并增建了相应消防设施。

晚清上海城市消防系统，无论租界还是华界，基本上是民间的义务性组织，消防主要是由民间力量来承担的。公共租界、法租界的火政分别由工部局和公董局统筹，华界的火政则是作为一种地方公益而受到新崛起的绅商的重视，并在仿效租界火政模式的过程中逐步组织和发展起来。火政的近代化，包括消防设备的近代化、消防组织的转型与发展，使上海城市社会的消防功能逐渐健全和完善，火患得到有效的控制，提高了城市公共设施和市民生命财产的安全性。

海上繁华
（1843—1949）

建于 1900 年的小南门救火会瞭望塔

第二章
现代大都市成形（1854—1900）

第四节　经济中心的形成 [1]

从世界范围来看，伦敦、纽约等国际大都市的形成过程中，经济的发展是最为重要的推动力量，而工业化又是重要支撑。英国 18 世纪中叶开始工业革命，率先从农业社会向工业社会过渡，成为世界经济的中心，伦敦则成为世界贸易、金融、工业制造和海运业的中心。美国纽约紧随其后，并且在第一次世界大战期间，纽约超过伦敦，成为世界第一大城市。同伦敦、纽约的崛起路径相近，在 19 世纪中后期，上海成为外贸中心、航运中心、金融重镇。进入 20 世纪，随着纺织等制造业的发展，近代工业迅速兴起，上海又一跃而成为集航运、外贸、金融、工业为一体的多功能经济中心。

一、航运中心、交通枢纽与信息中心

上海的航运中心与交通枢纽地位的形成，是上海的区域禀赋在开埠后得以充分发挥的结果。上海地处中国大陆海岸线的中点，长江的出海口，恰好在"T"字形交叉点上。海运发达以后，这种地理条件就转化为港口优势。通过海运和江运，上海将沿海与沿江联系起来，通过黄浦江、大运河及密如蛛网的江南水道，成为长江三角洲对外贸易的枢纽。因此，明清以来，上海便是中

---

1. 本节撰写主要参考熊月之总主编、王敏主编：《上海通史·第 10 卷·南京国民政府时期（1927—1937）》（上海辞书出版社 2020 年版）第四章"经济持续繁荣"相关内容。

国重要外贸口岸之一。近代以后，航运技术日新月异，外贸发展迅速，地处太平洋西环航线要冲的上海，成为与世界发展航运贸易的理想港口。上海北与日本的东京、大阪地区，东与美国的旧金山、洛杉矶地区，南与新加坡，距离都比较适中。1869年苏伊士运河修筑通航以后，欧洲的船只可经地中海驶过苏伊士运河和红海直接进入印度洋，不必再绕道非洲最南端的好望角，从而使得自欧洲到中国的航程大大缩短，为东西方经济、文化交流提供了很大便利，也使得上海与欧洲的交通更为便利。20世纪初，中外合力对黄浦江河道进行整治，增加了港口的深水泊位和岸线，兴建了一批能满足大型航运需要的码头、仓库和货栈，上海港作为国际性大港口的条件更加完善。

上海在19世纪后期已是全国航运中心。1849年，英商开辟上海至香港的定期航班。第二次鸦片战争以后，长江对外开放，北部沿海几个城市开放，长江航运业和北洋航运业迅速发展。1861年英商开辟了长江航线，1862至1864年，上海有不下于20家洋行经营长江航运。与此同时，上海至牛庄、天津、烟台三地的航运业务发展很快。1862年，美商旗昌洋行在上海设立旗昌轮船公司，这是外国资本在上海设立的第一家专业轮船公司。群起效仿的有英商公正轮船公司（1867年）、北清轮船公司（1868年）、太古轮船公司（1872年）、华海轮船公司（1873年）、扬子轮船公司（1879年）。1872年，轮船招商局成立，这是上海第一家中国资本的轮船公司。到19世纪70年代，上海已形成远洋、长江、南部沿海、北部沿海等比较齐全的航线，成为中国与世界

第二章
现代大都市成形（1854—1900）

的最大物流通道。20世纪初，上海已形成内河、长江、沿海和外洋四大航运系统，出入上海的轮船和吨位都占全国总数的五分之一以上。1931年，上海港进出口船舶吨位已名列世界第七。

航运之外，上海的陆路运输在20世纪初发展起来，上海的交通枢纽地位更加稳固。1909年，沪宁、沪杭铁路全线运行；1929年以后，联结国内外各大城市的航空线路开通，加上各种近途远程的公路交通，上海海陆空交通全面发展。

此外，上海的通信也与交通发展相同步。1871年，丹麦大北电报公司将第一条国际水线从香港铺设到上海，上海到英国伦敦、日本长崎的海底电线接通。至80年代，上海北可以经日本与俄罗斯通电报，南可经中国香港与欧美通电报。1884年，中国电报总局从天津迁到上海。到1895年，上海在国内通电报范围可以北到北京，东北到山海关，西北到西安，西到汉口，西南到泸州，南到广州。市内电话方面，1881年，丹麦大北电报公司开始在上海办理电话业务。1882年，该公司在外滩设立了第一个电话交换所。民国以后，上海电话业发展提速。1918年，租界内已有电话用户8 207户，1928年发展到27 217户。长途电话在上海有很快发展，1923年开通上海至南翔的市郊长途电话，1926年开通上海至吴淞、苏州、无锡三地的长途电话，至抗日战争前夕，上海电话可通达国内城镇470多处。1936年，国际电台开通上海至东京的国际无线电话电路，上海开始拥有国际电话电路。1937年，沪港和中美长途电话电路开通。

航运、交通和通信的发展，使得上海与世界紧密联系成为可

海上繁华
（1843—1949）

能，上海的世界级大港地位的形成与此紧密相关；同时，这些方面又构成上海的贸易以及金融和工业发展的重要条件。

二、外贸中心

鸦片战争之前，清政府只允许广州进行对外贸易，并特许广州十三行经营对外贸易。因此，当时的上海虽然已是中国东南重要的港口城市，有从事对外贸易的优势，但是对外直接贸易无法展开。《南京条约》签订后，包括上海、广州在内的五口统一对外开放，广州十三行专营外贸的特权随之被取消。因特权地位受损的传统势力千方百计维护既得利益，广州的对外贸易环境迅速恶化，一些原来从事贸易的广州人转而来上海谋发展，有些人成了上海早期的买办。而上海作为新开放的口岸，社会风尚受传统势力束缚较少，对待西方商人的态度较为平和和理性，本地居民与外国人之间发生激烈冲突的事例极少发生。

另一方面，来华外国人认识到上海在开展对外贸易方面的优势。英商乔治·斯密斯在给英国政府的报告中说："欧洲人能在上海以低于广州百分之十的代价买到丝茶和其他土产。"1850年，英国驻沪领事阿礼国估价："从上海直接运生丝出口，比转运广州再出口，至少可节省35%—40%的运费。"于是，原在广州的英、美洋行迅速到上海设置分行，各国商船开始直接驶抵上海，大批外国商人纷至沓来，上海开始与欧洲、美洲直接发生商务联系。五口通商后，其他四个口岸对外贸易升而复降，贸易重心逐步由广州移到上海，上海外贸业务急剧上升。1844年，即上海开埠通商第二年，上海出口茶叶全国所占比例仅2%，广州占98%；至1850年，上海上升到占全国44%，广州下降至23%。1846年，上海出口生丝已相当于广州的4.27倍。据统计，上海开埠10年后，即1853年，对英国进出口货值已达1720万美元，超过广州的1050万美元。此后上海的进出口货值即在全国领先。1864年，上海进出口总值已达6094万关两，占全国57.87%。自此10年间，随着长江沿岸与上海之间贸易渠道之畅通，上海累计进出口总值8.14亿关两，占全国59.8%。至甲午战争前，上海累计进出口总值达10.10亿关两，比上10年又增加24%，占全国49.4%。甲午战前的近半个世纪，商品贸易是上海对外经济关系的主流，这一时期上海已确立起全国对外贸易的中心地位。

与近代以前相比，1843年之后对外贸易的商品品种更多样化。传统的大宗丝茶输出比重逐步下降，而其他农畜产品如羊毛、皮革、籽仁、植物油、豆类、烟叶等出口增加。进口商品最初以鸦片为大宗。但是到了19世纪80年代以后，由于苏伊士运河通航，从伦敦到上海的航程大大缩短；到上海的电报也已开通，从上海买到生丝，随即可在伦敦市场上出卖。加上英国在经济危机压力下，不断更新设备、改进技术，工业品成本下降，商品的削价竞争力增强。英国的洋布、洋纱以其价廉物美挤占了上海的传统土布、土纱市场，鸦片在进口商品中比重下降。1894年上海进口值中鸦片占19.8%，纺织品占43.7%，其他如工业原料、机器设备、食品等各占一定比例。

近代以来，上海对外贸易的国别地区也发生了重大变化。开埠通商后，由于欧洲、美洲商人的直接进入，上海从根本上改变了开埠前长期与日本、朝鲜和南洋诸国比较单一的传统贸易而发展成国际出口贸易市场。开埠不久，英国就成为上海外贸的主要对象。1867 年，英国在上海出口值中占 73.1%，进口值中占 39.7%。此后，美国、日本、欧陆各国的比重上升，1894 年上海出口值中英国仅占 14.7%，其余有欧陆 32.2%、美国 19.4%、日本 12.5%；进口值中英国占 30.1%、香港（时在英国殖民统治下）22.6%、印度 20.6%、美国 9.2%、日本 8%、欧陆 5.5%。

上海出口商品来自全国各地。据专家估算，1894 年 5 842 万关两出口额中，来自长江流域各城市的达 3 729 万关两，占 64%；

停留在十六铺的外轮

来自长江以北沿海各港的有 1 127 万关两，占 19%；来自长江以南各埠 478 万关两，占 8%。进口货值 9 326 万关两中，转口长江流域的 3 995 万关两，占 43%；转口北方各港的 2 143 万关两，占 23%；转口南方各港的 123.6 万关两，占 1%。上海港的繁荣，外贸的发展，离不开全国货源的支持，同时也促进了各地生产的发展和商埠的繁荣。[1]

对外贸易的发展，对于近代上海现代大都市形成有十分重要的贡献，如果说上海港的兴起是依托航运，那么上海城市的繁荣和兴旺则是始于对外贸易。

三、东方华尔街：金融中心

上海的金融业是伴随着航运和对外贸易的兴盛而发展起来的。首先是外资银行的相继设立。1847 年英国丽如银行在上海设立，50 年代又有汇隆、阿加剌、有利和麦加利四家英资银行在上海设立分支机构。1860 年法兰西银行在上海设立分行，随后，英国的汇川、利华、利生、利升、汇丰等银行相继在上海设立分行。其中汇丰日后成为上海最大的外资银行。此外，德国的德华银行、日本的横滨正金银行、俄国的华俄道胜银行、法国的东方汇理银行也相继于八九十年代在上海开办，上海因此成为外资银行在中国最为集中的地方。其次是民族资本银行的开

---

1. 《上海对外经济贸易志》编纂委员会编：《上海对外经济贸易志·总述》(上)，上海社会科学院出版社 2001 年版，第 7 页。

汇丰银行、江海关新姿

办。1897年国人自办的第一家银行——中国通商银行在上海开办，从事包括发行钞票在内的各种业务。此外，传统的钱庄在上海也一度十分兴旺。1860年代以后，上海钱庄营业重心从南市移到租界，1883年初上海共有钱庄78家。至19世纪末，上海不但银行数量为全国之冠，而且功能齐全，资金融通量大，在中国境内的中外银行的总部大多数设在这里。1880年代中期，上海在全国对外贸易资金调拨总额中已占80%。20世纪20年代以后，中国银行、中央银行、交通银行和农业银行等一批重要的银行相继把总行从北京移到上海。至1935年，中国共有银行164家，总行设在上海的有58家，加上在上海设有分支机构的银行，上海共有银行机构182个，已形成全国性的纵横交错的资金融通网络，这进一步确立了上海作为全国金融中心的地位。

随着各种金融机构集中上海，在当时的黄浦滩路（今中山东一路）、北京路、河南路、宁波路一带云集的银行、交易所、保险公司有两三百家之多，堪称是"东方华尔街"。

四、制造业起步

相对于航运业、对外贸易以及金融业，上海的工业发展比较晚，但仍然是近代中国工业最先起步的地方。1860年以前，外国人已在上海设立十余家工厂，其中多为船舶修造厂。1860年以后，特别是洋务运动期间，中国兴办的洋务企业，如江南制造总局和中国第一家大型纺织工厂——上海机器织布局都开办在上海。

1. 江南制造总局

江南制造总局是晚清洋务运动时期由李鸿章主持在上海建立的军工企业。1865年，李鸿章委托丁日昌等出面，购买美商位于虹口的铁厂——旗记铁厂（厂址大致位于今虹口港与黄浦江交汇处），建立江南机器制造局，第二年迁至上海县城南的高昌庙。

高昌庙位于黄浦江滨，水路交通便利，适合造船和运输。江南制造总局沿江边购地70多亩，迁入后先后建立机器厂、木工厂、铸铜铁厂、熟铁厂、轮船厂、锅炉厂、枪厂、火药厂、枪子厂、炮弹厂、水雷厂、炼钢厂等10多个厂，并建有泥船坞1座，在设备和规模上已具近代工业的雏形。江南制造总局主要生产军火，中国的第一批机床、第一炉钢以及无烟火药、步枪、钢炮、铁甲炮艇等，均始出于此。江南制造总局不但是中国第一个大型近代企业，所附设的翻译馆、广方言馆和工艺学堂也培养了一大批技术人员。1912年，江南制造总局拆分为江南制造局（后为上海兵工厂）和江南船坞（后为江南造船所）。

2. 上海机器织布局

上海机器织布局是洋务运动期间由李鸿章主持创办的民用企

上海机器织布局清花间

业，于 1889 年在上海建成投产，选址在位于黄浦江沿岸的杨树浦路 87 号（现为杨树浦路 1900 号）。这是近代中国第一家纺织企业。

上海机器织布局设立资本金达 100 万两，至 1893 年，织布机增至 530 台，纱锭 3.5 万枚，工人 4 000 多人。因管理不慎，1893 年发生大火，全厂焚毁。1893 年 11 月，李鸿章派盛宣怀负责恢复织布局，在织布局旧址设立华盛纺织总厂，有纺锭 6.5 万枚，织机 750 台。清末，先后改名为集成纱厂、又新纱厂，民国初年改名三新纱厂。1931 年，荣宗敬购进三新纱厂，成立申新纺织第九厂（简称"申新九厂"）。1933 年，将厂址迁至苏州河南岸的澳门路 150 号。

1895 年《马关条约》签订，允许外商直接在华投资设厂，上海的外资工业开始迅速发展。1901 年以后，清政府制订奖励工商的政策，更刺激了上海民族资本的发展。1904 至 1906 年，上海新办的资本在万元以上的工厂每年有五六家；1907 至 1909 年，此类工厂每年有一二十家。到 1911 年，私人资本的缫丝厂由 1900 年的 18 家增加到 46 家，私人面粉厂有 7 家。1902 至 1911 年的《海关十年报告》曾明确指出："近年来上海的特征有了相当大的变化。以前它几乎只是一个贸易场所，现在它成为一个大的制造中心。"[1] 20 世纪初，随着工业的发展，上海已是中国制造业的中心。

工业的发展和工业中心地位的形成，对于上海国际大都市的崛起有非常重要的意义。近代工业的发达程度是现代化的基本指标，从全球范围看，伦敦、纽约、巴黎等国际大都市的发展都离不开发达的工业。上海工业的发展虽然迟于贸易，但对于国际大都市地位的最终确立有重要意义。在工业发展起来之前，上海主要是一个依靠航运和贸易在短时间内繁荣起来的港口城市，因贸易所吸纳的人口有限，因此城市人口的增长和城市空间的拓展还比较缓慢。20 世纪初开始，上海工业迅速发展，特别是纺织业、缫丝业等劳动密集型工业的发展，上海城市对人口的容纳能力空前提高，人口随之快速而稳定增长，同时带动房地产业、商业的繁荣，并出现杨浦、普陀等工厂区和工人居住区等新的城市功能区，可以说工业为上海成为国际大都市提供了坚实、稳固的基

---

1. 徐雪筠等译编：《上海近代社会经济发展概况（1882—1931）》，上海社会科学院出版社 1985 年版，第 158 页。

础。正是在多功能经济中心地位奠定、城市人口迅速增长的基础之上，20世纪初，上海已具备了工商业大都市的雏形，并在20世纪30年代发展至顶峰。

第五节　华洋杂居与中西共处

1854年华洋分居的限制被取消之后，随着华人大量进入，租界人口开始大幅增长，形成华洋混处的格局。这种格局持续近百年。华洋杂居、中西共处，这使得近代上海成为典型的五方杂处的移民城市，城市社会呈现出异乎寻常的多元性，社会生活也呈现出异质文化交织的特点。

不同种族、不同文化的人群共处同一时空，相互之间既有和平共处、相互融合的一面，同时也因殖民者的蛮横、租界当局歧视华人以及中西文化习俗差异等方面的原因，不时发生矛盾甚至比较激烈的冲突，如两次四明公所事件。但总体上，自1860至1900年近半个世纪的时间里，矛盾冲突并非频发现象，中外之间交往尚属和平、友善，华洋之间相处较为和谐、融洽，其标志是1893年上海开埠通商50周年之际，共同举办了庆祝上海通商50周年庆典。

一、外侨社区的形成

上海开埠以后，外国侨民络绎而来。1843年底，在英领署登记的外国人有25人，以后逐渐增多。1845年英租界设立时有90

人，1850 年为 210 人，1853 年 373 人。[1] 1854 年以后，因租界允许华人居住，商机增多，外侨增长也较以前为快。1865 年，原英租界和虹口美租界共有外侨 3 180 人，法租界有外侨 460 人，合计 3 640 人。[2] 1870 年公共租界登记在册的外侨为 1 666 人，公共租界外侨人数为 3 673 人，1890 年 3 821 人，1895 年为 4 684 人，1900 年达到 6 774 人。法租界外侨人口也同步增长，1890 年 444 人，1900 年 622 人。1900 年，两租界外侨总数达 7 396 人。[3] 如果加上驻军与水手，则这年上海外国人有近 1 万人。来沪外侨的身份主要是领事馆人员、商人、传教士、医生等。其中商人（工商业者）一直占多数，其次是教会人员。据 1850 年 8 月《北华捷报》创刊号公布的《上海外国居民一览表》，其时上海外侨共 210 名，其中新闻记者、医药师、建筑师、木工、面包厨师等 11 人，领事馆职员 7 人，传教士 13 人，家属 68 人，人数最多的是洋行雇员和大班，合计有 111 人。

　　早期来沪洋商中，英美商人数量最多。以 1852 年为例，这年上海共有 41 家洋行，其中英商第一，有 27 户；美商次之，有 5 户。[4] 相对来说，法商、德商较少。这些洋行大体分两种类型，一是以经营鸦片为主，包括怡和、宝顺、旗昌、沙逊等，规模较

---

1. 见 Shanghae, *Almanac for 1854* and Miscellany, printed at Herald-Office.
2. 邹依仁：《旧上海人口变迁的研究》，上海人民出版社 1980 年版，第 141 页。
3. 本段外侨数字，均见邹依仁：《旧上海人口变迁的研究》，上海人民出版社 1980 年版，第 141 页。
4. 《上海租界志》编纂委员会编：《上海租界志》，上海社会科学院出版社 2001 年版，第 124 页。

海上繁华
（1843—1949）

大；二是以经营纺织品为主，包括公易、义记、泰和、和记等，规模较小。早期洋行中，规模最大的有三家，即怡和、宝顺与旗昌。有些外商，如沙逊、汉璧礼等日后成为上海租界名人。

大卫·沙逊1833年在印度孟买创办大卫·沙逊公司，1844年开办香港分公司，1845年来上海开办沙逊洋行，从事鸦片贸易，运销棉纺织品。他的两个儿子均子承父业，在上海发展。他的重孙维克多·沙逊则将沙逊家族企业发展到鼎盛，开办沙逊银行、华懋洋行、业广地产公司、祥泰木行、安利洋行等近30家大企业，被称为上海地产业大王。

汉璧礼1853年7月来上海，起初经营茶和丝贸易。1861年美国发生内战，使英国重要的棉花供应来源中断，导致英国1861至1865年棉花饥荒。而上海及周边地区是中国主要的棉花产区，汉璧礼抓住了这个机会，把中国的棉花出口到英国，获取了巨大的利润。在赚取了第一桶金之后，汉璧礼又投资房地产。当时有大批华人因小刀会起义及太平天国战乱而逃避到上海租界，房地产亦因此价格暴涨。汉璧礼抓住这个机会投资房地产，不久他就成为上海最大的房地产所有者，在他的租册上有近1 500幢房子。到了19世纪八九十年代，汉璧礼仍是上海数一数二的房地产所有者，仅在南京路两侧就有二三十亩地产。

早期来沪外侨以英、美、法三国侨民居多，英、美侨民当中以商人居多。起初，英国侨民主要在上海县城租房居住。那时，领事馆在县城内，外商多居住在黄浦江边。这里靠近老城厢，毗邻本地商人的主要居住区，驳船可以直接驶至沿河商号靠河一面的门口。[1] 租界设立后，他们陆续转移到租界。1847 年，已有30 幢房屋在租界落成。到 1849 年，外侨绝大多数已转移到英租界居住，英租界也因此较为繁荣。来沪法国侨民相对较少，其中以教会人士为多，因此他们多居住在徐家汇一带，这里分布着教堂、藏书楼和徐汇公学等天主教设立的机构。因此，早期法租界较为冷寂。来沪美侨也以商人为主，他们多居住在英租界，早期美租界只有为数不多的教堂和货栈。1860 年代至 1890 年代，上海外侨依然以英国人为多。以 1870 年为例，是年公共租界登记在册的外侨为 1 666 人，其中英国人 894 人，美国人 255 人，德国人 138 人，葡萄牙人 104 人。1900 年，公共租界共有外侨6 774 人，其中英国人 2 691 人，日本人 736 人，美国人 562 人。[2]这一阶段外侨的职业分布依然以商人为多。

与开埠初期相比，由于 1869 年苏伊士运河通航，上海到欧洲航行时间的缩短，加之电报等通信技术的发展，上海发展商业的环境改善，早期的冒险型、投机型商人越来越少，稳健型、创业型商人越来越多。与此同时，上海外侨的人口结构中的男女比例、年龄比例也发生了很大的变化。上海开埠前 20 年，男多女少的现象十分突出。1850 年，外侨人数为 210 人，其中女性只有17 名。此后，女性比例一直在缓慢增长。1870 年，上海有外侨

1. 麦克莱伦著：《上海故事：从开埠到对外贸易》，刘雪芹译，张秀莉、王敏校，《上海史国际论丛》第 2 辑，生活·读书·新知三联书店 2015 年版，第 187—188 页。
2. 《上海租界志》编纂委员会编：《上海租界志》，上海社会科学院出版社 2001 年版，第114—115 页。

1 666 名，女性和儿童 358 名。[1] 妇女与儿童比例的增加，说明租界外侨具有比较稳定家庭生活的比例在增长。法租界人口结构，与公共租界类似。一位外侨描述 1870 年代上海外侨的生活：

> 各种令人生厌的社会弊病正在逐年消失，更高水准的优雅、品位、温和、安逸之类的元素正注入到我们的社交活动及日常娱乐中来，家庭生活的舒适度得到了很大的提升。我们的居住地和城郊一带被装饰一新，特别是那些雅致的正在扩建中的游乐场，所有这一切，我认为应该归功于我们中间女性数量的日趋增长，这些变化如同春风化雨一般，悄无声息，不易察觉却又难以抵抗。[2]

当时外侨在上海所建房屋多属西式洋房，上海本地人称其为"夷屋"。这种房屋与上海本地人传统房屋很不一样，大部分是一二层楼的券廊式建筑，四方形的瓦顶，门前多有一条长的走廊，以适应天气炎热时避暑之需。这种建筑样式，最早由欧洲传入印度和东南亚一带，以适应当地炎热的气候，因此也被称为"殖民地式"。这种房屋虽然比较简陋，用的是本地建材，但其承重墙结构与中国传统木构架结构迥然不同。中国本地工匠对此比较陌生，一些并非建筑师的外国商人、传教士不得不亲自担任设计并指导施工。19 世纪 50 年代以后，外侨的住宅开始日趋讲究，风格也多种多样。英租界布满了华丽的房屋，形式有仿希腊的庙

---

1. 邹依仁：《旧上海人口变迁的研究》，上海人民出版社 1980 年版，第 72—74 页。
2. 朗格：《社会视野中的上海》，高俊译，《上海史国际论丛》第 1 辑，生活·读书·新知三联书店 2014 年版，第 251 页。

宇、仿意大利的王宫，[1] 花园洋房也多了起来。旗昌洋行大班金能亨的住宅竭尽奢侈豪华，建筑费用达 5 万美元。该住宅带有一座花园，院内绿树成荫；房屋宽大，露台下是精美的廊柱，住房窗上装有百叶板，使阳光不能直射玻璃。

饮食方面，外侨仍然保持原有的习惯，吃面包、牛肉，喝牛奶、咖啡。1855 年英商霍尔茨面包房开办。1858 年制造面包等食品的埃凡洋行开办。1881 年，法租界就有三家面包店，所用面粉全从美国旧金山运来。此前，一家英国人已在上海开了一个奶牛场，每天可生产一千公升鲜奶。西人爱吃的各种蔬菜也被引进上海，诸如薤菜、包心菜、芦笋等。到 1880 年代，冰块、啤酒、咖啡等都已经能够满足外侨生活需要。1870 年代中期，上海埃凡洋行已开始制造啤酒，每年生产数千担，沪产啤酒远比从西方运来便宜。

外侨把西方作息习惯带到了上海，上班、下班均按钟点，与中国日出而作、日没而息颇不相同。特别是七日一休息，很使中国人感到新奇。因外侨大量增多，外侨在上海社会生活中占有举足轻重的地位，他们七日一息，势必让那些在洋行中工作、与外商打交道的华人也得到相应休息，于是，一礼拜休息一次在上海租界逐渐成为惯例。

外侨也把西方人的娱乐方式带到了上海。早在开埠之初，外侨就自发组织业余剧社。早在 1849 至 1850 年，上海就已经有外

---

1. 吴圳义：《清末上海租界社会》，台湾文史哲出版社 1978 年版，第 78 页。

侨组织的业余剧社公开演出。这些早期的业余剧社不仅有英、美人发起的、用英语表演的话剧歌舞剧社，还有由法国人、德国人及葡萄牙人组织的、用法、德、葡萄牙语表演的剧社。1850年，一些英国戏剧爱好者将一个废弃了的旧仓库改为临时舞台，并沿袭英国传统，将其命名为"新皇家剧院"，其实条件极为简陋，连靠背椅也没有。外侨演艺活动也包括器乐表演，以业余爱好者为主，但也有经过严格训练的名牌音乐学院毕业生。1852年2月23日，一位年轻女士演出钢琴独奏，这位女士是巴黎音乐学院的高才生。乐评者称赞她技艺超群，指法敏捷，触键之清澈为很多表演者所不及，对她对音乐的诠释也颇多赞誉，特别是其"轻重缓急的处理，令人刮目相看"[1]。

此外，舞会、溜冰、赛马、打猎、划船、三门柱球等室内、户外娱乐和体育运动也都渐次展开。1850年，外侨在南京路之北、河南路之西购地约80亩，辟为公园，作为跑马场，这是上海第一个跑马场。同年第一次赛马举行，为期一天。1854年，外侨在泥城浜之东购地另辟一跑马场，是为第二跑马场，而将第一跑马场地以高价售出。1862年，他们又将第二跑马场地以高价售出，另购静安寺路以南、西藏路以西的一块地皮，辟为第三跑马场，上海人习称跑马厅。每年5月、11月，外侨各进行一次赛马活动，每次一般持续三天。由此，看赛马成为上海及附近地区中

1. 宫宏宇：《晚清上海租界外侨音乐活动述略之一（1843—1911）——早期外侨社团演剧活动中的音乐》，《音乐艺术》2015年第2期。

外滩公园全景

外人士一大趣事。1867年，上海第一个现代剧场兰心戏院建成。1868年，外滩公园建成，这是上海也是近代中国城市出现的第一家公园。

二、华洋冲突：两次四明公所事件

四明公所是旅沪宁波人的会馆，建于1803年。1844年，公所地产编入官图，由上海知县批准免去税课。1874年、1898年，法租界当局欲穿过四明公所地产筑路，遭到宁波同乡会拒绝，引发比较激烈的华洋冲突。

1873年冬，法租界公董局决定穿过四明公所筑路，并要求将四明公所义冢安置的棺木迁往他处。宁波同乡会坚决反对，原因是中国人历来重视墓地风水，对起棺改葬十分慎重。为此，宁波同乡会多次致信公董局、法国总领事，建议马路改道，绕过四明公所，并表示愿意承担绕道费用，全遭拒绝。宁波同乡会又请求上海道台沈秉成出面调停，也不得要领。5月3日下午，以宁波籍为主的上海市民三百余人，聚集在四明公所周围，表示抗议。一法国巡捕与群众发生冲突，事态扩大。部分人群聚集在金神父路（今瑞金二路）公董局路政管理所工程师佩斯布瓦的住宅周围抗议，佩斯布瓦竟向人群开枪，当场打死一人。这激起人群更大的愤怒。晚7时许，密密匝匝的人群包围了公董局，驻沪法舰水兵、英美租界的巡捕、英美租界万国商团和美国的一队水兵应公董局之请赶来镇压。晚10时，上海道台赶至法租界，协同公董局、工部局巡捕及法国士兵将抗议群众驱散，并和上海县知县连夜分别出示布告，劝谕群众静候商办。这一天，7人被打死，20人受伤，法租界被烧房屋40多间。这就是著名的第一次四明公所事件。

5月4日，沈秉成向法国总领事葛笃提出抗议。双方达成协议：由葛笃劝说法公董局就筑路一事予以让步，沈秉成劝谕各界复工复市。沈秉成与英、美等十二国驻沪领事举行会议，同意各国领事提出租界洋商由地方官按约保护、华民不准私带军械擅入租界的要求，并同意各国领事出示相应告示。经沈秉成要求，葛笃发出紧急通告，表明务必不损坏四明公所之房屋，不得惊动亵渎该义冢坟墓。

事件平息以后，对于在四明公所事件中被法人枪杀的华人善后处理问题上，中法双方达成如下协议：中国赔偿法国37 650两银，法国给被打死的7名中国人家属恤银7 000两，四明公所及其所属地产免纳捐税。

　　法租界公董局对于第一次四明公所事件的处理结果，一直心存不甘，多次通过法国驻沪领事照会上海道台，以有碍租界卫生为由，要求清除四明公所棺木，都被上海道台拒绝。1897年，公董局再次决定强占四明公所，以便修筑马路。1898年1月6日，法总领事白藻泰公布《法租界管理章程》，其中规定"禁止租界边沿堆寄棺柩"，同时咨照四明公所，限6个月内将所内寄柩搬迁净尽。对此，四明公所采取了合作的态度。至7月1日，公所所有棺柩三千余具中的两千五百余具陆续迁出。5月，公董局借口建造学校和医院，强行要求征收四明公所部分地产。这一要求显然违反中法双方关于第一次四明公所处理的协定，遭到宁波同乡会拒绝。6月，公董局通知四明公所，法租界决定征用四明公所土地，再次遭到四明公所抵制。7月1日，法公董局蛮横地要求公所交回部分地产，以作建造学校、医院所用。

　　四明公所召集董事会议，董事叶澄衷、严信厚、方继善等认为该地系公所义冢，势不能迁出或领价出租，并呈禀上海道台蔡钧。蔡钧提出另觅一地赠予法方，并补助千金，为法公董局建造医院经费。但白藻泰坚持法公董局立场，拒绝蔡的建议，谈判陷入僵局。7月15日，白藻泰送最后通牒式的照会给蔡钧，告知第二天将强拆义冢围墙。16日，白藻泰亲率法军80多人携带武器把守四明公所，法租界捕房也出动全部巡捕，荷枪实弹，控制交通要道，然后派人强行拆除四明公所三面围墙各一段，冲入公所，将千余名工人驱赶出去。华人人声鼎沸，奋起反抗。法租界派人将四明公所四面守住，不准华人接近公所。下午，华人愈聚愈多，多由县城而来。晚8时，愤怒的人群将十六铺法捕房围墙拆毁。法租界巡捕开枪镇压。公所主持人方继善等向全市各界送发了抗议法方违背协议的传单，呼吁各界罢市，以示抗议。

17日，以宁波籍为主的各界人士拥至法租界巡捕房举行抗议游行，遭到法军武装镇压。法国水兵用高压水龙头向抗议人群喷水，继而开枪射击。四明公所一带，法兵再次开枪镇压抗议的人群。法国军舰增派水兵150人上岸参加镇压。两天中，中国有17人被杀害，受伤20多人。被杀之人多属无辜。这就是著名的第二次四明公所事件。

事件发生以后，上海各界纷纷举行罢工罢市。17日，数百名宁波人共约罢工罢市。轮船上的宁波籍水手一律上岸，被外商雇用的宁波人一律辞职，宁波人开设的店铺一律停闭。宁波商人比较密集的地区的商店一律罢市。法租界八仙桥捕房玻璃窗被愤怒的人群击碎，十六铺捕房墙垣也被毁数尺。

事件发生以后，上海道台蔡钧和署上海县知县黄承暄偕四明公所总董方继善等，两次赴法领事署与白藻泰交涉。7月18日，双方达成妥协约定：法方同意停止军事行动，中方同意布告安民，晓谕市民照常开市，善后事宜由江苏布政使来沪办理。7月20日，江苏布政使聂缉椝抵沪，两江总督所派道员沈敦和、江苏巡抚所派道员罗少耕等也到达上海，协助解决。法租界重提扩展租界的要求。经多次谈判达成议定，原则上同意法方提出的扩界要求；规定四明公所归宁波同乡会所有；伤毙之人，援照第一次四明公所事件所订协议酌给抚恤；上海地方政府另拨八仙桥西首一块空地归法方起造医院和学校。

事后，法方对此议定又起异议，后经法驻华公使与总理衙门交涉，达成以下四点协议：（1）确定租界扩张原则；（2）维持四明公所土地所有权；（3）四明公所内不得掩埋新尸或停放棺柩；（4）法方可以在四明公所地面上开筑交通上所需的道路。

作为第二次四明公所事件的尾声，1899年6月，法租界扩展界址议妥，东至城河浜（今人民路西段），西至顾家宅、关帝庙浜（今重庆南路），南至丁家桥晏公庙浜、打铁浜（今西门路、自忠路），北至北长浜（今延安东路西段）。法租界原有面积1 023亩，这次新扩1 112亩，比原有面积还大。至此，法租界总面积达2 135亩。1900年1月30日，上海道台余联沅与法公董局总董达成协议，规定四明公所让出部分土地，拆除部分围墙，以便按公董局原定线路修筑宁波路（今淮海东路），而公所所损墙门，由法公董局出资修复。1902年1月，法方支付第二次四明公所事件中死者每人100两银抚恤金。至此，第二次四明公所事件最终结束。

两次四明公所事件是晚清时期上海发生的严重的华洋冲突，并升级为外交问题。但是这次冲突主要发生在上海宁波人和法租界当局之间，并未演化成上海华洋之间全面的冲突。法租界当局借机扩展租界，体现出殖民者的强横。

海上繁华
（1843—1949）

三、中外同庆通商：开埠 50 年庆典 [1]

上海在 1843 年 11 月 17 日正式开埠，到 1893 年 11 月 17 日，整整 50 周年。每逢重大事件发生 25 年、50 年、75 年、100 年举行庆祝活动，这是欧美国家的传统。1893 年 8 月，公共租界工部局出面，着手准备庆典，并邀请上海华人商帮参加庆祝活动。庆典举办的时间为 11 月 17 日至 18 日，庆祝形式有军事演习、游行、演说、赛灯盛会、儿童游园会等。

庆典期间，黄浦江上的军舰和洋行轮船，南京路的各家店铺都以各式彩灯和中西旗帜装饰一新。11 月 17 日上午 9 时半，万国商团在黄浦滩会同英美德轮船水兵，荷枪拖炮，由军官前引后卫，一路奏乐，沿南京路出泥城桥（今西藏路），至跑马场进行操演。操演以后，队伍沿原路返回黄浦滩戈登纪念碑旁。11 时，参加庆典的人群汇集在外滩，工部局总董施高塔致辞后，由传教士慕维廉发表演说。

慕维廉 1847 年来到上海，是上海妇孺皆知的著名人物。这天，他身着公服，高立凳上，演说开埠 50 年来上海发展、繁荣的历史。12 时，黄浦滩大钟敲 12 响，兵船上士兵鸣枪，50 多只气球飞向天空，兵船上和岸上各有 50 门炮先后鸣响，一时炮声隆隆，震动崖谷。另有两路游行队伍，一路由租界救火队带队，外国商人、水手和乐队随后。这支队伍从泥城桥出发，沿着南京路经黄浦滩，游行至英国领事馆前。另一路为上海本地各会馆公

---

1. 本目撰写参考王敏：《从上海开埠五十年庆典看上海华洋关系》，《二十一世纪》2004 年 12 月。

所组织，从苏州河以北的虹口出发，过外白渡桥，经南京路向西沿泥城河（今西藏路）再向南，至福州路向东，在外滩与租界救火会队伍汇合。

　　下午举行儿童游园会。傍晚，外滩、南京路上各种彩灯次第燃点，外滩公园内还特地为庆典安装了一个十孔喷泉，在灯光照射下，五光十色。当晚的外滩、南京路一带灯火通明，广东商帮、宁波丝帮、湖州会馆及各振华堂、洋货行等参与的赛灯盛会正式开始，庆典由此进入高潮。

　　庆典以外滩和南京路为中心，上海及周边地方的人都特地赶来，一睹这个海滨城市百年不遇的盛典。据估计，有20万人观

1893年外滩庆祝租界开辟50周年

看庆典游行，当时上海的大小客店可以容纳 30 000 人，均爆满。

　　华人踊跃参加和观看庆典，也遭到了沪上华人舆论的尖锐评论。庆典进行的第二天，当时上海一份中文报纸《字林沪报》就以对话形式讨论华人参加庆典是否合适。身为中国人，却起劲地参加西人举办的通商庆典，似乎忘记了自己是大清帝国的臣民。然而十分巧合的是，11 月 17 日这一天，合阴历十月初十，正好是慈禧太后的 60 岁生日，沪上华人各界也打算举行万寿盛典。因此华人参加庆典有意突出万寿盛典的主题。其时外滩的华人店铺悬挂英国国旗、美国国旗，也同时悬挂中国龙旗，轮船招商局、海关新楼均悬挂龙旗。参加赛会的各商帮都打出两块牌匾，通商大庆和万寿无疆，既表达了开埠通商、中外同贺的拥护，同时也凸显这也是中国自己的庆祝活动。

第六节　现代文化事业的发轫

　　新闻出版、新式学校以及图书馆、博物馆等现代文化事业起源于欧美。1843 年开埠之后，印书局、报纸、大中小学校以及图书馆和博物馆相继在上海出现。这些现代文化事业的发展，对于现代大都市的成型和定格具有不可或缺的意义。同时，上海凭借其发达的现代文化事业，对近代中国的现代化进程，尤其是思想文化的转型和发展，都产生了深刻和深远的影响。

一、现代新闻出版的起步

西方印刷技术的引进对上海新闻出版业的发展有直接的推动作用。西方现代印刷技术的核心是印刷机和金属活字排版印刷技术，该项技术由15世纪中期德国美因茨的一名工匠古登堡发明，因此也称古登堡印刷术，其特点是印刷速度快、效率高，可以大量和迅速地复制信息。古登堡印刷术宣告印刷时代的到来，原先为奴隶主、封建主或者是教会垄断的文化知识扩散开来，新思想的传播变成了统治者无法遏制的潮流，这对欧洲乃至于世界历史的发展进程都产生很大的影响，现代出版业和新闻报刊业在此条件下出现。

1. 出版业

1843年12月23日，英国伦敦布道会传教士麦都思抵达上海，在县城东门外租赁民房传教，并将其此前在印尼所办的印刷机构墨海书馆迁来上海。墨海书馆是近代上海第一个使用印刷机的出版机构。英租界设立后，墨海书馆移至山东路（后称"麦家圈"）。此后，又有各种现代出版机构在上海设立，较为重要的有美华书馆（1860年）、土山湾印书馆（1864年）、江南制造局翻译馆（1867年）、申昌书室（1874年）、点石斋石印局（1876年）、益智书会（1877年）、同文书局（1882年）、图书集成局（1884年）、格致书室（1885年）、乐善堂书局（1886年）、广学会（1887年）、蜚英馆（1887年）以及19世纪末至20世纪初创办的商务印书馆（1897年）、文明书局（1902年）等。上海因此成为近代中国出版机构最集中和出版业最发达的地方。这些出版机构有的以出版中国传统典籍为特色，有的因出版西学书籍而著名，不仅在出版史上具有重要地位，同时对近代中国思想文化变迁产生深远影响。其中较为著名的有：

晚清中国最大的西书出版机构：江南制造局翻译馆

江南制造局翻译馆为洋务运动时期李鸿章主持创办的军工企业江南制造总局的附属机构，1868 年 6 月正式开馆，译员由中外学者共同组成。翻译馆从 1871 年开始正式出书，到 1899 年共出书 126 种。按现代学科分类，数学方面有《代数术》等 8 种，物理学方面有《电学》《通物电光》等 5 种，天文学、地质学方面有《谈天》《地学浅释》等 4 种，医学方面有《儒门医学》等 10 多种，社会科学方面有 33 种，其中影响最大的是《佐治刍言》(*Political Economy*，原版于 1852 年，1885 年中译本出版)。全书以自由、平等思想为出发点，分别从家室、文教、名位、交涉、国政、法律、劳动、通商等方面，论述立身处世之道，认为人人有天赋的自主之权，国家应以人民为根本，政治应以得民心合民意为宗旨。这是戊戌以前介绍西方社会政治思想最为系统、篇幅最大的一部书，出版以后多次重版，对中国思想界影响颇大，近代著名思想家康有为、梁启超、章太炎都曾读过此书。

近代中国历史最长的出版机构：商务印书馆

1897 年 2 月 11 日，夏瑞芳、鲍咸恩、鲍成昌、高凤池等人成立商务印书馆，起初专营印刷业务，因此取名 The Commercial Press，中文定名为商务印书馆。商务印书馆初期只是一家手工业作坊，1902年7月起办编译所，编译中小学、师范女子学校各科用书，业务中心开始从印刷转向出版。1903年商务印书馆吸收日本出版业金港堂的资本，并招请日籍技师协助印务。1914年商务印书馆将全部日股收回，此后，商务印书馆进入快速发展时期。自1902年出书起到1930年，前后出版图书共8 039种、18 708册。1932年一·二八事变发生，商务印书馆设在闸北的总厂被毁，附设东方图书馆所珍藏的46万册图书被日军轰炸，上海总馆停业8个月之久；嗣后又重整旗鼓，加紧生产，到1937年全面抗战爆发时，共出版书籍有4 000多种，5 000多册。商务印书馆所出书籍不仅以教科书和科学技术书籍的编辑和翻译为重点，还编印工具书和大部丛书，编辑出版《东方杂志》等刊物。商务印书馆不仅是十分成功的出版机构，还是一个非常有影响的文化机构，对于近代中国思想文化的演变、发展具有重要的推动作用。

2. 新闻业

同出版业一样，新闻业是随着现代印刷技术的出现发展起来的。1609年，德国出现了定期期刊；1650年，德国莱比锡一位书商创办《新到新闻》，通常被认为是世界上第一张日报。18世纪中后期，欧美主要国家先后开始了工业革命，资本主义迅速发展，给报纸业带来了重大影响，各国相继进入廉价报刊时代。

所谓廉价报刊是以社会中下层民众为读者的报纸，因售价低廉而得名。世界上第一家廉价的报纸是1833年由本杰明·戴在美国纽约创办的《太阳报》，每份售价只有一美分。此后，《纽约先驱报》《纽约论坛报》等相继出现。这些报纸的特点一是政治上标榜独立，不受制于某个党派；二是经济上自主经营，不依赖政府或政党津贴；三是读者对象为平民大众。在广播、电视以及互联网普及之前，报纸是传播信息最主要的媒介，它的出现对经济、社会、文化等方面有广泛和深刻的影响。

报刊由传教士引入中国，最先出现在香港、澳门、广州以及宁波、上海这些对外开放的口岸城市。1850 年，近代中国最早同时也是存续时间最长的一份英文报刊《北华捷报》(*North China Herald*) 在上海创办；1861 年，上海最早的中文报纸《上海新报》创办；1872 年《申报》创办；1893 年《新闻报》创办。此后，上海新闻业迅速发展，至 20 世纪初期，上海已成为其时中国的新闻报刊业最发达的地方。据《中国近代报刊名录》统计，1911 年以前，全国共出版中文报刊 1 753 种，其中有 460 种在上海出版，约占四分之一。[1] 这个时期创办的《申报》是近代上海同时也是近代中国历史最长、影响最大的中文报纸。

《申报》原名《申江新报》，1872 年 4 月 30 日创刊，由英国商人安纳斯脱·美查创办。

美查 1841 年出生在伦敦的一个职员家庭，父亲是陆军部三级职员，母亲出生在加尔各答，是东印度公司一个职员的女儿。这是一个对中国有强烈和持久兴趣的家庭，美查兄弟姐妹共五人，父亲为他们聘请了一位中国人担任家庭教师，教他们学习中文。大约在 1861 年，美查兄弟来中国，先在香港的轮船公司工

---

1. 史和、姚福申、叶翠娣编：《中国近代报刊名录》，福建人民出版社 1991 年版。

《申报》馆老楼　　　　　　　　　　　《申报》馆营业部

作，1865 年在宁波开设了自己的商店，不久来上海，经营茶叶和棉布生意，似乎不太成功。于是在买办陈莘庚建议下，决定办一份中文报纸。美查和他的三个朋友共出资 1 600 两创办《申报》，馆址位于公共租界山东路 197 号。

美查把《申报》定位在本土化、大众化，要把《申报》办成一份普通中国人可以阅读的报纸。当时上海并没有普通人阅读的报纸，时人也没有读报的习惯，因此，报纸要找到读者、吸引读者、培养读者，首先是要适合他们的口味。美查虽然自己通中文，但他没有亲自主持报务，而是聘请华人赵逸如为买办，聘请文人蒋芷湘任总编纂，钱昕伯、何桂笙襄理笔政，这个办报模式被称为"洋人出钱，秀才办报"，这些秀才就是上海最早的报人。这样的办报模式也被后来的中文报纸《字林沪报》和《新闻报》所仿效。

1879 年前后，美查以经营报馆历年所获之利，先后添设点石斋印书局、图书集成铅印书局、申昌书局等，编辑出版铅印书籍、石印书籍和活字版《古今图书集成》。此外，《申报》馆还编辑出版以登载小说为主的文艺刊物《瀛寰琐记》《四溟琐记》《寰宇琐记》，创办《寰瀛画报》《点石斋画报》，其中创办于 1884 年的《点石斋画报》内容丰富，制作精美，一出版即大受欢迎，至 1896 年停刊，共出版 36 卷 473 期，被誉为近代中国画报的始祖。

美查的经营颇为成功，至 1889 年美查回国，将所经营事业改组为美查有限公司时，资本银已达 30 万两。《申报》已经是全国规模最大、销量最多的新闻报纸，而《申报》馆及其所附设的出版机构也成为上海非常重要的文化出版机构，美查本人因此亦被研究者誉为在早期中国的公共领域培育方面扮演最为重要角色的外国人。[1]

1889 年，美查将《申报》股份转让后回英国。1908 年 3 月，美查在英国去世。1909 年，报馆股份为席裕祺购进，产权转为中国人所有；1912 年由张謇、赵竹君、应德闳、史量才、陈冷等五人合股经营；后张謇等退出，由史量才独资经营，自任总经理。1918 年，史量才斥巨资在汉口路山东路口（今汉口路 309 号）建造《申报》馆大楼，因设施先进，配有电梯，一度为外滩一带地标性建筑之一。

《申报》自创办时起，就以政界人士和知识分子为主要读者，因此重视登载政治新闻。史量才接办以后，仍保持这一特色，并

---

1. Rudolf G. Wagner, "The Role of the Foreign Community in the Chinese Public Sphere," *The China Quarterly*, No.142.

《申报》馆新楼

加强时事性政治新闻，聘请了当时第一流的通讯员常驻北京，"北京通讯"是其最受欢迎的栏目之一；《申报》在全国各大城市、重要商埠都派出记者或特聘通讯员，在伦敦、纽约、柏林、东京等国外大城市也特聘专职或兼职通讯员，形成比较完备的通讯网。《申报》的办报方针总体上重新闻、轻言论。[1] 但是九一八事变发生后，《申报》一改往日政治上的谨慎态度，积极宣传抗日救亡，抨击国民党专制独裁。1934 年 11 月，史量才遇刺身亡，

---

1. 马光仁主编：《上海新闻史（1850—1949）》，复旦大学出版社 1996 年版，第 551—553 页。

海上繁华
（1843—1949）

其子史咏赓继任《申报》总经理。1949 年 5 月上海解放后《申报》停刊。

二、新式教育的发源地

中国传统时代，人才的培养主要是通过为科举考试而设立的私塾和书院。在传统的教育体制下，私塾和书院培养的是官僚和绅士，是精英教育，而普通大众与教育无缘。因此，在清末新式教育普遍兴办之前，普通大众没有受教育的机会。但是在近代上海，受教会学校办学的影响，以普通家庭子弟为招生对象、以新知识为主要教学内容，并采取新的教学形式的中小学校乃至于大学在上海创办起来，这使得近代上海成为中国新式教育的发源地。

1. 教会学校

办学校是鸦片战争以后列强通过不平等条约攫取的特权。据 1845 年英国驻沪领事巴富尔与上海道台宫慕久签署的《上海土地章程》：外国商人租地以后，可以建造房屋，造礼拜堂、医院、学校、会馆等。通过办学校传播上帝福音，这是近代来华西方传教士普遍采用的传教方式。外国教会和传教士在上海开办了多所学校，其中最早的是徐汇公学。

1849 年，中国南方淫雨成灾、江河横溢，江南地区尤甚，汪洋一片，上海地区充斥着水灾导致的难民。徐家汇圣依纳爵天主堂传教士晁德莅应教友之请，招收难童 12 名，设立读经班，为其提供衣食住宿。1850 年正式建校，名徐汇公学，有学生 31 人，教员 4 人；1852 年有学生 44 人；1859 年学生人数也只有

91 人。

其时教会学校很难招到中国的富家子弟，原因是教会学校以传教为宗旨，而当时中国实行科举制度，因此富裕人家不愿让子弟入教会学校读书。直到 1881 年中西书院创办后，教会学校开始重视办学本土化以吸引富家子弟，因而得到较好发展。

中西书院的创办人为美国传教士林乐知，中国学者沈毓桂为其助手。中西书院的特色是中西并重，而且不设宗教课程。书院内分西文馆、中文馆、格致馆、贸易馆和算学馆五部。课程有西方语言、数学、化学、天文、航海测量、万国公约、经济、地学、金石考古等。中学课程另列一表，包括讲文、五经、赋诗、尺牍、对联和书法等。同时期的其他一些教会学校也多设置中国传统文化课程，如徐汇公学专门请人教授科举知识，甚至请了一名进士、两名举人为学生批改作业。到 1905 年科举考试废除为止，此校共有 82 人考取科举功名。

教会学校在中西书院创办以后有较好发展，还同上海社会环境的变化有很大关系。

太平天国运动结束之后，上海城市有了较为安定的环境，经济日渐繁荣。上海对外贸易中心的地位日益稳固，同时现代航运业和金融业也迅速发展起来。对外贸易和现代航运、金融业需要掌握一定新知识、新技能，尤其是通外语的人才，因此一些富家子弟也愿意来教会学校就读。中西书院开办之初招生已达 200 多名。1882 年学生增加到 330 名，还有近百名入学申请者因校舍紧张而不能录取。尽管学费相当高，申请入学的人仍然远远多于拟

海上繁华
（1843—1949）

招生数。学生家境都比较富裕，这反映出教会学校逐渐被上海社会认可。

徐汇公学、中西书院之外，晚清时期上海的教会学校还有裨文女塾、清心书院、圣芳济学院、圣玛利亚女校、震旦学院、圣约翰大学等30多所。其中圣约翰大学为近代上海第一所教会大学，也是近代上海办学时间最长、影响最大的教会大学。

圣约翰大学

1879年，在美国圣公会上海主教施约瑟主持下，将培雅书院、度恩书院合并，设立圣约翰书院。入校学生学杂费概免，食宿衣着、书籍文具亦由校方提供。1888年，年仅24岁的圣公会

1879年圣约翰书院的校门

传教士卜舫济任圣约翰书院校长，卜舫济上任后，致力于把圣约翰书院经营成为一所正规的大学。1892年，圣约翰书院试办正馆（即大学部），为学生提供三年制的正馆教育，这相当于将中学水平的基础教育升格为大学教育。1896年，他正式向美国布道部要求增设"正馆"，开文理、医学和神学三科，获得批准，圣约翰书院由此跨出了历史性的一步。1905年，在卜舫济推动下，圣约翰书院又进行了四项改革：一是将大学部由三年制改为四年制，文理学院的课程向学士学位方向发展；二是开设了更多可取得学士学位的课程，还开设拉丁文作为选修课，为将来学生出国留学做准备；三是和美国耶鲁大学校长哈德利联系，推动其接受圣约翰书院毕业生直接进入该校学习；四是在预科部增加了手工制图课。1905年12月30日，圣约翰书院在美国注册，正式改称为圣约翰大学，编入美国大学，毕业生可以获得美国大学认可。此后，卜舫济进一步努力提升圣约翰大学办学层次，到1919年12月举行建校40周年纪念时，圣约翰大学已拥有文科、理科、神学科、医科、大学院、中国文学哲学科六大学科。这时的圣约翰大学早已是中国著名的大学之一，各地学子负笈相率慕名而来。1937年八一三抗战爆发后，圣约翰大学为避战火迁往公共租界南京路大陆商场，不久与相继迁入的沪江、东吴、之江大学四校组成上海联合基督教大学。1940年迁返原址。1949年后，圣约翰大学与美国圣公会完全脱离关系。1952年9月，高等院校系科设置调整，圣约翰大学各院系分别并入相关院校，校址划归华东政法学院。

圣约翰大学培养出相当多的近代名人，如近代著名外交家施肇基、顾维钧，医学家颜福庆、刁信德，企业家刘鸿生、荣毅仁，教育家陈鹤琴，等等。

2. 中国人自办新式学校

受教会学校的启发，晚清上海一批热心地方公益事业的士绅和有新思想的知识分子也在上海创办新式学校。但是在1900年之前，中国人自办新式学堂仅仅是起步阶段。其时的上海，还不具备普及新式教育的环境，地方政府无力大力发展教育，仅靠士绅或慈善捐助，办学力量十分有限，加上科举制尚未废除，办新式学堂障碍重重。

20世纪初，清政府实行新政，教育发展的环境发生了很大的改变，办新式学堂是清政府新政的一个重要内容。1903年，清政府颁布新学制，即"癸卯学制"，进行教育体制上的重大改革。教育分初级、中级、高级三段，普通教育与师范、实业教育并举，女学也渐次兴办，教育界呈现前所未有的新气象。此后，上海出现了一批新学堂，其中比较著名的有澄衷学堂、文明小学、浦东中学、爱国女学、务本女塾、中国公学、龙门师范学校等。中国人自办的大学也出现在这个时候，如上海交通大学的前身南洋公学此时已颇具规模，复旦大学的前身复旦公学也创办于这个时期。

南洋公学

南洋公学创立于1897年，创始人为洋务官员盛宣怀，校址位于徐家汇北部。南洋公学下设四院，即师范院、外院、中院、上院。公学创办之初，仅有师范院一班，学生均为所谓成才之士，年龄在 20 至 35 岁。这些人于国学素具根底，其中有些学生在入学时已有秀才、举人头衔，所以入学后一般不再修国学课程。学生入学须经严格考试，录取入学后仍不断考试、评定等第，实行淘汰制，不合格者除名。该校就读学生不仅不交学费，而且享受数量不等的伙食费和奖学金。师范生课程有外语、数学、物理、化学、生物、地理等，学生毕业后或留校任教，或出洋留学，或从事其他职业。

外院相当于小学，1897 年开始招生，共收学生 120 名，年龄在 10 至 18 岁，由师范院中优秀生担任教习。课程主要为国文、算术两种。由于当时中国还没有成套的合乎时代要求的教科书，于是，师范生便自编自教。这些师范生所编的教科书，有些风行全国，如朱树人编的《蒙学课本》便为全国各地小学所采用，被后人称为"第一本国文教科书"。

中院相当于中学，始设于 1898 年春，这是公学的主体部分。中院课程有国文、外文、数学、史地、博物、理化、法制、经济等。1909 年中院及高等预科改为中学，中院随即取消。1901 年，中院学生首批 6 名学生毕业，其中 4 人被派往英国留学。以后历年毕业生大多被派往各国留学或进入专科深造。到 1906 年，南洋公学毕业生被派到日本、美国、英国、比利时等国留学的共达 58 名，相当于中院和师范班毕业生总数的二分之一。

上院相当于大学本科，由于学生来源、教学条件等方面的困难，上院迟迟没有开设。1904 年学校改隶于商部，1905 年改名为商部高等实业学堂，1906 年设立商务专科，同时开设铁路工程班。以后，学校隶属关系多次变动，学校系科不断发展，成为名副其实的大学。

南洋公学在 1899 年开办了译书院，聘张元济为主任。译书院附设东文学堂，招生 40 人，专学日文。1900 年北洋大学学生因避战乱来沪就读，南洋公学又因之添设了铁路班，这是学校设立工程科系的开始。

此外，南洋公学在 1901 年开设了特班，目的是培养高级人才。聘蔡元培为总教习。特班招考两次，每次录取 20 人。其教学方法采取西学西法、中学中法的原则，即关于国学方面的内容用传统书院的教授方式，外语等内容用西式教育方法。近代名人黄炎培、邵力子、李叔同等均为特班的学生。

复旦大学

复旦大学的前身是 1905 年由法国天主教会创办的复旦公学，创办人为近代上海著名的天主教人士马相伯。1905 年春，因校务问题，马相伯与法国天主教士南从周发生分歧。公学学生支持马相伯，不满教会的做法，愤而退学，马相伯等中国职员亦宣布退出。同年 6 月 29 日，在马相伯的主持下，宣布成立复旦公学。学校先借吴淞提督行辕为校舍，并在公共租界设立事务所，首任校长马相伯。1906 年严复继任。学制初定预科 4 年，专科 2 年，均相当于中学程度。1912 年因校舍被光复军占用，迁址徐家汇李鸿章祠堂，1917 年注册为私立大学，1922 年迁入江湾新址，此后复旦大学逐渐发展为全国著名的大学。

复旦大学校门与校园

第三章 政治重镇
（1900—1937）

自 1843 年开埠通商至 19 世纪末的数十年间，上海虽然已成为中国最大和最繁荣发达的城市，但是政治上仍然默默无闻。上海开始显示出政治上的影响力是在 1898 年戊戌政变后，其时中国的各种政治力量认识到上海的重要性和独特性，对其展开利用和争夺。一方面，各种进步政治力量利用近代上海交通、通信等方面的便利条件以及一市三治的独特城市格局，开展政治活动。一些政党将总部或者活动中心移至上海，有的政党，如中国共产党就在上海创立。另一方面，作为中国最大、最繁荣发达的城市，上海也当然成为各种政治力量必争之地。辛亥革命发生时，上海是革命党响应武昌起义的"关键之区"。北伐时期，在中共领导下，上海发动了三次工人武装起义，并建立起上海市政府。为建立独裁统治，1927 年，蒋介石为首的国民党右派在上海发动四一二政变，残酷迫害中国共产党。南京国民政府成立后，上海又成为国民党用心经营的首都屏障。可以说，自清末至南京国民政府时期，上海虽然不是中国的政治中心，却是北京之外政治地位最重要的城市，是当时中国的政治重镇。

1900—1937

第一节　清末革命力量的汇集地与辛亥革命时期的
　　　　　"关键之区"

　　1898 年 9 月戊戌政变后，慈禧太后为首的保守势力对维新党人采取镇压政策，杀害谭嗣同等戊戌六君子，康有为、梁启超逃亡海外。参与或同情戊戌变法的新派人士，如张元济、蔡元培等对清政府极度失望，离开北京，并且相继落脚上海。1900 年 6 月，慈禧太后出于愤恨列强干预其废黜光绪皇帝、另立储君，对英法美等八国同时宣战，并支持京津等北方地区的义和团运动。此后八国联军入侵北京，慈禧仓皇西逃，并下令绞杀义和团，1901 年又与列强签订丧权辱国的《辛丑条约》。清政府的昏聩无能激起了支持变法维新的新派人士和留日学生的强烈不满，反清革命思想在这个群体当中酝酿。1902 年前后，这部分人也相继汇聚上海，组织起社团，并与江浙地区的学潮相呼应，推动了反清革命思潮在国内的兴起和广泛传播，其标志性的事件就是苏报案。

一、反清革命的先声：中国教育会、爱国学社与苏报案

　　1903 年 6 月底 7 月初，清政府勾结租界当局，在上海公共租界逮捕了宣传反清革命的章太炎和邹容，引发了轰动一时的苏报案。苏报案的发生同蔡元培、章太炎、章士钊、邹容等革命人士汇聚上海，并利用上海城市的特点从事革命活动有直接关系。革命人士汇聚上海要从蔡元培来沪与中国教育会的成立讲起。

　　蔡元培在戊戌政变后离京返回家乡浙江绍兴。1901 年蔡元培

来沪，先在澄衷中学任教习，后又应南洋公学之聘，任特班总教习。此后，蔡元培开始常住上海，在其周围也逐渐汇聚了一批有革命思想的人士。1902年5月，这批人士在上海成立了以蔡元培为会长的团体——中国教育会。中国教育会并非普通的教育机构，其意图是以兴办教育的名义培养革命力量。

中国教育会的总事务处设在公共租界南京路泥城桥福源里，在江浙两省设分支机构。中国教育会成立后不久，南洋公学发生了罢学风潮，这个事件对中国教育会的进一步发展有直接影响。

南洋公学为今上海交通大学前身，1901年春设立特班，聘请蔡元培任总教习。其时一位郭姓教习思想守旧，禁止学生阅读《新民丛报》等新书刊，学生对其不满。1902年11月，郭氏以琐事为借口，要求校方开除多名学生，引起学生公愤，发生学潮，有200多名学生宣布退学。在蔡元培的支持下，中国教育会成立爱国学社，接收了这些退学学生。

在南洋公学学潮的激励之下，1903年4月，江南陆师学堂也发生了罢学风潮。退学学生在章士钊带领下，来沪加入爱国学社，这使得爱国学社声势大振。之后又有从浙江高等大学堂和杭州陆师学堂退学学生的加入，爱国社员由最初的50多人扩充至130多人。差不多同时，留日学生邹容、张继等从日本回国，暂住在爱国学社。此时的爱国学社可谓群贤毕至，少长咸集。爱国学生师生不仅在学社倡言革命，还前往其时上海著名的游乐场张园举行公开演讲，宣传革命。

其时上海一份私营报纸《苏报》顺应这一潮流，开辟了"学界风潮"栏目，报道学界动向，并约蔡元培等中国教育会成员为《苏报》供稿，《苏报》由此事实上成为中国教育会的机关报。

《苏报》原为 1896 年 6 月在上海创办的一家日商背景的报纸，因经营不善，于 1898 年 10 月转让给清政府一名落职官员陈范经营。陈范思想倾向维新，且与蔡元培有世交。1902 年中国教育会成立后，陈范也为成员之一。

"学界风潮"栏目设立后，《苏报》蜕变为主要面向以学界为主的新知识界的报纸。1903 年 5 月，章士钊受聘为《苏报》主笔，此后《苏报》开始公然宣传反清革命。

章士钊出生于湖南善化的一个耕读之家，青少年时代萌发反清思想，决心从戎救国。1902 年 3 月，章士钊投考江南陆师学堂，以《无敌国外患者恒亡》一文，博得学堂总办俞明震赏识，被录取。1903 年，江南陆师学堂发生罢学风潮后，4 月初，章士钊率领罢学学生 30 多人来沪，加入上海爱国学社。在爱国学社，章士钊遇到了志同道合的章太炎和邹容。

章太炎，早年师从朴学大师俞樾。甲午战争以后，积极参加康有为、梁启超组织的强学会，曾为梁启超主持的《时务报》撰稿，戊戌变法失败后避祸台湾。1900 年义和团运动发生后，为挽救时局，唐才常等自立军领袖组织中国国会，章太炎参加此次会议，公开"割辫明志"，表达反清志向。1902 年，章太炎在日本东京与秦力山、冯自由等发起"支那亡国 242 年纪念会"，组织日本留学生进行反清革命活动。后回到上海，在爱国学社任教。

邹容，青少年时期就敬仰维新志士谭嗣同，1902 年春赴日留学，进入东京同文书院学习，接触到约翰·密尔、斯宾塞等人的著作以及卡莱尔的《法国革命史》，萌生反清革命思想。留日期间，曾参加留日学生在东京组织的一些反清活动，开始写作宣传反清革命的小册子《革命军》。1903年春从日本回国，落脚在上海，寄住在爱国学社。

在爱国学社，邹容与章士钊、章太炎交往密切，他们认为，"革命非公开昌言不为功"[1]，迫切希望能通过某种途径公开宣传革命。1903年5月下旬，章士钊接受《苏报》馆主陈范邀请担任《苏报》主笔。之后，《苏报》登载章太炎所著《驳康有为论革命书》，称光绪帝为"载湉小丑，未辨菽麦"；又在报上推介邹容鼓吹反清革命的《革命军》，宣传革命。

章太炎、邹容等人宣传革命的活动引起清政府关注，朝廷下旨严查。经过两江总督、上海道台与上海领事团、公共租界当局交涉，1903年6月30日，公共租界巡捕在爱国学社逮捕了章太炎。7月1日，邹容投案。7月7日，《苏报》被租界当局查封。

章太炎、邹容被捕后，清政府要求上海租界当局将章、邹交出，被拒。后经清政府与列强的外交交涉，最终组成特别法庭，于1903年12月在上海公共租界会审公廨审讯章太炎、邹容。清政府以原告身份指控章太炎、邹容"妖言惑众"，按照清朝的刑律，是杀头重罪。章太炎、邹容聘请了律师，为自己做无罪辩护。

---

1. 参见章行严：《苏报案始末记叙》，《辛亥革命》（一），上海人民出版社1957年版，第387页。

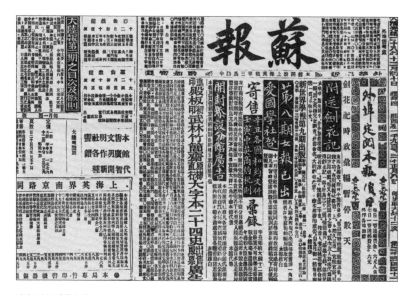

改版后的《苏报》

1904 年 5 月，苏报案宣判：章太炎被判监禁三年，邹容监禁二年；刑满驱逐出租界。1905 年 4 月 3 日，邹容瘐死狱中。1905 年 6 月 29 日，章太炎刑满出狱；之后前往日本，继续宣传反清革命。

苏报案在辛亥革命史上具有重要地位。章太炎、邹容因苏报案成为名满天下的革命志士，尤其是邹容的《革命军》被广泛传播，与陈天华著《警示钟》《猛回头》同为辛亥革命前最具影响的革命书刊，为反清革命思潮传播做出重要贡献。

清政府对革命党人的镇压并未遏制住革命思想的传播，革命党人利用上海一市三治的独特城市格局，继续从事反清革命宣传。《苏报》被封后不久，《国民日日报》《俄事警闻》《警钟日报》等宣传反清革命的报纸接踵而至；辛亥革命前后，又有革命党人于右任、戴季陶等在上海相继创办《神州日报》《民呼日报》《民吁日报》《民立报》，上海因此成为辛亥革命时期革命思想在国内传播的中心。

二、辛亥上海光复和沪军都督府的建立

1911年10月10日，革命党人领导的以推翻清朝统治为目的的武昌起义爆发，举国震动。在上海，革命党人陈其美、李燮和与本地绅商联手，成功发动辛亥上海起义，并建立起革命政权沪军都督府，史称辛亥上海光复。

陈其美早年留学日本时结交了一批革命青年，同年冬加入同盟会。1908年春回上海，往返浙沪及京津等地，联络革命党人，密谋反清，策动江浙一带革命运动。辛亥革命前在上海创办《中国公报》《民声丛报》，并协助于右任、宋教仁等办《民立报》，宣传革命。他在上海参加了青帮，成为大头目之一，在各酒楼、茶社、戏园、澡堂等场所都有势力。武昌起义发生后，他先后到南京、杭州策动两地革命党人起兵响应，但是南京、杭州两地革命党人则希望先在上海发动。于是，他返回上海，策动起义。

鉴于上海的租界对中国政治持中立立场，因此陈其美策动上海起义主要锁定在华界，首要对象是以李平书为代表的本地士绅。1911年10月24日，宋教仁、陈其美、沈缦云、范鸿仙等同盟会中部总会负责人在《民立报》社举行会议，决议"联络商团，媾通士绅"。

其时，上海本地士绅主要由两部分人构成：一是清末地方自治以来出现的掌握上海地方自治机构和武装的士绅，二是上海工

商界名流。他们无心问鼎中央权力，更关心地方利益，是上海城市精英。他们不但积极参加立宪派发起的请开国会运动，在辛亥前一年还经常聚议如何推翻清朝。赵凤昌的惜阴堂、《时报》馆的息楼、江苏教育总会是他们聚会之所。在请开国会运动无果之后，他们对清政府极度失望，开始倒向革命，其中最具代表性的是沈缦云。

沈缦云原是南市信成储蓄银行经理，在立宪派发起的请开国会运动中曾代表上海总商会，前往北京请愿，要求清政府速开国会。受挫后转而支持革命党，资助革命党人于右任创办革命报刊，并加入同盟会中部总会。据黄炎培回忆："在上海有一群政治意识不完全相同而一致倾向于推翻清廷创立民国的战友，其中教育界为主力，包括新闻界，进步的工商界和地方老辈。"[1]通过沈缦云介绍，陈其美会见了李平书。

李平书优贡出身，时任上海城乡内外总工程局总董和城自治公所总董，并兼任地方武装上海商团的团长，是上海绅商中最具声望的人物。1911 年 10 月 29 日，陈、李在李平书住所会面。李平书持"告以保民宗旨，彼此随时协商，互相尊重主义，避免侵犯"[2]的主张，二人很快达成协议。这意味着以陈其美为首的同盟会中部总会获得了上海商人、金融家、职员和所有商团、警察

---

1. 黄炎培：《我亲自经历的辛亥革命事实》，《回忆辛亥革命》，文史资料出版社 1981 年版，第 61 页。
2. 章开沅主编：《通敏先生行状》，《辛亥革命史资料新编》第二卷，湖北人民出版社 2006 年版，第 152 页。

署、消防队、体育会等力量的支持。

另一个对辛亥上海光复有重要贡献的人物是光复会上海支部的负责人李燮和。

李燮和曾在长沙求实书院读书。1904年组织反清团体黄汉会，次年在湖南宝庆策划起义，事泄未果。1906年春，李燮和召集革命党人计划在长沙举事，为官府侦破，逃亡上海，结识了革命党人陶成章，加入革命团体光复会；同年东渡日本，由黄兴介绍加入同盟会。1911年，李燮和应黄兴之召，参加黄花岗起义，失败后转赴上海，联络上海及周边地区清军防营当中的湘籍官兵，为再次起义做准备。

武昌起义爆发后，李燮和被黎元洪任命为长江下游招讨使，与陈其美等筹划上海起义。适值清廷调海军与长江水师会攻武昌，他与光复会员王文庆等分途努力，欲谋封锁吴淞，扼江海之口，阻止清廷海军西进。当时，驻扎上海、吴淞的清廷军警中很多军官是湖南人，李燮和便利用同乡关系进行秘密策反，基本掌控了上海、吴淞的军警。当时清政府在上海的主要军事力量除了上海及其周围地区的军警，便是守卫江南制造局的清军。由于在武装起义之前大部分军警已被策反，剩下的主要障碍便是驻守江南制造总局的清军。

上海辛亥起义原定计划是11月3日下午4时，在闸北与县城同时发动，两处成功后再合力攻打江南制造总局。不料起义计划被闸北巡警暗探发现，因此闸北在11月3日上午提前起事。上午11点，光复会会员陈汉钦率众占领巡警总局，闸北商团也参加了起义；下午2时，闸北未经战斗已被民军占领（起义军警、商团统称民军）。闸北起义胜利消息传出，驻扎浦东的军警易帜反清。上海道台逃入租界，知县也闻讯逃走，县城军警也已转到革命方面。

在上海县城，11月3日下午2时，上海商团等立即聚集南市九亩地，陈其美、李平书、沈缦云等登台演说，宣布起义，当场扯毁清朝龙旗，改悬起义白旗。商团总司令李显谟宣布作战命令后，开始攻打上海道署和江南制造总局。

当晚8时，上海县城被革命军占领，但攻打江南制造总局的战斗进行得并不顺利。11月3日下午3时许，由革命军组织的敢死队作先锋，陈其美等率众随后跟上，向制造总局发起冲锋。潜行至局门前时，陈其美提出暂缓进攻，由他来说服守卫制造总局的军队。陈其美只身入内，对守军作了一番演说，然而守军不予理睬，出其不意地将其拖了进去。于是革命军发动进攻，但被击退，只得退回县城。午夜，李平书等率领的上海商团数百人前来支援。与此同时，李燮和等得知陈其美攻打制造总局受挫后，也率众前来支援。11月4日凌晨2时，李燮和下达进攻命令，并身先士卒，对制造总局发起进攻。至11月4日上午9时，攻打制造总局的战斗在持续了16个小时之后结束，总办张士珩逃入租界，守军投降。这场战斗中革命军死伤仅80人左右。

上海辛亥起义时，位于城市的中心区域和人口最为集中的县城及租界没有发生激烈战斗，无论华界还是租界，社会秩序都比较稳定，没有发生大的骚乱，商店照常开市，民众正常生活。民

11月4日上午9时，上海起义军攻占江南制造局

军占领城厢时，南市新舞台照常演戏，观众照常看戏。伶界的上海商团团员在演完夜戏后，换下戏服，便去参加攻打江南制造总局的战斗。公共租界和法租界则更为平静。起义发动前几天，租界当局已据各方面情况判断革命党可能会随时占领并控制上海，并且确立了"中立"的方针。起义发动前一天，英国驻沪总领事发出告示，要求在华英人既不参与反对清政府的战争，也不参加镇压革命党人的战争。11月3日起义发动后，革命党人以"中华民国军政府"的名义照会英国驻沪总领事，声称上海已经光复，请总领事协同维持租界的治安。

上海起义在辛亥革命史上有着极为重要的意义，对于正在与清军作战的武昌民军，对于纷起的各地起义，都是巨大的鼓舞。上海是长江门户，上海起义成功直接阻止了清廷海军西援，减轻了武昌民军的压力。而且，上海还是江浙政治、经济中心，上海起义引起了江浙地区的连锁反应，为攻克南京奠定了基础。

辛亥上海光复之后，沪军都督府于 11 月 6 日成立，内设司令、参谋、军务、财政、交通、海军等部，另有执掌外交和民政事务的外交总长、民政总长。1912 年 7 月，沪军都督府奉令撤销，南市、闸北的民政事务分别由上海县知事和宝山县知事掌管，均隶江苏省都督，上海的外交事务由特派江苏交涉员负责。到了北洋军阀统治时期，上海地方政权实际操控在诸驻军最高长官手中。直到 1927 年 7 月国民党上海市政府成立，上海地区才开始有了统一的地方政府。

第二节　反帝运动的中心与中国共产党的诞生地

19 世纪末 20 世纪初以来，在现代工商业发展的推动之下，上海城市发展登上了一个新的台阶，成为集工业、贸易、航运、金融于一体的多功能经济中心。随着经济的繁荣，人口迅速增长，在 20 世纪初已达百万。同时，社会结构也出现了不同于中国传统社会的新变化，包括企业家、商人、职员、工人在内的工商业从业者成为城市居民的主体，而且在现代工业企业从业的产业工人在上海城市人口当中占有相当高的比例，这为工人阶级登上历史舞台，并在五四运动、五卅运动中发挥巨大作用提供了社会基础。由于拥有十分发达的国际交通和通信系统，近代上海又是一个同世界联系十分紧密、国际性非常高的城市；而因外国租界的存在所形成的一市三治的特殊城市格局和缝隙效应，使得上海自晚清以来又成为近代中国各种政治势力争相利用的庇护所。

以上诸种因素叠加，上海又成为共产国际在远东活动的基地和中国共产党的诞生地。可以说，20世纪20年代的上海不但已经显示出政治影响力，而且还引领着近代中国革命运动的发展方向。

一、五四运动中的上海

第一次世界大战结束之后，战胜国协约国集团于1919年1月在法国巴黎召开和会，中国作为战胜国出席了会议。在英、美、法主导之下，会议决定将德国在中国山东的权益转让给日本。北洋政府屈服于列强的压力，准备在和约上签字。消息传回国内，激起中国各界的普遍愤怒。首先行动起来的是北京大学学生。1919年5月4日下午，北京大学学生在天安门集会示威，要求北洋政府惩办外交总长曹汝霖等人。集会后，学生又举行游行，并火烧了曹汝霖的住宅。当场有30多名学生被北洋军警逮捕。5月5日起，北京各高校学生宣布罢课，呼吁各界支持，得到各界的广泛支持，一场轰轰烈烈的全国性爱国运动爆发。上海各界积极响应，推动五四运动走向高潮。

首先行动起来的是学生。1919年5月8日，上海中等以上学校学生代表集会，决定筹备学生联合会，领导全国的学生运动。11日，上海44所大、中学校学生成立上海学生联合会。26日起，罢课学生在南市西门公共体育场集会，声援北京学生。上海学生还以演说、印发传单等形式，动员商界抵制日货，提倡国货。

上海商界表现也十分踊跃。5月9日，旅沪商帮协会召开紧急会议，拟定三条抵制日货办法：实行提倡国货、不装某国货物、不用某国钞票。[1]此后颜料公所、花纱业、煤炭业、麸业绸缎业、西药业、糖业、木业公所、洋布业、纸业等各界公会纷纷宣布抵制日货。抵制日货的方式各种各样，如理发同业聚议，并印发传单通告同业：不扎日本式头；修饰品不用日货；轧刀不用日货，设法改良中国商品；客人用中国刀剃头，特别优待欢迎；同业不遵，公共议罚。[2]黄包车夫也不为日本人服务。连在茶寮、酒肆兜售臭虫药的小贩也改贩国货。而对北洋政府和社会各界影响更大的是上海工人挺身而出，支持北京学生。

1919年6月5日上午，曹家渡日商纱厂五六千工人举行罢工，下午又有两万多纱厂工人加入。此后，电车工人、码头工人、汽车司机、电话工人、外商企业工人等接踵而起，甚至沪宁、沪杭铁路工人也全体罢工，沪宁、沪杭铁路交通一度断绝。其时上海是全国的经济中心、工业中心，商人罢市和工人罢工对五四运动的最终胜利至关重要。上海作为东南第一商埠，地位举足轻重，南京、镇江、宁波、芜湖、安庆、南昌、嘉兴等东南地区的城市闻风响应。上海声援北京学生的抗议活动和抵制日货运动，组织有序，持续一个多月，席卷各阶层各行业。

商界、工人之外，上海民众也有所表现。在江苏省教育会等

---

1. 《山东问题之沪潮》，《神州日报》1919年5月27日。
2. 《理发同业决议抵制日货》，《民国日报》1919年5月27日。

1919 年 5 月 7 日起，上海各界约 2 万人在南市公共体育场举行国民大会，声援北京学生的爱国运动

团体的组织之下，5 月 7 日，有众多市民在西门外公共体育场集会。江苏教育会代表黄炎培等在集会上发表演说，通过致巴黎和会中国代表电，要求惩办卖国贼、释放被捕学生。会后，由大、中学校学生前导，各小学校学生居中，平民团体断后，举行游行。当日游行人数达 2 万人，但秩序井然。据当时报载，中华书局组织的宣讲队"举止文明，为人钦仰"，每晚在下工后，宣讲队前往南市九亩地等处演讲，"历讲朝鲜、安南、印度等亡国痛史，及日人强夺青岛并此次抵制日货等。慷慨激昂，听者动容。站岗巡警，亦在场为之照料一切，盖受宣讲之刺激也"[1]。

　　值得一提的是，上海各界的抗议活动总体上有序、理智。6 月 5 日上海宣布"三罢"以后，罢工组织者特别注意防止对日本人的过激行动。由各学校学生组织的童子军"皆出任勤务，维持治安，并有约翰、南洋童子军乘汽车往来梭巡，且于汽车上悬大

---

1. 《中华书局职工组织宣讲队，扩大抵货宣传》，《民国日报》1919 年 5 月 21 日。

旗，警告勿与日人为难"[1]。商界也成立治安维持队，手上拿着"警告勿暴动"小旗，肩上斜挂同样字句的字带，往来巡查，维持治安。[2] 直至 6 月 12 日上海全市开市，上海华界和租界都未发生针对日本人的过激事件。

二、中国共产党在上海成立 [3]

五四运动推动了马克思主义在中国的传播。五四运动后，北京、上海、武汉、长沙等地相继建立起共产主义早期组织。在共产国际推动之下，由上海共产主义小组发起，各地共产主义小组派代表赴沪，于 1921 年 7 月 23 日在上海召开中国共产党第一次全国代表大会，中国共产党在上海正式成立。

中共在上海成立并非一个偶然性的事件，除了工人阶级的发展和壮大为中共成立提供了社会和阶级基础之外，近代上海城市自身高度的国际性以及发达的现代交通和通信条件为一个现代革命政党的创建提供了必要的条件。

1. 上海是共产国际在远东开展活动的首选地

共产国际是俄国十月革命之后，由俄共主导，于 1919 年 3 月在莫斯科成立的一个国际性组织。共产国际自成立之日起就负有两项使命：一是领导和帮助世界各国共产党和革命党人实现世界

---

1. 《新闻报》1919 年 6 月 6 日，转引自上海社会科学院历史研究所编：《五四运动在上海史料选辑》，第 295 页。
2. 《新闻报》1919 年 6 月 6 日，转引自上海社会科学院历史研究所编：《五四运动在上海史料选辑》，第 330 页。
3. 本目撰写主要参考熊月之著：《光明的摇篮》，上海人民出版社 2021 年版。

革命的理想；二是通过各国共产党，引导各国民众反对帝国主义压迫，拥护俄国革命，从而达到保卫革命成果的目的。当共产国际将目光投向东方大国中国之时，就高度重视上海，通过成立各种社会或文化团体、机构的方式，在上海开展隐蔽活动。

共产国际在上海先后成立过多个机构：其一是《上海俄文生活报》社。《上海俄文生活报》于1919年由谢麦施科等倾向社会主义的俄侨在上海创办。1920年2月，苏俄外交人民委员部与谢麦施科协商，买断《上海俄文生活报》。于是，《上海俄文生活报》就成为设在上海的布尔什维克报纸。1920年4月，负有指导筹建中国共产党使命的共产国际代表吴廷康一行来到上海；5月，共产国际东亚书记处在上海建立，机构设在公共租界熙华德路12号（今虹口区长治路177号），这是共产国际指导东亚地区革命活动的核心机构。吴廷康来上海时，其公开身份即是《上海俄文生活报》记者。

其二是中俄通信社。1920年6月至8月之间，共产国际东亚书记处在上海成立了上海革命局，并在其领导下于1920年7月2日设立中俄通信社，负责人是吴廷康的翻译和助手杨明斋。中俄通信社设在法租界霞飞路（今淮海中路567弄）渔阳里6号。

其三是全俄消费合作社中央联社驻上海办事处。该机构总部设在莫斯科，其上海办事处设在公共租界九江路14号。这是苏俄在中国进行贸易的机构，也是苏俄、共产国际在华的一个中转站。苏俄、共产国际向其驻华代表、在华机构以及中共早期组织及亚洲其他部分国家的革命组织提供的经费，相当一部分便是通过这个办事处支付的。

这些机构以上海为基地，以全俄消费合作社中央联社驻上海办事处为经费周转站，以《上海俄文生活报》、中俄通信社为信息载体，将世界各地社会主义运动的信息传递到上海，扩散到全中国，又将中国的信息传递到苏俄，在中国与共产国际、苏俄之间架起了信息通道。

2. 革命知识分子汇聚上海

五四运动以后，北京的政治环境和文化氛围日益恶劣。先有北京大学校长蔡元培秘密离京，之后是陈独秀被捕出狱后南下，《新青年》编辑部也随之南迁至上海。1921 年，北京又发生军警殴打北京大学教授事件，这导致包括革命知识分子在内的北方文化界人士纷纷南下。相比之下，上海因教育、出版、新闻等文化事业发达，文化界人士容易立足、谋生，加上一市三治的城市格局，有管理缝隙可以利用，南下的文化界人士在离京后首选落脚上海。而在当时上海各城区当中，法租界西部以居住环境较好、房屋租金较为低廉且管理相对宽松，受到青睐。

自 1919 至 1921 年，上海出现了不少介绍、宣传社会主义和马克思主义的报刊与群体，其创办时间、活动地点及主要作者如下：

报刊、社团名称	创办时间	创办人、撰稿人或成员	地　　址
《星期评论》	1919 年 6 月 8 日	戴季陶、李汉俊、沈玄庐	初设爱多亚路（今延安东路）新民里，次年 2 月迁法租界白尔路三益里 17 号

报刊、社团名称	创办时间	创办人、撰稿人或成员	地　址
《觉悟》	1919 年 6 月 16 日	邵力子、李达、陈望道、沈玄庐	法租界白尔路二益里 5 号（今西门路泰和坊）
《建设》月刊	1919 年 8 月 1 日	总编辑胡汉民，编辑廖仲恺、戴季陶、朱执信等	法租界环龙路 44 号（今南昌路 180 号）
马克思主义研究会	1920 年 5 月	李汉俊、陈望道、邵力子、施存统、俞秀松、李达、沈玄庐、沈雁冰、杨明斋等，戴季陶、张东荪也参加过几次活动	法租界老渔阳里 2 号
中共上海发起组	1920 年 8 月上旬	负责人是陈独秀，主要成员有李达、李汉俊、陈望道、施存统、邵力子、沈玄庐、俞秀松、李中等	法租界老渔阳里 2 号
《劳动界》周刊	1920 年 8 月 15 日	主编李汉俊，主要撰稿人陈独秀、陈望道、沈玄庐、李达、邵力子	法租界老渔阳里 2 号
《新青年》	1920 年 9 月	陈独秀、李达、陈望道等	社址设法租界法大马路（今金陵东路）279 号，编辑部设老渔阳里 2 号
《共产党》月刊	1920 年 11 月 7 日	李达主编	法租界老渔阳里 2 号
中俄通讯社	1920 年 7 月	杨明斋负责	法租界新渔阳里 6 号
上海社会主义青年团	1920 年 8 月 22 日	俞秀松、施存统、袁振英、叶天底等，书记俞秀松	法租界新渔阳里 6 号

海上繁华

报刊、社团名称	创办时间	创办人、撰稿人或成员	地　址
外国语学社	1920年9月	校长杨明斋，兼教俄文	法租界新渔阳里6号
上海机器工会	1920年11月21日	杨明斋、李汉俊、李中	法租界新渔阳里6号
新时代丛书社	1921年5月	编辑李汉俊	法租界望志路108号（今兴业路78号）

* 本表格参阅熊月之：《中共"一大"为什么选在上海法租界举行——一个城市社会史的考察》,《学术月刊》2011年第3期。

3. 中共"一大"在法租界召开

　　1920年4月，经共产国际同意，由俄共（布）远东局海参崴分局所派遣的共产国际代表吴廷康率领俄共（布）党员小组来中国，途经天津、北京，然后来到上海，目的是了解中国国内情况，与中国进步力量、革命力量建立起联系，推动中国社会主义革命运动。他们先在北京会见了李大钊；4月下旬，吴廷康来到上海，会见了陈独秀。在吴廷康的推动之下，1920年5月，陈独秀建立了马克思主义研究会，邀请邵力子、沈玄庐、俞秀松、沈仲九、刘大白等参加，酝酿建党。6月，陈独秀在老渔阳里2号《新青年》编辑部，与李汉俊、俞秀松、施存统、陈公培议定成立党组织，并由李汉俊执笔，起草了党的纲领共10条，陈独秀担任书记。关于组织名称，经征询李大钊的意见，定名为"共产党"。据研究，1920年6月在上海建立起来的共产党，并非一个地方性的党组织，而是中国共产党发起组（简称"中共发起组"）。在中共发起组的推动下，北京、武汉、长沙、广州、济南相继成立了共产党小组，同时，在旅法、旅日学生当中也建立起了中共旅法、旅日小组。中共发起组和各地共产党小组的建立，为中共"一大"的召开奠定了基础。

1921年6月初，共产国际代表马林、共产国际远东书记处代表尼克尔斯基先后抵达上海。经与中共发起组成员李达、李汉俊商议后，决定召开中国共产党第一次全国代表大会。李达、李汉俊分别向海内外已建有早期组织的北京、济南、武汉、长沙、广州和法国巴黎、日本东京等处去信，要求各地选派两名代表来沪开会。同时，选定李汉俊的住所为会场，位于法租界白尔路389号（今太仓路127号）的博文女校为与会代表住处。7月22日，已抵沪的代表在博文女校开过一次预备会。23日晚，中国共产党第一次全国代表大会在法租界望志路106号（今兴业路76号）正式举行。参加会议的正式代表12人，即上海的李达、李汉俊，北京的张国焘、刘仁静，长沙的毛泽东、何叔衡，武汉的董必武、陈潭秋，济南的王尽美、邓恩铭，广州的陈公博，旅日的周佛海。包惠僧作为陈独秀个人指派的代表列席会议。共产国际代表马林与尼克尔斯基也参加了会议。

作为大会主席，张国焘主持会议，宣布中国共产党正式成立。马林、尼克尔斯基先后致辞，祝贺中国共产党成立。7月24日，代表汇报各地建党筹备情况。根据马林的建议，大会选出一个起草纲领和工作计划的委员会，由张国焘、李达、董必武担任起草工作。25、26日休会。27、28、29日连续举行会议，讨论会议文件、研究党的性质、纲领、组织原则和开展工人运动等问题。7月30日晚，会议正举行时，一陌生人闯入会场，张目四望，说要找一个人，李汉俊告诉他没有他要找的人，陌生人扬长而去。马林建议立即休会。代表们立即离开会场，约一刻钟后，法租界巡捕前来搜查，但一无所得。

受巡捕骚扰后，代表们认为会议不适合继续在上海举行。由李达夫人王会悟提议，决定到王会悟家乡浙江嘉兴继续开会。于是，除陈公博外，代表们由王会悟陪同，从上海北火车站乘沪杭线火车到嘉兴，在嘉兴南湖游船中开完最后一天会议后，胜利闭幕。

中国共产党成立后，也将活动的重心放在上海。1922年7月，中共"二大"在上海召开。此次会议上，根据列宁殖民地革命理论，提出反帝反封建的民主革命纲领。1925年1月，中共"四大"又在上海召开。中共"四大"第一次明确提出了无产阶级在民主革命中的领导权和工农联盟问题，决定加强党对工农群众运动的领导。"四大"以后，工人阶级反帝斗争迅猛发展。在中共的领导下，上海又爆发了五卅运动。

三、五卅运动：轰轰烈烈的反帝爱国运动

1925年发生的五卅运动是还处于幼年时期的中共有意识地利用近代上海城市的特点、积极动员和成功组织的运动。

中国共产党成立后，特别是1924年国共合作后，中共致力

于放手发动工人运动，而上海成为中共开展工人运动的重点地区，原因之一在于其时上海是中国工人数量最大的城市，而且因工人当中各种同乡、同业组织的存在，易于进行动员和组织。

上海工人阶级的产生与发展与近代上海工业的发展同步。上海工人最早出现在晚清时期李鸿章等主持创办的江南造船厂和上海机器织布局等洋务企业当中。1895年中日《马关条约》签订之后，随着外国资本大规模投资上海，外商资本的纺织、卷烟等行业迅速发展，同时民族资本也争相投资纺织、面粉加工等行业，近代工业在上海获得迅速发展。尤其在第一次世界大战爆发后，上海的工业发展进入黄金时代。由于上海工业多为劳动密集型行业，因此随着这些行业的快速发展，上海工人的数量也随之迅速增长。然而上海工人的生存状况相当艰辛。他们主要来自江苏、浙江、山东、安徽等上海周边地区的农村，由于多数人未接受过教育，也缺乏专业技能，因此能进入工厂当工人已属于比较幸运，其余的则只好从事码头工人和黄包车夫等苦力行业。外资工厂普遍存在歧视和苛待工人的现象，其中日商纱厂尤甚，对工人动辄打骂、体罚，出门搜身，甚至厕所中也设人监管，这导致工潮频发，劳资间冲突不断。

中共成立之后，十分重视在上海工人当中开展组织工作。1922年秋，中国社会主义青年团上海地方组织派嵇直到沪西开展工人运动。沪西是纱厂工人集中区，这里有日商内外棉、日华、丰田、同兴等17家纺织厂，有5万多工人居住在这一带。起初，嵇直用代工人写书信的办法联络工人，此后又办起工人补习班。

1924年春，又办起规模更大的小沙渡沪西工人补习学校。同年上海另一个工人集中的地区沪东杨树浦也成立了工人进德会，共产党员邓中夏、李立三、项英也被调来专门从事工人运动。

1925年2月，日商内外棉八厂的日人领班毒打一个女工，引发沪西、沪东22家日商纱厂35 000多名工人的罢工，这就是"二月罢工"。这次罢工是五卅运动之前中共领导的大规模的工人罢工运动。1925年5月15日，上海日商内外棉七厂借口存纱不敷，故意关闭工厂，停发工人工资。工人顾正红带领工人冲进厂内，与资方论理，要求复工和开工资。厂方非但不允，而且工厂职员还向工人开枪射击，打死顾正红，打伤工人10多人，成为五卅运动的直接导火线。中共中央决定以反对帝国主义屠杀中国工人为口号，发动群众于30日在租界举行反对帝国主义的游行示威，并成立上海总工会，领导工人运动。

5月30日上午，上海工人、学生2 000多人，分组在公共租界各马路散发反帝传单，进行演讲，揭露帝国主义枪杀顾正红、抓捕学生的罪行。租界当局大肆拘捕爱国学生。当天下午，仅南京路的老闸捕房就拘捕了100多人。大批群众聚集在老闸捕房门口，要求立即释放被捕学生。租界巡捕公然开枪屠杀手无寸铁的群众，打死、打伤数十人，逮捕百余人，制造了震惊中外的"五卅惨案"。中共中央决定组成行动委员会，组织全上海民众罢工、罢市、罢课运动。6月1日起，上海全市开始了声势浩大的反对帝国主义的总罢工、总罢课、总罢市。在中国共产党的领导和推动下，五卅运动的狂飙迅速席卷全国，从工人发展到学生、商人、市民、农民等社会各阶层，并从上海发展到全国各地。

上海工人罢工坚持数月，前后有 20 多万工人参加罢工，至 8 月底 9 月初，罢工工人才陆续复工。

五卅运动与五四运动一样，都是以反帝为目标的爱国运动，但是上海在运动中的地位有所不同。五四运动从北京发动，由学生率先行动，之后是上海各界响应，发起罢课、罢工、罢市，运动的中心转移至上海。而五卅运动则是主要由上海工人发起的运动，上海工人是这场运动的先锋和主体，上海这座城市则是运动的中心。五卅运动既展现出中国工人阶级的伟大力量和上海城市的全国性的政治影响力，同时也是刚刚成立不久的中共有意识地利用近代上海城市的特点，将工人运动和反帝爱国运动结合起来以扩大中共影响力的成功典范。

第三节　四一二政变与国民党上海市政府建立

1926 年 7 月，国民革命军出师北伐。根据中共中央的指示，中共决定以武装起义迎接北伐，于 1927 年 3 月 21 日在上海发动第三次工人武装起义。起义成功后，于 3 月 29 日宣布成立上海市政府。然而，随着北伐的胜利进军，国民党内部发生分裂，以蒋介石为首的国民党右派背叛革命，决心"分共"。

1927 年 3 月 26 日，蒋介石率领北伐军进入上海。4 月 2 日，蒋介石召集吴稚晖、李宗仁、白崇禧、李济深、李石曾、张静江等国民党右派会谈，讨论分共的办法。4 月 5 日，蒋介石、吴稚晖、李石曾、陈果夫、李宗仁、李绍等又召开一次秘密谈话会，会上由吴稚晖向中央监察委员会提出一个检举共产党谋叛的呈文，并决议呈请军事当局以非常紧急措施，看管监视各地共产党首要人物。之后蒋介石开始部署"清共"。蒋介石在上海部署"清共"主要依靠两方面力量：

一是上海资本家提供财力支持。蒋介石早年在上海交易所做经纪人时，与上海商界著名人物虞洽卿交往密切。北伐军打下南昌后，虞洽卿就应蒋介石之邀前往南昌，与蒋介石会面，蒋要求上海的江浙财阀支持他。3月26日蒋介石抵达上海的当晚，就在龙华会见虞洽卿，商量筹组"江苏兼上海财政委员会"，主要任务是为蒋筹措经费。这个委员会的主任委员是上海商业储蓄银行总经理陈光甫。陈光甫在金融界和工商界颇有声望，且与孔祥熙、宋子文等联系密切。他任经理的上海商业储蓄银行实力雄厚，与美国银行和企业也有业务往来。4月初，他就为蒋介石筹措了300万元。

二是上海帮会。蒋介石十分了解帮会组织在上海社会中的地位，他自己早年曾经加入青帮，拜过上海青帮头目黄金荣。而其时上海的主要帮会头子黄金荣、杜月笙、张啸林也主动投靠蒋介石，蒋介石任命他们为驻沪特务员，并拨款50万元，由他们出面组织"中华共进会"。黄、杜、张等召集上海帮会主要头目徐朗西等为帮手，在法租界设立筹备处，很快就纠集了一支一万多人的武装。他们配备有六轮手枪和书有黑"工"字符号的白布臂章，凭这个臂章可以自由出入公共租界和法租界。"中华共进会"的实际负责人除了黄、杜、张外，还有王伯龄（蒋介石的第一军副军长）、杨虎（淞沪警备司令）、陈群（上海清党委员会主任委员）。

在一切布置妥当后，4月9日，蒋介石离开上海赴南京。当日，上海开始戒严。11日下午，大批军队布防上海街市。当晚，杜月笙先诱捕上海总工会委员长汪寿华，将其绑架到龙华秘密杀害。12日凌晨，帮会分子和一部分便衣军人扮成工人模样，臂缠"工"字臂章，手持手枪、手榴弹，分头向闸北、南市、沪西等地工人纠察队发动攻击。其时中共领导的上海总工会的会所在闸北湖州会馆。12日凌晨4时许，60多名便衣军臂缠白布黑"工"字臂章，冲击湖州会馆。随后，有大批军队开到，以调解工人内讧为名，将工人纠察队缴械，工人纠察队总指挥顾顺章被拘。与此同时，闸北商务总厂、商务俱乐部（工人纠察队总指挥处）、天通庵路天主堂、华商电车公司、三山会馆和浦东、吴淞的工人纠察队均被缴械。当天上午，工人在闸北青云路集会抗议。正午，工人在集会后集体前往湖州会馆总工会会所，要求军队撤退，夺回总工会会所。13日，十几万工人在青云路集会后前往宝山路26军2师司令部请愿，要求立即释放被拘工友，交还工人纠察队枪械。当人群行至宝山路三德里附近时，早已准备好的全副武装的军队从弄堂内冲出，向人群猛烈开火，机枪狂扫，死者尸体遍街，伤者不计其数，宝山路上一时血流成河。南市工人在游行中也遭军队开枪射击，死十余人，伤数十人。当天下午，反动军队和流氓武装再次强占湖州会馆，上海总工会被强令解散。上海工人第三次武装起义后成立的上海市政府被封，国民党上海市党部也被解散。从 12 日至 15 日，上海有 300 多工人被杀，500 多人被捕，5 000 多人失踪，上海处于一片白色恐怖之中，这就是四一二政变。

四一二政变后，南京国民政府于 1927 年 4 月 18 日在南京成立。7 月 7 日，国民党上海市政府成立。此后至 1937 年 11 月淞沪会战后上海沦陷，上海处于国民党统治之下。

第三章

政治重镇（1900—1937）

第四章 摩登时代
（1900—1937）

20世纪初至1937年全面抗战爆发前，这是近代上海迅速崛起时期。在纺织、面粉、烟草等制造业发展的带动下，上海的贸易、航运、金融以及商业的发展都上了一个新台阶，由此前的繁荣商埠发展成为现代工商大都市和远东中心城市。在这个时期，位于租界的洋泾浜和泥城浜填平筑路，租界和华界之间的交通更为方便。华界更是发生了巨大的变化。在清末地方自治和南京国民政府时期实施的"大上海计划"推动下，南市、闸北和江湾一带启动了城市化和现代化建设，上海的城市空间亦由此大大扩展，城市的现代市政建设全面展开。同时，上海城市文化呈现十分繁荣的气象，体现现代大都市特质的电影和文学也在这一时期发育成熟，并且在20世纪二三十年代大放异彩。上海城市由此进入了近代以来发展的鼎盛时期。

1900—1937

第一节　城市空间的拓展和城市建设的整体提升

20 世纪初，上海县城和闸北华界开始修路造桥、兴办供水供电，标志着华界的现代市政建设全面启动。辛亥革命后，华界的城市建设有了进一步的推进。随着 1912 年上海城墙的拆除，洋泾浜、泥城浜填平筑路以及苏州河上桥梁的修筑，上海在城市建设整体改善的同时，在空间上也日益连为一体。

一、老城厢的现代化与上海城墙的拆除

上海县城及县城东南毗临黄浦江地带合称老城厢。开埠之时，老城厢还是中国传统县城的面貌。街道虽然有 60 多条，但多为行人、轿子通行而修筑，十分狭窄，有的仅仅一米宽。路面或为石板，或为泥土；加之没有相应的管理，沿街尽是便桶垃圾，肮脏不堪。而位于城北的租界自 1854 年工部局成立后，开始大规模市政设施建设，不但修筑了宽阔且配有排水、绿化和路灯的道路，自来水、供电、煤气等相继建通供租界居民和商户使用，并且还修建了公园。这些现代市政设施在改变租界面貌的同时，也因租界的居住环境比老城厢整洁、舒适、优美，一些原本居住在老城厢的富室大户移居至租界，甚至一些小本经营的商人也不吝租金，情愿到租界居住。随着人口的增加，工商业发展起来，地价也大幅上涨，租界日渐繁荣。时人曾就此发表过中肯的评论：

今自通商以后，西人以筑路为要图。且所筑之路不惜经费，

不惮经营，务使其平且坚，坚且久。皆以碎石碾沙砌成，厚至数寸至一二尺不等，并有用四门町和沙而成，坚滑如石，或有用柏油和沙而成，车马所经寂无声息。修筑道路之善，已无以复加矣！……西人来华为自便之图，凡通商之处，租界之中，首先修筑马路。租界以上海为最大，而马路亦以上海为最多，且最讲究，并有及于租界之外者。如静安寺、梵王渡数十里，一律康庄，车马不绝，即住在租界之人亦皆不惜小费，小车东洋车往来如织，沪上市面之盛半皆由马路之便也。当时上海市面皆聚于城中及南市。自设租界之后，城中南市市面日小，市面小则物皆不备。凡城中之购物者皆须至租界，以致租界店铺愈多，居民愈

小东门的城墙

众，建造房屋者日新月异，而租价之大亦日增月盛。租价既大，则造屋者愈多。造屋既多则地价更贵。一亩之地有贵至数万者降至数千不等，亦为从来未有之事。现在静安寺梵王渡之田亩，虽非租界，自有马路之后，西人皆于此购买地亩以备建造各厂，以致向只十千二十千（文）一亩者今已售至一百二百三四百（两）不等矣！逐渐推广恐未有艾。城中为城所隔，街道既窄，车马本不能往来，姑勿具论城外自十六铺以南市面不及北市，且愈南愈见清淡，不通马路故也。马路不通则南市房价不及北市三四分之一，而人皆乐于舍贱而就贵者，非以不便故哉！[1]

城北一到晚上灯火通明，而老城厢则是弄黑街阴，尤其是租界因道路等基础设施先进而日渐繁荣发达，这刺激了上海本地绅商。在他们的倡导和支持下，老城厢开始仿效租界，建设市政。早在同治年间，老城厢就修筑了第一条新式马路——南市里马路，[2] 并且在老城厢的主要街道也开始安装路灯。1888 年起，在上海县知县支持下，筹备在南市浦滩修筑马路。1896 年，南市马路工程局成立，工程正式启动。翌年 11 月，马路竣工，全长 804 丈，宽 3 尺，这条新式马路后习称南市外马路。老城厢大规模现代市政建设始于清末新政期间。

1905 年，在上海道台的支持下，本地绅商郭怀珠、李平书、莫锡纶等人成立上海城厢内外总工程局，通过填浜造路的方式，

---

1. 《阅本报纪马路开工喜而书此》，《申报》1896 年 7 月 14 日，第 1 版。
2. 何益忠：《从中心到边缘——上海老城厢研究（1843—1914）》，复旦大学博士学位论文 2006 年，第 93 页。

改造前的集水方浜路　　　　　　改造后的方浜路

修筑了多条新式道路。1906 年填没黑桥浜和亭桥浜，分别筑成福佑路和亭桥路（今亭桥街）；1908 年填没新开河筑成新开河路；1908 至 1914 年间，填没城厢内外主干河道肇嘉浜，建成今肇周路、复兴东路、白渡路；1912 至 1913 年间填没城厢内外主干河道方浜，建成今方浜中路、方浜东路、东门路；1912 年又填没薛家浜筑成薛家浜路。这些道路的修筑都仿照租界的做法，在铺筑或翻修时埋设了排水管道，形成华界最初的城区下水道系统，道路路面则铺上石片或小石块。[1]

　　在修筑新式道路的同时，为改善老城厢与北区的交通，1909 年又在西、北、东面的城墙新辟尚文门（小西门）、拱辰门（小北门）、福佑门（新东门）。辛亥革命上海光复后，在时任民政总长李平书的主持下，于 1912 年 1 月 19 日正式开始拆城墙，同时填没城墙外围的环城城壕，在下面埋设排水管，在城墙地基和填没的城壕上修建了环城大道。北半段的筑路工程至 1913 年 6

1. 马长林：《上海城墙拆除前后老城区的近代化发展》，洪民荣主编"上海研究论丛"第 22 辑，上海书店出版社 2014 年版。

月竣工，新路命名为民国路（今人民路）；南半段的筑路工程至1914年冬竣工，新路命名为中华路。环城的民国路、中华路和陆续建起的其他马路，把老城厢和租界、城外华界紧密地联系了起来，也为老城厢地区发展提供了空间。[1]

二、洋泾浜、泥城浜填平筑路

洋泾浜系黄浦江支流，蜿蜒曲折西入周泾。英、法租界相继开辟后以洋泾浜为两个租界界河，河两岸形成两条道路，浜北沿河叫洋泾浜滩路，后改名松江路（英租界），浜南是法租界孔子路。为方便行人往来，洋泾浜上曾陆续架起9座桥。自东向西有外洋泾桥（今中山东路桥）、二洋泾桥（今四川中路桥）、三洋泾桥（今江西中路桥）、三茅阁桥（今河南中路桥）、带钩桥（今山东中路桥）、郑家木桥（今福建中路桥）、东新桥（今浙江中路桥）、西新桥（今广西北路桥）和北八仙桥（今云南中路桥）等。东新桥、八仙桥等地名一直沿用至今。

因洋泾浜离上海县城近，进出方便，从郊区水路到县城的客货船只一般在老北门外三洋泾桥附近停泊。19世纪五六十年代小刀会起义以及太平军和清军之间的战争，使上海县城和江浙地区大批富商显贵和普通百姓为避兵祸涌入租界，租界内华人由数百人剧增至两万余人。这些涌入的华人居民大都聚居在洋泾浜沿

---

1. 马长林：《上海城墙拆除前后老城区的近代化发展》，洪民荣主编"上海研究论丛"第22辑，上海书店出版社2014年版。

岸、广东路、福州路一带，洋泾浜两岸的商业由是开始兴起。浜北有英商的亚细亚火油公司、美商的《泰晤士报》等；浜南有法国汇理银行、英商德丰驳运公司、法租界总巡捕房和中国最早的电政局等。

洋泾浜西段原为北长浜。1914年公共租界和法租界当局鉴于河道阻隔交通，浜水污浊有碍卫生，决定填浜筑路。1915年底，工程完工，并以英王爱德华七世之名命名为爱多亚路（今延安东路）。自填浜筑路后，洋泾浜两侧房屋先后翻建，万国储蓄会、美商友邦银行、中汇银行、安乐宫饭店、大中饭店、南洋烟草公司发行所、华商证券物品交易所、中南饭店等相继进驻；县城内商户也向此地转移。中外客商纷至沓来，交通日益繁忙，从外滩到东新桥一带遂成为热闹繁华之地。1917年大世界游乐场建成后，爱多亚路、西藏路附近商业更趋繁荣。20世纪30年代这一带有商号600多户，其中河南中路以东是洋行、银行、保险、交易所的集中地；江西路、山东路是钢精、搪瓷厂门市部的集中地；河南中路到西藏中路之间是烟草公司、五金行、大旅馆、参号、西药房、百货、罐头食品等商号的集中地；西藏中路以西是木行、汽车行、车行的集中地。

泥城浜又名新开河，因浜边筑泥城得名。泥城浜南端通周泾，东与洋泾浜相接，由南往北，注入吴淞江。从1853年起，租界当局为防太平军从西面进攻租界，遂沿西界开挖河道，至1862年全线凿通，作为护界河。浜上由北向南曾先后架起四座桥：北泥城桥、中泥城桥、泥城桥及南泥城桥。北泥城桥周围与附近的南京路一样，办起许多公司行号，如清同治年间开设了英商自来火公司，光绪年间创建了中法大药房。1912 年后，泥城浜被填没，桥也拆除，筑成宽广的西藏路。由于该地区的中心位于西藏中路、北京东路、北京西路、新闸路、芝罘路的六岔路口，因此成为四通八达的交通要冲，路上人力车、三轮车、老虎车、汽车、电车等交通工具川流不息。

三、闸北的繁荣

闸北泛指苏州河上的两座挡水石闸，即老闸和新闸以北的上海、宝山两县交界的大片区域。老闸和新闸分别建于清康熙和雍正年间，闸北地名亦由此而来。由于远离上海县城，两闸以北地区发展缓慢。上海开埠之前，除沿江的新闸、老闸两个小市镇之外，大部分地区同英租界设立时的黄浦江边一样，溪涧纵横，零星散落着一些村庄。开埠后，苏州河两闸一带和闸北地区开始发生变化：

一是形成港区。随着以租界为中心的北区的繁荣，来自苏、杭等地的内河船只开始在苏州河新闸一带停靠，一些提供船舶修理服务的铁铺随之在这里出现。但是苏州河闸北段变为像黄浦江外滩一带那样繁忙的港区是在 19 世纪末。依据甲午中日战争之后签订的《马关条约》，苏州、杭州开埠，并且允许小轮船进入内河，从上海驶往苏南、浙北的小火轮因而激增。这些小火轮公司的码头都设在苏州河下游两岸，由此形成了苏州河下游的内河港区。《申报》曾记述苏州河当时的繁忙景象："每日小轮船之来往苏、杭、嘉、湖等处者，遥望苏州河一带，气管鸣雷，煤烟骤墨，盖无一不在谷满谷，在坑满坑焉。"[1]

二是人口增加和商业繁荣。首先繁荣起来的是老闸以北一带，此处位于公共租界以内，临近苏州河口，并靠近虹口港区，交通便利，且主要由租界当局管理，因此在同治至光绪年间，唐家弄、北福建路、海宁路、北河南路、老闸大街一带，就先后开设米号、香烛店、豆浆店、国药号、煤号、茶号等数十家店铺，同时出现外国资本经营的进出口贸易的洋行，这里成为除公共租界中区之外上海城市人口最密集、商业最繁盛的地带。而西面紧邻的闸北华界仍是田园风光，除了零散分布的居民点之外，依然有大片的芦苇荡。

"老闸"北面的苏州河沿岸商店

---

1. 《防内河小轮船失事说》，《申报》1899 年 8 月 4 日，第 1 版。

闸北租界的繁盛刺激了华界当局和华人。20世纪初年，上海、宝山两县绅商提议闸北华界自辟"通商场"，获得两江总督批准，闸北华界正式揭开了城市化的序幕。

闸北华界的城市化始于造桥、修路。在开埠通商之前，上海县境内长期只有一座跨越苏州河的新闸桥，建于清雍正年间，是宝山县、上海县往来上海的要道。19世纪60年代以后，为解决苏州河南北两岸英租界与美租界的交通，在两租界之间的苏州河上相继修建了外摆渡桥、里摆渡桥、三摆渡桥、自来水桥、汤盆弄桥、铁大桥、老垃圾桥、新垃圾桥、老闸桥等9座西式桥梁，并在20世纪初相继将木式桥梁改为钢骨大桥。1897年，新闸桥改为西式木桥。但是新闸桥以西苏州河段依然没有桥梁，闸北居民到南岸英租界必须绕道新闸桥。因此，闸北开埠通商的首要工程就是在新闸桥以西再建造一座桥梁——汇通桥。该桥梁为西式木桥，俗称新大桥。这座桥与新闸桥成为沟通闸北华界与租界的要道，对于推动闸北的繁荣有重要作用。

造桥之外，闸北华界还兴建了一些道路。至1909年4月，闸北华界已有宝山路、新闸桥路、新大桥路、总局路、海昌路、南川虹路、北川虹路、宝通路、宝兴路、冰场桥路等十条道路。其中，宝山路南接公共租界之北河南路，北面伸向靶子场与北四川路尾端相连，为闸北东部交通干道。新闸桥路、新大桥路分别跨新闸桥、新大桥与南岸公共租界西区接通，为闸北西部的南北干道。新大桥路、新闸桥路间之海昌路，新闸桥路、宝山路间之南北川虹路，宝山路、北四川路间之宝兴路，则是闸北东西向干路。至此，闸北东西基本贯通，南部也与租界联系起来。辛亥革命以后，在工商业迅速发展的推动下，闸北道路修筑的速度更为加快。新闸桥以西沿河一带开筑了光复路。此路相当于英租界的外滩马路，方便了苏州河沿岸货物的运输。1913年10月起，又修建了国庆路、新疆路、库伦路、新民路、蒙古路、满洲路、乌镇路等7条马路。1914至1923年之间，闸北基本上维持每年新增6条道路的规模。至1927年，闸北已有道路112条。除了7条为租界越界筑路之外，华界自筑道路105条。[1]

除了修路造桥，1910年，两江总督派李平书主持创办闸北水电公司，自行设厂给水。1911年10月27日自来水厂建成，为界内居民供水，从而结束了闸北居民依靠租界自来水的历史。

建桥、筑路、兴办水电事业，为闸北工商业的发展提供了基本条件。加之同时期境内淞沪铁路和沪宁铁路的相继修筑，更使闸北成为上海陆上交通要冲。1898年，淞沪铁路建成通车，设起点站于宝山路；1908年上海通往南京的沪宁铁路竣工；1909年沪宁铁路上海站启用，地点在闸北的界路（今天目东路以北）。又因是新开发区域，地价比租界低廉，于是许多资金不够雄厚的华人资本来此投资设厂。早期入驻闸北的企业，以缫丝厂最早、数量最多。此外，还有东信机器厂设立于闸北宝安路（1904年）、景纶衫袜厂设立于狄思威路（1902年）、丽辉饼干厂设立于宝山

1. 张笑川：《闸北城区史研究（1843—1937）》，复旦大学博士学位论文2008年，第98—100页。

沪宁铁路上的首发列车

路义品里（1909 年），等等，由此在闸北形成了一个以民族中小企业为主的工业群落。低廉的地价也吸引原设于租界的华资工厂向闸北转移。如近代中国著名的出版机构商务印书馆，原设于英租界，后搬迁到虹口美租界，1904 年开始在闸北宝山路购地自建厂房，1907 年搬迁入住，成为最早入驻闸北的华商企业之一。辛亥革命后，闸北工业发展迅速，至 1919 年，闸北的工业企业数量已超过沪南地区。至 20 世纪 20 年代末，闸北华界地区有较大工厂 256 家，为全市 566 家较大工厂的 45.23%，形成缫丝、化工、制药、印刷、粮油加工、机器制造、玻璃、搪瓷等多个行业，被誉为"华界工厂发源之大本营"。[1]

---

1. 上海市《闸北区志》编纂委员会编：《闸北区志》，上海社会科学院出版社 1998 年版，第 3 页。

第四章
摩登时代（1900—1937）

在工商业繁荣的基础上，至20世纪二三十年代，闸北华界已经出现了具有一定商业集中度的商业街或商业圈。一是以火车北站为中心的宝山路地区，是闸北商业中心。1916年，沪宁、沪杭甬铁路接轨后，北站成为沪宁、沪杭铁路总站，日接送旅客近万人次，北站地区商业、饮食服务业因此发展迅速。至1930年，北站地区已有商店86家，德龙烟草公司、宝华楼酒菜馆闻名全市。由于市面繁荣，以致有人以"华界的八仙桥"来形容一·二八以前的宝山路。二是新闸桥以北的大统路一带是闸北西南部的繁华中心。19世纪末，新闸桥以北的夏家弄（后称番瓜弄）两侧仅有茶馆、酒肆、烟杂店等五六家。1906年，新闸桥路建成，南面通过新闸桥与公共租界相接，北面连接铁路麦根路货栈。因交通繁忙、人流熙攘，道路两旁及附近地带很快成为商业区。至1920年代，大统路两旁有洋广百货、南北货、船用物品、木器家具、烟酒香烛、粮食油盐、木材、绸布、餐饮茶馆等各类商店数十家，被誉为闸北的"南京路"，是闸北华界仅次于北站地区的第二大商业街。三是共和新路南段（自共和路至中兴路）是1920年代才兴起的商业较密集地区。1920年共和新路南段两侧已经有粮店分布，20年代末共和新路向北延伸至老沪太路，至1930年有商店33家。四是沪宁铁路以东的北四川路，其南段在公共租界北区，横浜桥以北的大部分地段在闸北华界，属于越界筑路形成的半租界、半华界地带，周围分布很多外国人的别墅以及华人高收入阶层的住宅，居住在这一带的日本人尤其多。20世纪二三十年代，这里日趋兴盛，道路两旁的咖啡馆、酒店、电影院、按摩院众多，成为其时上海的一条重要休闲娱乐街。[1]

四、"大上海计划"与江湾的建设

20 世纪初以南市和闸北为重点的市政建设为上海华界的城市化和现代化建设奠定了基础。1927 年南京国民政府成立后，对上海高度重视，提高了上海的行政级别，设立上海特别市，与省地位相等，直接隶属于中央政府。同时，还将上海作为现代化建设的试验区，希望将其建成为全国的模范城市，为收回租界增加筹码。为此，国民党上海市政府制定并实施了"大上海计划"。

1927 年 7 月 7 日上海特别市政府成立后，在首任市长黄郛主持下，上海大都市建设的规划启动，其中最为重要的举措就是制定并实施"大上海计划"。1927 年 11 月，市政府成立市政建设计委员会，以后又设立建设讨论委员会、市中心区域建设委员会等机构，聘请一批专家负责研究和制定市政建设的方案。1929 年 8 月拟定《建设上海市市中心区域计划书》，1930 年形成"大上海计划"，目标是要彻底改善上海城市的面貌，把上海建成在结构和功能方面都达到世界先进水平的大都市。"大上海计划"主要内容有市中心区域的分区计划、道路计划；黄浦江虬江码头的建造计划以及上海市分区及交通计划等，核心是另建新的市中心。

规划有七个方面：市中心区域（包括人口、行政、商业、工

---

1. 张笑川：《闸北城区史研究（1843—1937）》，复旦大学博士学位论文 2008 年，第 79—80 页。

业、住宅等方面）、交通运输（包括海港、铁路、公路、机场、渡江）、建筑（包括新建房屋式样、平民及工人新村、防火设备等）、园林布置（包括公园、森林、运动场、儿童游戏场、公墓等）、公用事业（包括公交、自来水、电灯、电话、煤气等）、卫生设备（包括污水及垃圾处理、医院、检疫、浴室、公厕等）、建筑市政府大楼以形成市区政治中心等。

根据规划，市中心区域选在江湾一带，划定上海市区外东北方向的江湾区翔殷路以北、闸殷路以南、淞沪路以东及周南十图、衣五图以西的土地约7 000亩，作为市中心区域。市中心区域又规划为政治区、商业区和住宅区。政治区位于市中心区域的中央部分，即南北、东西两大干道交叉点的周围一带，市政府各局、市党部、市参议会、市图书馆、博物馆等行政机关和城市重要公共建筑都集中于此。市中心区域的北部因邻近未来的吴淞港，并且靠近铁路总站，适合发展商业，所以规划为商业区。政治区、商业区之外的市中心区域规划为住宅区，分为甲乙两等。甲等为高级住宅，设计建在园林、空地的附近，这种住宅数量少；大量建造的是普通住宅区，即乙等住宅区。市中心的道路设计为干道和次要道路两种，干道呈辐射状，由市中心区域向周围伸展，最宽达60米；次要道路则是蛛网式或棋盘式，宽度不超过30米。

交通运输方面，首先是水路，鉴于重要码头都集中在租界，因此将吴淞规划为码头区，在市中心区五权路之东虬江口建吴淞虬江码头。这里江水较深，可以停泊吨位较大的轮船，适合建造码头。又规划开凿一条将蕴藻浜和吴淞江连接起来的运河，使蕴

海上繁华
（1843—1949）

藻浜成为内地运输的枢纽。其次是铁路方面，在真如附近引一支线，北经大场、胡家庄之东，折东经蕴藻浜南岸，至吴淞一带，与虬江码头衔接；再由真如筑一支线，经彭浦抵江湾，作为未来的火车总站，以便客流可以进入新的市中心区。另外，从位于南市的沪杭甬车站将该线延长至浦东高桥沙，以解决浦东铁路交通问题。

关于市内道路规划，计划修 20 多条干道，总长度约 500 公里。南北的主要干道以市中心区为中心，从江湾镇起，渡蕴藻浜，经江湾镇接北四川路；再往租界区穿上海旧县城、南车站，过江接上南公路直达闸港镇。东西向干道起点在江湾镇，向东由翔殷路到达浦滨，向西经大场与沪太路相接。沪南区、闸北区、沪西区和浦东区区内的道路也做了规划。

"大上海计划"是黄郛任市长时发起的，但他不久即去职，在继任者张定璠任期内，由于没有办法募集到大量资金，这个计划也没有实质性进展，直至张群任上海市市长，计划才正式启动。这是一个需要巨额投资的大工程，但南京政府没有拨任何款项支持，市政府只能自筹经费。主要办法之一是发行市政公债，1929 年开始发行，该年度发行额为 300 万元，以本市房捐作为担保。二是市中心区域土地"招领"，分别于 1930 年 7 月、10 月和 1935 年春天数次对市中心土地进行"招领"，市政府从中得到可观的收入。

尽管经费筹集相当不易，但"大上海计划"还是启动了。至 1937 年八一三事变爆发前，"大上海计划"中的工程已经实施的有以下几项：

其一，开辟多条道路，主要有中山北路、其美路、黄兴路（即今宁国北路）、三民路、五权路（即今三门路、五星路）、浦东路。

其二，建成市政府新厦。1929年10月1日，市中心区域建设委员会特别公开征求市政府新厦的设计图案，悬赏奖金高达3 000元。次年2月得奖图案揭晓，但都不满意，于是取其所长，集大成而另外设计了新图纸。1931年6月市政府新厦正式开工，其间因一·二八事变暂时停工，直至1933年10月10日，市政府新厦落成。市政府大楼采用中国宫殿建筑风格，参以现代需要，兼顾美观与实用。内部装饰也是中国式样，梁柱均漆成彩花。市政府大厦的落成典礼由市长吴铁城主持，中外来宾及前来参与观礼的市民有十万余人。同年年底，国民党上海市政府和各局迁入。

1933年落成的市政府新厦，为中国宫殿样式

1933 年 10 月 10 日，上海市政府新大楼举行落成典礼

其三，建造一批城市公共设施。城市公共设施也是需要巨额投资的项目，上海市政府仍采用发行公债的办法集资。这项公债除由上海市政府作无条件担保外，还以汽车、货运汽车等的车牌照捐作为担保。1934 年 8 月，上海市体育场在市政府新厦西南方正式开工。体育场规模很大，占地达 300 亩，为当时远东最大的体育场。1935 年 8 月，体育场落成；10 月，第六届全国运动会在这里召开。1934 年 12 月，上海图书馆、上海博物馆、上海市医院和市卫生试验所相继开工，至 1935 年下半年这几项工程也先后竣工。

在住宅建设方面，计划推行不尽如人意。在新的市中心，住宅、商场、学校等虽然建设起来，但没有能够吸引很多居民来居住。一是新的市中心缺乏安全感，居民担心日军的进攻和轰炸；二是当时多数居民工作居住的地点在租界或市政设施齐全的华

1936年落成的"上海市博物馆"和"上海市图书馆"

界，尽管这些地方很拥挤，但他们还是不愿前往刚刚处于开发阶段的江湾一带居住；三是市政府筹划的"别墅镇"，普通上海市民买不起。

其四，虬江码头第一期工程上马。黄浦江虬江码头工程是"大上海计划"中投资最大的一个工程，全工程原计划分三期，共需14年完成，预计总投资1 417万元。因缺乏资金，加上一·二八事变，直到1934年11月中央银行才决定投资200万元，于 1935 年 5 月工程正式动工建造。1936 年秋，第一批工程基本完成，新码头可以停泊 2 万吨大船 3 艘和 1 万吨大船 1 艘或同时停泊 5 000 吨船 6 艘。

"大上海计划"从启动时起，除了一直被资金匮乏困扰外，实施中最致命的问题是外部环境越来越恶劣，战争的阴云始终不散。1932 年一·二八事变，日军的目标就是要占领上海，作为进一步入侵中国的基地，新规划的市中心区域是日军登陆必经之地，也是日军重点打击的目标，区内的建筑、道路严重受损，一些地方甚至化为焦土。战后的复兴工作又使市政府原本十分困难的财政捉襟见肘，加之时逢 1929 至 1933 年的世界经济危机，上海也受到了打击，已不似往日繁荣。自 1935 年起，较大的建设工程因缺乏资金再也无法进行，"大上海计划"的实现似乎遥遥无期。更加不幸的是 1937 年 7 月卢沟桥事变后，日军又在上海发动八一三事变，大举进攻上海。闸北、江湾被狂轰滥炸，以将上海建成现代化大都市为目标的"大上海计划"随之夭折。

第二节　南京路的繁荣与时尚之都

上海进出口贸易以及纺织、缫丝、面粉、卷烟、食品工业的发展，为商业的发展提供了丰富的产品，而随着经济发展而来的城市人口的迅速增加以及新形成的城市富裕阶层，又为商业的发展准备了广阔的市场。以先施、永安、新新、大新四大公司为代表的综合性现代商业设施——百货公司就是在这种背景之下相继

1903 年的南京路

出现在南京路。

　　百货公司是一种以经营日用品为主的大规模综合性的零售商业企业，是为适应工业化时代大批销售商品的需要而产生的。百货公司最早出现在 19 世纪中期法国的巴黎，后扩展到包括中国在内的世界各地。自清末以来，在南京路东段，即靠外滩附近，有外国人设立的福利、汇司、泰兴、惠罗等 4 家百货公司，但这些公司都是以外侨作为主要客户，并不重视当时正在崛起的中国富裕阶层潜在的消费能力，因此这 4 家公司没有得到很快的发展，也未能对上海商业的发展有所影响。而敏锐地捕捉到上海商业新的发展契机的是来自澳大利亚的华侨。自 1917 年马应彪创办先施公司至 1936 年蔡昌设立大新公司的近 20 年间，来自澳大利亚华侨的资本在南京路建成多家百货公司，其中最为著名的是先施、永安、新新、大新 4 家（通常称"四大公司"）。

四大公司中，设立最早的是先施公司，创办者是澳大利亚华侨马应彪。马应彪为广东香山人，早年赴澳大利亚悉尼谋生，经营水果店。积累一些经商经验和财富后，他采用悉尼的百货公司的经营方式，在香港和广州开设先施百货公司。香港和广州先施公司以巨大的规模、新的服务理念和豪华舒适的空间，受到市民欢迎。在香港和广州公司均获得成功后，马应彪又把目光投向发展远比香港和广州迅速、人口规模更大、消费能力更强的上海。

在决定进入上海之前，马应彪曾经来沪调查，他非常看好在上海开设百货公司的前景。根据在香港、广州经营百货业的经验，马应彪先后集股 200 万元，准备在南京路创办一家规模更大的百货公司。公司位于南京路西端，具体选址在南京路北侧与浙江路的交叉口处。自清末以来，这里直到靠近西藏路和跑马场的地域是茶馆等休闲娱乐场所的集中地，繁华程度不及南京路东端靠近外滩一带。

1917 年 10 月，先施公司建成开业。先施公司是一幢七层高的欧式建筑，建筑面积 3 万平方米，由英商德和洋行设计。大楼外观采用古典主义风格，沿街为骑楼式券外廊与街道相通，大楼转角处立面有 1 个三层塔楼，这座塔楼后来成为南京路商业街景观标志之一。商场面积 1 万余平方米，内部装饰豪华、舒适，并在上海最早引入暖气设备，雇有售货员 300 多名。先施百货号称经营"环球商品"，不但品种多达万余，而且多为外国名牌产品。

经营方式与中国传统商业有许多不同，如所有商品明码标价，并出具购买商品的发票，这种方式可以减少商场与顾客的冲突，增强顾客对商品和公司的信任感。此外，还重视对顾客服务的质量，并首次雇佣女店员，等等。

除了商场之外，先施公司还仿照广州先施公司的经营方式，在先施大楼内设有东亚旅馆、先施乐园游乐场、东亚又一楼餐厅、高级浴室"裕德池"等许多生活娱乐设施，这也极大地带动了先施公司的客流量。

先施公司一开业，便大获成功，开张第二年，营业额高达439万元，是投资额的两倍多。

继先施公司之后，1918年，澳大利亚华侨郭乐、郭泉兄弟创立的永安公司建成开业。

永安公司位于南京路南侧，先施公司的对面。同先施公司一样，永安公司也拥有一幢十分气派的欧式大厦。永安公司大厦由英商公和洋行设计，古典主义建筑风格。商场配置与先施公司相似，而且场地更宽阔。商场内部装饰相当豪华，商场铺面全部用马赛克地坪，楼上均铺打蜡地板。商场的一层南京路方向还设计10个大型橱窗，橱窗均采用进口大玻璃，这在上海是最早的。1933年，永安公司又买下紧靠浙江路的新新舞台，新建一栋19层流线型永安新厦，并在第四层凌空架起两座封闭式天桥，与西边永安公司连接，东西两处人员可以从"空中通道"来往。大厦顶部的霓虹灯在晚间特别璀璨夺目，红色的英文字、绿色的中文字交替隐现，是繁华的南京路的标志性景观之一。

海上繁华
(1843—1949)

同先施公司一样，永安公司也以上海的富裕阶层为主要客户群，经营商品以"环球百货"为特色。公司从世界各国采购的百货有三四千种，从英国的棉布、法国的化妆品、德国的玩具、美国的丝袜到瑞士的钟表、捷克的玻璃用品、瑞典的搪瓷、日本的毛巾，世界各国的名牌产品，几乎应有尽有。

永安公司也是一家以百货业为主的综合经营的商业公司，除了商场，还经营"天韵楼"游艺场、大东旅社、大东舞场、永安摄影室、高级酒吧等。

除了先施和永安公司，近代上海的著名百货公司还有新新公司（1926年建成开业）和大新公司（1936年建成开业）。这两家百货公司的创办者均为华侨，公司的地点也都设在南京路上，前者位于先施公司西侧，后者位于南京路、西藏路交叉口东北处。其经营模式与先施相近，又各具特色。比如，新新公司以倡用国货为旗号，将公司的经营宗旨定位在推销国货精品上，并且在中国政府注册，是第一家在中国政府注册的大型百货公司。新新的经营策略和市场定位颇为成功，开业后生意逐渐兴隆，并在南京路站稳了脚跟。而最晚设立的大新公司也追求自己的特色，如开设上海最早的地下室商场，还最先设置供顾客使用的商场自动扶梯，吸引了不少顾客，"到大新公司乘自动扶梯"成为当时上海人的时髦活动。

四大公司相互竞争，使得上海百货业在经营特色、顾客服务、商业设施与购物环境等方面逐步提升，在带动南京路繁荣的同时，上海商业经营整体水准得以提升和现代化。自20世纪20

先施、永安并峙于南京路两侧

年代起，随着南京路西段的日渐繁华，代表传统商业的南市城隍庙被南京路取代，南京路成为上海乃至于中国的第一商业街。四大公司宏伟气派的大厦改变了南京路原有的景观，各具风格的建筑勾勒出南京路的天际线，是上海大都市的地标性建筑。南京路商业建筑上五光十色的霓虹灯是上海摩登的象征，百货公司橱窗内琳琅满目的商品更是上海时尚和繁华不可或缺的元素。不仅如此，正如研究者所指出，百货公司是公共性极高的都市空间，无论是购物者还是其他游客，都可以像进入都市道路和公园那样，自由浏览。人们可以自在地浏览陈列在橱窗内的各种商品，享受受过培训的店员文明待客的举止。百货公司还是受欢迎的感受西洋新事物和观赏南京路市容的地方，如大新公司和永安公司都装有通向楼顶游艺场的电梯，顾客可以体验自动电梯上下快速移动的新奇感，同时又可以看到大都市上海的全景。因此，四大公司也是上海市民和从各地赶来的旅游者免费体验近代大都市的绝好"观光地"，逛公司也因此成为上海摩登生活的重要内容之一。[1]尤其值得一提的是，四大公司不仅是高级购物、体验新事物和观光的场所，它还改变了中国人传统的消费观念，并培育了以追求时尚、摩登为主要特征的现代都市文化。

1930 年代南京路上的先施、永安、新新公司

第三节　都市文化的兴盛

依托现代工商业发展起来的新闻出版业、数百万人口所形成的潜在的读者与观众群体以及与西方文化的广泛交流，共同孕育

---

1. ［日］菊池敏夫著：《近代上海的百货公司与都市文化》，陈祖恩译，上海人民出版社 2012 年版，第 135 页。

第四章
摩登时代（1900—1937）

了以电影、话剧、文学等新的艺术形式为主的现代都市文化。近代上海的都市文化面向大众，追求新颖、时尚，表达个性解放的主题。

一、电影制作：东方好莱坞

近代上海是中国电影制作中心和发行中心，有东方"好莱坞"之称呼。

电影起源于法国。1895年12月28日，法国里昂的青年实业家路易·卢米埃尔在巴黎一家咖啡馆放映了他摄制的电影，这一天被电影界公认为电影的开始。此后，卢米埃尔雇用助手，到世界各地去放映他的影片。1896年8月11日，一些法国摄影师在上海徐园的"又一村"茶楼第一次放映了电影（当时称"西洋影戏"）。之后电影在上海的茶园等公共场所放映，吸引了不少中国观众。

1. 电影公司的创办和电影业的繁荣

外国电影的到来刺激了上海本地的电影制作。1909年，上海最早同时也是中国最早的电影制片公司亚细亚影戏公司在香港路5号成立。该公司由美国电影商宾杰门·布拉斯基创办，拍摄了一批影片，但未引起多少反响，公司也因此无法继续经营，后转让给美国人依什尔和萨弗。依什尔和萨弗接办后，聘请美华洋行买办张石川为公司顾问。于是，张石川邀请他的戏剧界朋友郑正秋等人组织了新民公司，承包亚细亚公司的编剧、导演、演员雇用以及摄制影片的全部工作。郑正秋编写了剧本《难夫难妻》（又名《洞房花烛》）并投入拍摄，由张石川、郑正秋任导演。《难夫难妻》是中国摄制故事片的开端。1913年底，这部电影在演出文明新戏的上海新新舞台首次放映。这一年，在张石川的主持下，新民公司还为亚细亚影戏公司拍摄了近20部短故事片。这些影片质量不高，基本未在上海的电影院正式放映过，一般是在文明戏演出时插映一两部。1914年第一次世界大战爆发，因德国胶片来源断绝，亚细亚影戏公司就此结束。1916年起，美国胶片开始输入上海，上海的电影摄制活动复苏，并且在20世纪20年代进入迅速发展时期。其时，不少人预见电影业是一个非常有前途的产业，加之恰逢一场金融股投机狂潮之后，中国大批交易所倒闭，一些投机家另找资金出路，其中就有不少人看中了方兴未艾的电影业，电影公司蜂拥而起。

上海电影公司成立的高峰出现在1925年。这一年，"几乎每月皆有一二新公司成立"，仅上海一地的电影公司就多达百余家，至1937年抗战爆发，上海电影进入最为辉煌的时期。在众多的电影公司当中，有四家办得最为著名。

其一为明星影片公司（后文简称"明星公司"），成立于1922年初，由张石川、郑正秋等人共同创办，公司全称为"明星影片股份有限公司"。关于公司创办的起因，张石川夫人曾作如下回忆："1920年前后，上海开设交易所之风甚盛，石川也想试试运气。我父亲送给他两千元。他约了几个朋友在贵州路租了房子，挂出一块'大同交易所'的牌子，准备做股票生意。可是，在等候当局发给执照的过程中，他又改了主意，想办影片公司……于是，他就用要办大同交易所的那两千元，再度与郑正秋合作，又约上周剑云、郑鹧鸪，后来又加上任矜苹，五人一共凑了万把块钱，对外号称五万资本，取下了大同交易所那块牌子，换上了另一块'明星影片股份有限公司'的招牌。这家被后来称为中国资格最老的电影公司就这样草草诞生了。"[1] 1937 年全面抗战爆发，厂区毁于炮火，明星公司就此结束。明星公司存续的 15 年间，共拍片 200 多部，其中不少影片上映后即大受欢迎。如郑正秋编剧、张石川导演的《孤儿救祖记》在申江大戏院公映时大获成功，创当时卖座最高纪录，奠定了明星公司在电影界的地位。不仅如此，此片在中国电影史上亦具有重要地位，参加过明星公司的古剑尘曾评价说："这个电影对于中国国产片的贡献，亦如话剧中《少奶奶的扇子》；明星公司犹如话剧界中之戏剧协社，它打开了国产电影的局面，建立了国产电影的基础……电影界要是没有明星公司的《孤儿救祖记》，也不会后来盛极一时。"[2]1928 年，由郑正秋根据武侠小说《江湖奇侠传》改编、张石川导演的武侠片《火烧红莲寺》（第一集）上映后突破了国产影片最高卖座纪录，后来明星公司连拍 18 集，其他公司也纷纷跟进，掀起竞拍武侠片的热潮。1931 年，明星公司拍摄中国第一部蜡盘配声影片《歌女红牡丹》，也大获成功。

---

1. 何秀君口述、肖风记：《张石川和明星电影公司》，《中华文史资料文库文化教育编》第 15 卷，中国文史出版社 1996 年版，第 877 页。
2. 中国教育电影协会编：《中国电影年鉴》（1934 年）；转引自木子：《郑正秋生平系年》，《当代电影》1989 年第 1 期。

其二为天一影片公司（后文简称"天一公司"），于1925年6月，由邵醉翁（仁杰）、邵村人（仁棣）、邵山客（仁牧）、邵逸夫（仁楞）兄弟于虹口横浜桥创办。这是一家家族经营的民营影片公司，大哥邵醉翁任总经理兼导演，二哥邵村人任会计，三弟邵山客任发行，六弟邵逸夫任外埠发行。公司初期的创作主张"注重旧道德、旧伦理，发扬中华文化，力避欧化"。为与欧美影片争夺本土观众，公司从中国传统的民间传说和通俗小说中发掘题材，摄制相当多"稗史片"，如《梁祝痛史》《珍珠塔》《孟姜女》《义妖白蛇传》《孙行者大战金钱豹》《唐伯虎点秋香》等，颇受欢迎。加之快速多产的制片策略，天一公司的影片风靡一时。公司注意开拓南洋市场，1926年起，邵氏兄弟携带影片到南洋巡映，发展影院，大受当地华侨欢迎。1928年起随着火烧片、武侠片的盛行，曾拍摄《火烧百合台》《血滴子》等。1931年拍摄的《歌场春色》，是中国最早的两部片上发音的有声片之一。1937年天一公司将全部资金、设备转移香港，成立南洋影片公司。

四大电影公司还包括晚一些时候成立的联华影业公司（1930年成立）和艺华影业公司（1932年成立）。联华出品的影片贴近现实生活，反映时代精神，在艺术上注重人物性格的刻画，更多地着眼于对电影特性的运用与掌握，给人以耳目一新之感，从而在观众中产生了不同于明星、天一公司的影片的印象，故被称为新派，而明星、天一则被称为旧派。成立于1932年的艺华公司顺应时代潮流，聘请了田汉、阳翰笙、夏衍等左翼人士加入，拍摄了不少观众欢迎的抗日题材电影，且资金充足、设备完备、人才荟萃，呈后来居上之势，改变了此前明星、天一、联华三足鼎立的局面。

2. 群星璀璨的上海影坛

随着上海电影业的发展、繁荣，20世纪二三十年代的上海影坛涌现一批著名编导和电影明星，可谓群贤毕至、星光璀璨，堪称近代中国电影史上最为辉煌的一个时期。

著名电影编导

上海电影编导主要有两个来源：其一是接受过较长期的旧文化熏陶但同时又受新思想影响的新剧艺人和小说家，如郑正秋、张石川、郑鹧鸪、徐卓呆、汪优游、顾无为、夏赤凤、陈铿然、管海峰、汪庆福、宋痴萍、邵醉翁、高梨痕、包天笑、朱瘦菊、徐碧波、周剑云、杨小仲等；二是受过西方高等教育或接受过五四运动思想影响和洗礼的归国留学生、新文艺工作者和电影爱好者，如李泽源、梅雪俦、汪煦昌、徐琥、张非凡、程树仁、洪深、欧阳予倩、田汉、侯曜、濮舜卿、万籁天、史东山、陆洁、顾肯夫、但杜宇、任矜苹、李萍倩、王元龙、马徐维邦、程步高，等等。这些编导当中，影响大、地位重要者首推郑正秋。

郑正秋，幼年"颖悟异常，长口才，富反抗性"，1902年肄业于上海育才公学。年龄稍长后曾经商，但他"性之所近在艺术"，因此时常出入剧场，接触艺人。1910年11月起，郑正秋开始以"丽丽所戏言""丽丽所伶评"等为题，在于右任主办的《民立报》上发表诗话体戏剧评论。于右任"惊为奇才"，聘其主《民立报》戏剧笔政。[1] 1913 年 7 月，郑正秋与张石川等组建新民公司，承包亚细亚影戏公司业务，由他编剧并与张石川合导了无声故事片《难夫难妻》，这是郑正秋涉足电影业之始。1922 年二三月间，郑正秋与张石川组建明星公司，又开始拍摄电影，还常常在电影中扮演角色。郑正秋对方兴未艾的戏剧、电影有自己独到的理解和艺术上的追求，他提出戏剧、电影的价值不仅仅是娱乐，还应有三重境界：最高境界是"必须含有创造人生之能力"，其次是"改正社会之意义"，最低为"批评社会之性质"。[2] 郑正秋是当时最出色的电影人，比他迟一些进明星公司的洪深曾评价说：郑正秋在编戏上有三种他人不具备的特长："第一，他对于人生有丰富的知识，社会的形形色色，他看见了许多，记住了许多，所谓人情世故，他能明了得很透彻的。第二，他对于观众有深切的同情，他能完全了解观众的心理。他晓得说什么话可以感动他们，什么材料可以刺激他们，什么是他们所喜欢的，什么是他们所厌恶的，什么是他们漠然不理的，所以他编的戏，从来不会没有趣味的。第三，他对于演员有精确的鉴别，他很识得人，知道他们有多少才干，能做多少戏……某某是能演哪一类戏的，某某是只宜于哪一类的角色，他都能量才使用。在他的戏里，决不至于有好角儿投置闲散，无

1. 木子：《郑正秋生平系年》，《当代电影》1989 年第 1 期。
2. 郑正秋：《我所希望于观众者》，《明星特刊》第 3 期，明星影片公司 1925 年出版；转引自程季华主编，《中国电影发展史》，中国电影出版社 1980 年版，第 69—70 页。

戏可做，或者是用非所长的。"[1] 郑正秋编导的电影大多为"社会片"，而且比较注重揭露封建的婚姻制度、蓄婢制度、娼妓制度，同情生活在社会底层的妇女，与郑正秋在明星公司共事的胡蝶在晚年的回忆录中曾评价说，郑正秋不可磨灭的贡献是："在当时，人们把电影只是作为娱乐消遣，而郑正秋则看准了这是一个教育观众的良好工具，寓教育于娱乐。从他开始，电影才真正有了社会意义。"[2] 郑正秋一生编导影片 50 多部，被誉为中国电影的开拓者。

　　另一位在上海电影史上有重要地位的电影导演是张石川。张石川为浙江宁波人，1905 年到上海，自学英语，熟谙经营之道。1913 年，美国商人创办的亚细亚影戏公司聘请他担任顾问，于是他与郑正秋合作，导演了《难夫难妻》。1916 年，张石川又创办幻仙影片公司，并自任导演，将文明戏《黑籍冤魂》拍成电影。1923 年，明星公司成立，张石川任总经理。明星公司早期的影片多为张石川与郑正秋合作拍摄，据胡蝶回忆："他（指张石川）和郑正秋可说各有所长，在'明星'初期，一个搞编剧，一个搞导演，通力合作，当然也加上其他人员的努力，才有'明星'在三十年代的成就。"[3] 与重视电影社会教化功能的郑正秋不同，张石川拍电影的目的主要是出于"生意"的考虑，因

1.　洪深：《〈何必情死〉小序》，《电影月报》1928 年第 6 期；转引自程季华主编，《中国电影发展史》，中国电影出版社 1980 年版，第 69—70 页。
2.　胡蝶口述、刘慧琴整理：《胡蝶回忆录》，新华出版社 1987 年版，第 32 页。
3.　胡蝶口述、刘慧琴整理：《胡蝶回忆录》，新华出版社 1987 年版，第 37 页。

此他注意揣摩民众的心理，迎合他们的口味。张石川对拍摄电影非常投入，据其夫人回忆："他（指张石川）不爱人情往来（但为了挖掘人才，天涯海角也去），他受不了悠闲（他嫌慢慢地品茗、饮酒浪费时光），他反对消遣，不会休息（他像一架日夜不停的机器，除了出毛病总是轰轰乱转），他的时间整个商品化了。因此，他的生活过得极其单调，除了拍戏，还是拍戏。回到家里，不是床上一躺，就是马桶上一坐，干什么？看鸳鸯蝴蝶派的小说，想法子编剧本！我说这话千真万确。确实有许多由他编导的电影是他坐在马桶上想出来的（譬如我就要谈到的《火烧红莲寺》）。他唯一的嗜好就是看美国电影，目的也在偷学东西。总之，他心里总共只有一件事情：拍电影。除此以外，什么也吸引不了他。"[1]明星公司时期，张石川编导的影片有50多部。

著名电影演员

上海早期的电影演员多为文明戏演员，或者是由电影的编导偶然发现，经过短时间培训后即成为演员。1920年代以后，随着电影业的发展，上海出现了培养影戏演员的专门学校。据统计，自1922年明星公司设立的明星影戏学校起，上海有过十几所培养影戏演员的专门学校。当时上海的一些名演员就出自这些学校，如李萍倩、周文珠、王吉亭、梅熹、李清、袁绍梅等毕业于明星

---

1. 何秀君口述、肖凤记：《张石川和明星电影公司》，《中华文史资料文库文化教育编》第15卷，中国文史出版社1996年版，第881页。

影戏学校，胡蝶、高梨痕、徐琴芳、汤杰、肖英、朱飞、林雪怀、孙敏、周空空等毕业于中华电影学校。[1]

电影人当中最为灿烂夺目的是电影演员。20世纪二三十年代的上海电影界可谓群星灿烂，中国近代电影史上最为杰出的电影演员，如胡蝶、阮玲玉、周璇主要活跃于这个时期。

胡蝶，1924年考入中华电影学校，在大中华影片公司拍摄的影片《战功》中首次担任角色。1926年，进入友联影片公司，拍摄《秋扇怨》，获得好评；同年加入天一公司，拍摄《夫妻之秘密》《梁祝痛史》《电影女明星》《珍珠塔》等影片15部。1928年，胡蝶加入明星公司，开始她最为辉煌的演艺生涯，拍摄《白云塔》《火烧红莲寺》《大侠复仇记》《女侦探》《侠女救夫人》《离婚》《富人的生活》《爱人的血》《爸爸爱妈妈》《碎琴楼》《桃花湖》《血泪黄花》《歌女红牡丹》《如此天堂》《夜来香》《劫后桃花》等。1933年2月，在《明星日报》发起的"电影皇后"选举中，当选电影皇后。同月，《电声日报》筹备的"明星名片大选举"揭晓，胡蝶以第一名当选，为"中国十大明星"之首。1937年全面抗战爆发后，胡蝶前往香港，晚年定居加拿大。

阮玲玉，学名阮玉英，1926年考入明星影片公司，改名阮玲玉，主演《挂名的夫妻》初露锋芒，接着连续主演《血泪碑》《白云塔》等5部影片。后转入大中华百合影片公司，又主演了《情

---

1. 《上海电影志》编纂委员会编：《上海电影志》，上海社会科学院出版社1999年版，第149页。

欲宝鉴》等 6 部影片。1929 年冬，阮玲玉进入联华影业公司，在影片《故都春梦》中饰演妓女燕燕，声誉大振。随后，她陆续主演了《野草闲花》《恋爱与义务》《桃花泣血记》等片，受到广泛赞誉。1930 年代以后，阮玲玉又主演了《三个摩登女性》《小玩意》《香雪海》《神女》《新女性》等影片，其中《神女》堪称中国默片时期表演艺术的高峰。她的表演质朴纯真、清丽优美，是中国无声电影最优秀的女演员，塑造了众多各种阶层的妇女形象。

周璇，原名小红，出身贫寒，因生活无着，自幼被上海一周姓人家收为养女。1930 年，小红进入一个歌舞团学艺；翌年秋加入由音乐家黎锦晖创办的明月歌舞团，因聪明伶俐、嗓音优美，且刻苦用功，不久便显露出歌唱才华。一·二八事变前夕，小红演唱爱国歌曲《民族之光》，获得好评。因歌词中有与敌人"周旋于沙场之上"句，她唱得十分投入，表达了中国人民同仇敌忾的决心，于是改名周璇。1932 年春，周璇加入新月歌剧社（后改名新华歌剧社），除演出外，还经常到电台播音。1934 年，在上海各家广播电台联合举办的歌星比赛中名列第二，听众称赞她的歌喉"如金笛鸣，沁入人心"，周璇亦获得"金嗓子"的雅号。1935 年，她在影片《美人恩》中担任一个群众角色，是为从影之始。之后，她相继在艺华、电通、新华等影片公司拍摄的《风云儿女》《花烛之夜》《喜临门》《狂欢之夜》等影片中饰演主要角色。1937 年，周璇在明星影片公司拍摄的影片《马路天使》中扮演女主角小红。她以饱满的感情和质朴的演技，成功地塑造了一个受尽侮辱与伤害，却对前途仍抱有美好理想的歌女形象，是她在表演艺术上的代表作。影片中，由她主唱的两首插曲《天涯歌女》和《四季歌》流传遐迩，传唱至今。

二、话剧创作与演出 [1]

除了电影，近代上海的演出市场也十分发达，不仅京剧、越剧、昆剧、沪剧、淮剧等中国传统戏曲在上海拥有广大的观众，从西方传入的话剧也有不俗的表现，创作出一批在话剧史上具有重要地位的经典之作。

话剧最早由上海引入中国，因此也可以说上海是话剧在中国的发源地、试验场。早在1866年，旅居上海的英侨组建兰心剧院，定期演出西方情节剧，话剧被引入中国。19世纪末，圣约翰大学、南洋公学等学校学生开始排演话剧，被认为是中国新剧的滥觞。清末，中国留日学生李叔同等人在日本组织文艺社团——春柳社，主要内容就是学演西方话剧。这个剧社曾演出过《茶花女》《黑奴吁天录》等剧目，当时称为"文明新戏"（也称"文明戏"或"新剧"等），以区别于传统戏曲。他们的演出注重布景、道具、服饰、化妆、表演的写实性，以建立新的演出方式。中国现代话剧艺术的自觉探讨与创作正是从春柳社的文明戏开始的。

辛亥革命后文明戏曾一度沉寂，但是到了1914年，在商业化、娱乐化潮流的推动下，文明戏一度相当繁荣，出现所谓"甲

---

1. 本目撰写参考钱理群、温儒敏、吴福辉著《中国现代文学三十年》（北京大学出版社1998年版）相关内容。

申中兴"，涌现了包括新民社（主持人郑正秋）、民鸣社（主持人张石川）、开明社、文明社等在内的数十个职业剧团。其时职业演员达千余人，演出剧目总数达几百个。演出过不少言情剧、家庭剧，如《情海劫》《恶家庭》等，文明戏开始大众化。其中，文青睐、郑正秋编导的《恶家庭》曾创造了文明戏上座率的纪录。这一时期文明戏有一明显的趋势，即突出戏剧的娱乐性和表现性，取材世俗生活，迎合市民的审美情趣。如家庭剧创造出许多鲜明的人物形象，"中上家庭的老爷、太太、姨太太、少爷、少奶奶、丫头、男女用人；妓女、流氓、巡捕；买办、小商人、摊贩、城市贫民——卖花的、倒马桶的、扫街的；三教九流人物——和尚、道士、医生、卜卦算命的、三姑六婆；男女学生、私塾先生等"，把文明戏从类似化妆演讲式样的表演，引到了反映日常生活和刻画人物方面。[1] 文明戏作为一个新型的剧种被接受，但过度的商业化导致的粗制滥造和恶俗情趣，使文明戏后来逐渐失去了观众。

　　五四运动后，受新文化运动影响，出现爱美剧运动，即非职业的戏剧运动，上海话剧又焕发了生机。1921 年，汪仲贤与陈大悲、沈雁冰、郑振铎、熊佛西等在上海成立民众戏剧社，次年扩建为"新中华戏剧协社"，主办了国内第一个戏剧刊物《戏剧》。民众戏剧社"以非营业的性质，提倡艺术的新剧为宗旨"，演出

---

1. 欧阳予倩：《谈文明戏》，《中国话剧运动50年史料集》第1辑，中国戏剧出版社1985年版，第81、82页。

第四章

摩登时代（1900—1937）

《幽兰女士》等社会问题剧。而在同一年成立的上海戏剧协社在话剧发展史上亦具有重要地位。协社以实践"非营业性质，提倡艺术的新剧"为目的，逐步摒弃幕表，采用剧本，废除男扮女装，建立排演制和导演制。1924年，协社公演了由洪深改编并执导的《少奶奶的扇子》，这是"中国第一次严格地按照欧美演出话剧的方式来演出的"，"化妆、服装和表演都达到了当时的最高演出水平"，取得很大成功，新兴话剧终于立足于中国戏剧舞台。民众戏剧社和上海戏剧协社都提倡写实主义，即戏剧必须反映时代、人生，负有社会教育的启蒙责任。

1927年底，田汉与欧阳予倩、徐悲鸿、洪深、徐志摩、郑君里等一批剧作家、艺术家在上海建立南国社。南国社演出田汉创作的剧作《苏州夜话》《江村小景》《生之意志》和翻译剧本《父归》《未完成之杰作》以及欧阳予倩创作的《潘金莲》等剧作，歌颂人道、自由和个性解放，并且这些剧作采用了西方浪漫主义、象征主义的表现手法。

爱美剧运动时期，上海话剧表现主义的代表人物是洪深。洪深于1922年留美归来后落脚上海，第二年，上海现代书局出版了他创作的话剧《赵阎王》。这是一部效法美国表现主义大师奥尼尔的作品《琼斯王》，尝试运用了表现主义美学范式创作的话剧。1923年2月，同名话剧在上海笑舞台公演，洪深亲自披挂上阵。1928年，在洪深的倡导下，"话剧"取代了之前的"新剧""文明新戏""爱美剧"等名称，一直沿用至今。

20年代末30年代初，受左翼文学思潮的影响，南国社、复旦剧社、上海戏剧协社、辛酉剧社、摩登剧社和上海艺术剧社以《艺术》《沙仑》为阵地，鼓吹"无产阶级戏剧"。1930年8月，辛酉、南国、摩登等剧社联手正式组建中国左翼剧团联盟，即后来的中国左翼戏剧家联盟。九一八事变后，在"左联"推动之下，又兴起"国防戏剧"。

"国防戏剧"除了强调"反帝抗日反汉奸，争取中华民族的解放"的主题外，还包括重视戏剧的宣传鼓动功能，在艺术形式上提倡通俗化、大众化和方言话剧。顺应这一潮流，田汉等创作了《梅雨》《顾正红之死》《洪水》《乱钟》《暴风雨中的七个女性》等"普罗"剧作，特别是1935年创作的以抗战与爱情为题材的《回春之曲》，被认为是30年代乃至话剧史上的经典之作。洪深也推出了力作"农村三部曲"，即《五奎桥》《香稻米》《青龙潭》。这些作品在题材、视角、写实手法等方面都呈现给观众以崭新的形象。《上海屋檐下》这部戏剧以上海市民生活为题材，以底层社会人物为中心，突破了一般的激烈戏剧冲突的模式，在日常生活中发掘戏剧冲突，开创了以小人物折射时代风云的戏剧结构。

这一时期上海话剧发展当中的一个突出现象是演出的职业化和商业化。与电影从一诞生起就高度商业化不同，早期话剧主要是一些青年学生、留学生等当作学习、实验的一种艺术形式，只有辛亥以后文明戏时期商业化演出一度比较兴盛。到了1929年，欧阳予倩开始提倡戏剧职业化，具体内容包括鼓励创作，促进戏剧文学的发展，培养职业导演、演员、美工等。1936年5月，国内第一个职业剧团——中国旅行剧社在上海著名的卡尔登大戏院演出曹禺的剧作《雷雨》，大获成功。各地戏剧商人争相以聘请京剧名伶的待遇，邀请中国旅行剧团赴各地演出，话剧《雷雨》由此蜚声全国。《雷雨》的成功表明一方面话剧作为一种艺术形式已经被认可，另一方面商人认为话剧是一种可以营利的演出，这对话剧的职业化是一个巨大的推动。此后，曹禺的另外两部剧作《日出》《原野》相继在卡尔登大剧院首演，都获得了成功，"剧场戏剧"正式确立。卡尔登大戏院甚至一度专演话剧，由此获得了"话剧大本营"之誉。受此影响，1936 至 1937 年，剧场演出模式以上海为中心广泛流行，先后上演了《赛金花》(夏衍)、《大雷雨》(奥斯特洛夫斯基)、《罗密欧与朱丽叶》、《武则天》、《太平天国》(第一部《金田村》) 等中外剧目。自此，19 世纪末引入的话剧终于在上海扎下根，同电影、戏曲等一样，成为都市文化的一个重要组成部分。

三、流派纷呈的文学[1]

自晚清以来，随着上海印刷出版业和报刊业的发展，以市民阶层为主要读者群的通俗文学创作十分发达，社会谴责小说、言情小说（鸳鸯蝴蝶派等）在清末民初盛极一时，风行全国。但这时的作品在文学史上的地位并不高，其中一个重要原因是文学创作的一流人才，尤其是新文学创作的人才不在上海。五四新文化

---

1. 钱理群、温儒敏、吴福辉著：《中国现代文学三十年》，北京大学出版社 1998 年版；张大明著：《中国左翼文学编年史》，社会科学文献出版社 2013 年版；王文英主编：《上海现代文学史》，上海人民出版社 1999 年版。

海上繁华
(1843—1949)

运动之后，情况发生了很大的变化：一是北京文化界、教育界人士纷纷来沪，因其时北洋政府财政极度困难，无法正常支付教师薪水，同时政治方面又对文化界人士实施压迫，因此不少知识分子离京南下。鲁迅于 1926 年 8 月离京，辗转厦门、广州，1927 年 9 月来到上海；在北京为报刊写稿的沈从文、胡也频和丁玲也南下上海；此外，徐志摩、丁西林、叶公超、闻一多、饶子离、饶孟侃等也在这一时期先后来沪。二是参加过北伐的革命青年，如郭沫若、沈雁冰、蒋光慈、阿英、孟超等落脚上海。三是各地文学青年来沪，如来自东北的萧军、萧红等，来自四川的沙汀、艾芜以及来自湖南的叶紫等。四是留日学生沈端先、李初梨、成仿吾等回国来沪。此时的上海几乎集中了当时中国最有创作活力和最前卫的小说家、诗人、散文家和文艺理论家。

如此多不同创作主张和风格的作家同在一地、共处一时，加之上海发达的印刷出版业、报刊业和已发育成熟的市民读者群为来沪文学家和各路文学青年施展自己的文学抱负提供了舞台。他们在进行文学创作的同时，也办刊物、办书店，上海的文学创作呈现流派纷呈的盛况，上海因此获得全国文学中心的地位。[1]

1．左翼文学及其代表作家

"左翼文学""无产阶级革命文学""普罗文学（普罗列塔利亚文学）"是同义，主张文学是革命宣传的工具，文学创作要表现革命情绪，文学家要到民间去等。左翼文学起源于苏联，后传播

1．邱明正主编：《上海文学通史》（下册），复旦大学出版社 2005 年版，第 606 页。

到日本和欧美国家。中国左翼文学早期的两个团体——创造社和太阳社都是在这个潮流影响下出现的。

创造社于1921年6月在日本东京成立，最初的成员有中国留日学生郭沫若、张资平、郁达夫、成仿吾、田汉、穆木天、张凤举、徐祖正、陶晶孙、何畏等。随着郭沫若、成仿吾等人回沪，创造社的主要活动亦转到上海。创造社的文学活动以1925年为界，分前后两个时期。前期主张"为艺术而艺术"，强调文学必须忠实地表现作者自己"内心的要求"，讲求文学的"全"与"美"，推崇文学创作的"直觉"与"灵感"，比较重视文学的美感作用；同时又注重文学表现"时代的使命"，对"时代的虚伪与它的罪孽，不惜加以猛烈的炮火"。[1]创造社成员自己创作的作品，如郭沫若的诗歌、郁达夫的小说、田汉的戏剧，被认为是中国现代文学史上浪漫主义文学的一个高峰。1925年"五卅运动"以后，创造社转向提倡同情无产阶级的革命文学。

太阳社于1928年1月1日在上海成立，主要成员有蒋光慈、钱杏邨、孟超、杨邨人、杜国庠、洪灵菲、戴平万、任钧、刘一梦、顾仲起、楼适夷、殷夫、冯宪章、祝秀侠、迅雷、李平心、王艺钟等。同创造社一样，太阳社提倡革命文学，并与创造社成员之间就革命文学问题展开争论。

1930年3月2日，中共领导下的"左联"在上海成立，将上海的左翼文学推向高潮，涌现一批有影响的左翼文学家，著名者如

---

1. 成仿吾：《新文学之使命》，《创造周报》（第2号）1923年5月。

鲁迅、瞿秋白、茅盾、郁达夫、田汉、蒋光慈、冯雪峰、洪深、阿英、丁玲、周扬、胡风、夏衍、张天翼、沙汀、艾芜、叶紫、端木蕻良、田间、萧红、萧军、吴组缃、艾青、臧克家等。他们在小说、诗歌、散文、戏剧、电影的创作等方面都取得很大的成就，其中最具代表性的是茅盾、丁玲、萧红等人的小说创作。

茅盾早年投身革命，曾经参与中国共产党的创建。大革命失败后来到上海，专心文学创作，于1927至1928年间写成小说《蚀》三部曲（即《幻灭》《动摇》《追求》）。1931年10月至1932年12月，茅盾又完成了长篇小说《子夜》。《子夜》以民族资本家吴荪甫与赵伯韬之间的矛盾为贯穿全篇的主要线索，辅之以吴荪甫和家乡双桥镇农民的矛盾、吴荪甫和工厂工人的矛盾、吴荪甫和那些或有合作关系或有将之兼并的中小伙伴的矛盾，还有和家人的矛盾等线索，互相环绕，互相衬托，展现出一幅气势宏大的20世纪30年代的中国画卷。这部小说在思想内容方面和艺术上都有杰出的贡献，作为革命现实主义里程碑式的作品，被称为"中国第一部写实主义的成功的长篇小说"，开创了新文学的写作范式。《子夜》出版后轰动一时，三个月内重版四次。[1]

20世纪二三十年代的上海涌现了一批有才华的青年女作家，丁玲是其中之一。丁玲原名蒋伟，出生在湖南常德一个没落望族，1922年来上海入平民女校学习，1923年入上海大学中文系

---

1. 钱理群、温儒敏、吴福辉著：《中国现代文学三十年》，北京大学出版社1998年版，第222—227页；王文英主编：《上海现代文学史》，上海人民出版社1999年版，第203—211页。

学习。1923 年底，丁玲发表处女作《梦珂》，后陆续发表《莎菲女士的日记》《韦护》《水》《母亲》《一九三〇年春上海》（之一、之二）等。其中《莎菲女士的日记》是丁玲的成名作。这部小说中塑造的莎菲女士是一位受"五四"时期个性解放思想影响的时代女性，在她身上，有对反抗旧礼教、追求爱情和个性解放的无限憧憬，她的理想是有一位既有俊美外貌又有男子汉气概的爱人与她真正的两情相悦，但是理想和现实之间却存在巨大的反差。她所爱的男子一个百般依顺，没有男子汉气概；一个有着俊美外貌，但却是庸俗、空洞。于是她失望、愤懑、孤傲甚至任性乖张，喜怒无常。丁玲用细腻、大胆而又极富感情的笔调来刻画一位独立不羁的叛逆女性，具有相当强的艺术冲击力。

丁玲之外，另一位有代表性的左翼文学青年女作家是萧红。萧红原名张乃莹，1911 年生于黑龙江省呼兰县。青年时代历经坎坷，后结识萧军。1933 年，萧红与萧军合出小说散文集《跋涉》；1934 年完成中篇小说《生死场》后来上海。在鲁迅的帮助下，萧红创作的小说《生死场》被编入"奴隶丛书"出版，震动了上海文坛。《生死场》展示了九一八事变前后东北北部农村市镇的生活图景。在平常的岁月里，生长在这片土地上的人们，一如春花秋草，自生自灭。有的生得渺小、卑微，有的生得坚强，死得离奇，但是这些活得很卑微、很辛苦的人们，在日本侵略者的铁蹄之下，却焕发出异常的生命能量和光彩。萧红具有相当高的文学天赋，她的作品注重打开小说和其他文体之间的障壁，创造出一种介于小说与散文及诗歌之间的新的小说样式，自由地出入于现实与回忆、现实与梦幻之间，善于捕捉人、景的细节，并融入作者强烈的感情，风格明丽、凄婉，又内含英武之气。萧红的小说被誉为中国诗化小说的精品。

2. 后新月派、现代派及其代表作家

左翼文学兴起的同时，上海文坛还出现了两个文学观点和创作主张与左翼不同或者是针锋相对的文学派别，即后新月派和现代派。

后新月派的起源可追溯至 1923 年由胡适、陈源、徐志摩、闻一多、梁实秋等在北京成立的文学社团——新月社，成员主要是当时清华、北大的师生。以新月社为中心逐步形成了一个在中国现代文学史上颇具影响的新月诗派，涌现了一批有影响的诗人，其中著名者如闻一多、徐志摩、朱湘、饶孟侃、孙大雨等。他们致力新诗艺术形式的探索，促使新诗艺术上走向成熟。因不满北洋军阀的统治，加之北洋政府欠薪等问题，徐志摩等新月诗派成员南下，其中的一些人到了上海。他们以"新月书店"和《新月》月刊、《诗刊》为依托，又聚合起来，文学史上称其为后新月派。

后新月派和现代派在文学理论和创作方面均有所建树，前者的代表人物有徐志摩，后者的主要代表人物为戴望舒。

徐志摩先后就读于上海沪江大学、天津北洋大学和北京大学，后留学美国和英国。1922 年 10 月回国，在北大、清华任教，1926 年任光华大学、大夏大学和南京中央大学教授。1927 年，徐志摩与胡适、邵洵美等在上海创办新月书店；1928 年 3 月，与胡适、梁实秋等创办《新月》月刊；1931 年初，与陈梦家等创办

《诗刊》，任主编。1931年11月，徐志摩因飞机失事遇难。出版诗集《翡冷翠的一夜》《猛虎集》《云游》。

徐志摩是后新月派在诗歌创作方面的代表人物。他的创作追求的是"美"，即情感的美、形象的美和形式的美。他的诗歌不直接摹写现实，而是为委婉曲折地传达出外在的现实生活在内心世界所引起的激荡和波澜，通过艺术想象把内心的活动升华为诗，语言纯熟自然，形式富于变化，最能体现他的诗歌特色的是广为传颂的名篇《再别康桥》。"轻轻的我走了，正如我轻轻的来；我轻轻的招手，作别西天的云彩。"

现代派的重要代表人物是戴望舒。戴望舒1922年开始文学创作，1923年接触法国象征派，并产生兴趣。1925年秋，进入震旦大学法文特别班学习，与新感觉派小说的开创者刘呐鸥同学。1926年，戴望舒与施蛰存、杜衡创办《璎珞》旬刊，此后陆续发表诗作。戴望舒的诗歌创作深受法国象征主义诗歌的影响，通过暗示传达象征性美感，并且还将象征主义的诗歌音节和句式同中国古典诗歌的意象统一起来，"铺张而不虚伪，华美而有法度"[1]，这在他的成名作《雨巷》中有典型体现。这首诗采用了李璟的诗句"青鸟不传云外信，丁香空结雨中愁"的意象，与象征主义的句式结合起来：雨巷中丁香一样哀伤的姑娘唤起了读者的种种的微妙情绪，使得整首诗具有朦胧、神秘之美。象征派的形式和中国古典内容的统一，这是戴望舒对中国象征主义诗歌的

---

1. 杜衡：《〈望舒草〉序》，《现代》1933年第3卷第4期。

重要贡献。

3. 新感觉派及其代表作家

新感觉派主要是受欧美心理分析与意识流小说、日本新感觉派以及弗洛伊德主义等西方现代主义文学思潮直接影响而形成的文学流派，其中日本新感觉派对其影响最为直接。经刘呐鸥等人的介绍和提倡，日本新感觉派传入中国。

新感觉派的兴起是20世纪20年代后期上海城市文化一个引人注目的现象。它上接20年代张资平、叶灵凤等的性爱小说余绪，下连40年代以张爱玲为代表的沪港市民传奇，是海派文学承上启下的一个阶段。新感觉派之"新"在于其第一次用现代人的眼光来打量上海，它以独特的风格，新鲜的文体，来表达上海这个东方大都会的城与人的神韵。[1] 它不同于左翼文学特别注意表现人物形象的阶级特征和政治面貌，新感觉派更热衷于揭示人物的深层心理，通过对都市人心态的微观透视来反映个体的生存境遇和心灵感受，表现了一种对现代都市社会生活的焦虑体验，诸如人生的孤独感、漂泊感、失意感。新感觉派主张文学艺术的独立性，格外倾心于小说的语言、文体等写作技巧的探索和实验。代表性作家为刘呐鸥和穆时英。

刘呐鸥，原名灿波，笔名洛生。早年在日本东京青山学院专攻文学。1925年初来上海，入震旦大学法文班，与同样为日本新

---

1. 钱理群、温儒敏、吴福辉：《中国现代文学三十年》(修订本)，北京大学出版社 1998 年版，第 325 页。

感觉派所吸引的施蛰存、戴望舒、杜衡等人同学。1928年起向中国读者介绍日本新感觉派小说，并开始小说创作。刘呐鸥的主要作品收集在短篇小说集《都市风景线》中。他的小说，无论是从题材内容到形式技巧，都给人以全新的感受。他笔下的赛马场、夜总会、电影院、大旅馆、小轿车等都市空间以及舞女、水手、资本家、投机商、公司职员等都市人物，展现的是都市社会生活的繁华、喧嚣、灯红酒绿、纸醉金迷，这是以往的包括鸳鸯蝴蝶派小说在内的"海派文学"所不具备的。更值得一提的是，刘呐鸥是以感觉主义和象征主义的表现手法将西方现代派文学移入东方大都会，以现代的情感体会上海这个现代都市，注意融世界于感觉之中，使感觉对象化，对象感觉化，通过感觉来表现主体对世界的体验和把握，审美地发现了上海的"现代性"。其中《残留》运用内心独白，全篇意识流化，表现的是城市给人造成的极度压抑；《风景》是写现代机械的直线和角度的压力，竟迫使人们逃离城市，寻找人间的真实。刘呐鸥所"感觉"的上海，是五光十色的，又是混沌不清的，是充满活力的，也是冷漠、孤独、荒凉无边的。[1]

穆时英是刘呐鸥之外最为重要的新感觉派作家。父亲是银行家。幼年随父来上海，在上海读完中学和大学。大约1928年起开始创作小说。1930年起，穆时英在刘呐鸥创办的《新文艺》上发表小说，受到刘呐鸥的赏识，并开始受到新感觉派的强烈

---

1. 吴福辉：《都市漩流中的海派小说》，湖南教育出版社1995年版，第75—76页。

海上繁华

影响，创作新感觉派作品，先后出版小说集《公墓》(1933 年)、《白金的女体塑像》(1934 年)、《圣女的感情》(1935 年)。他最具代表性的小说《上海的狐步舞》《夜总会的五个人》《街景》等收入在这几部小说集中。

在新感觉派作家群体中，穆时英是后来者居上，"他是真正意义的新式洋场小说家，甚至因为年轻（比刘呐鸥小 12 岁），因为文字的才气，无顾忌的狂放风格，大胆的暴露性描写，你会觉得他有那么一点文字暴发户的味道"。他将新感觉派文体的表现手法运用得更为娴熟，其特点也发挥得更加淋漓尽致，他创造了心理的文学流行用语和特殊的修辞，用有色彩的象征、动态的结构、充满速率和曲折度的表达方式，来表现都市的繁华、金钱、性和罪恶。[1]不仅如此，穆时英作品展示的生活层面也比刘呐鸥更为广阔，特别是对社会下层生活的关注和同情。

穆时英被赞为"新感觉派圣手"，他的出现，使刘呐鸥开创的新感觉派走向鼎盛时期，"穆时英笔调""穆时英作风"风行一时，各种时尚报刊、画刊都可见模仿他的文字，正如文学史家所言："穆时英跳起'上海的狐步舞'，代表了海派中期的某种全新姿态。以他和刘呐鸥为主的'新感觉派'，将西方植根于都会文化的现代派文学神形兼备地移入东方的大都会，终于寻找到了现代的都市感觉。"[2]

---

1. 吴福辉：《都市漩流中的海派小说》，湖南教育出版社 1995 年版，第 77 页。
2. 吴福辉：《老中国土地上的新兴神话——海派小说都市主题研究》，王小明主编：《二十世纪中国文学史论》下（修订版），东方出版中心 2003 年版，第 23—29 页。

4. 通俗文学创作

一般认为，中国的近现代通俗文学是指以清末民初大都市工商经济发展为基础得以滋长的、在内容上以传统心理机制为核心的、在形式上继承古代小说传统模式的文人创作或经文人加工再创作的作品；在功能上侧重于趣味性、娱乐性、知识性和可读性，但也顾及寓教于乐的惩恶劝善功能；基于符合民族欣赏习惯的优势，形成了以广大市民层为主的读者群，是一种被他们视为精神消费品的、也必然会反映他们的社会价值观的商品性文学。[1]此处的"大都市"主要就是指上海。

自清末民初时起，上海就一直稳居中国通俗文学中心的地位。上海是通俗文学的创作中心和发表中心，并在市场强大推动之下，形成一波接一波的通俗文学创作高潮：首先是民国初年由徐枕亚的《玉梨魂》等作品开创的鸳鸯蝴蝶—礼拜六派言情小说创作潮流；接下来是由李涵秋的《广陵潮》开启的社会小说的创作热潮；进入 20 世纪 20 年代，武侠小说和侦探小说又大行其道，受读者狂热追捧。通俗文学的创作由此进入创作高峰时期，并且出现社会加言情、武侠加言情的新的创作潮流。这一时期最受欢迎的通俗文学作家是顾明道。

顾明道别署正谊斋主、石破天惊室主等。自小残疾，命运多舛。民国初年开始写小说。他的作品以哀情小说为主。1922 年出版《啼鹃录》，收入此前所写 18 篇哀情短篇小说，其中多描写才

---

1. 范伯群：《中国近现代通俗作家评传丛书·总序》，南京出版社 1994 年版，第 1—2 页。

貌双全的男女在包办婚姻摧残下形成的种种悲剧。1932 年前曾多次再版，颇受读者欢迎。1929 年后，开始发表长篇小说《美人碧血记》《红蚕织恨记》《哀鹣记》《茉莉花》，均极受欢迎，时人誉之为"写情圣手"。但是真正为顾明道赢得通俗文学史上地位的却是他的武侠小说创作。

近代的武侠小说始于 1923 年"平江不肖生"向恺然在《红》杂志上发表的连载小说《江湖奇侠传》，此后掀起武侠创作热潮。受此影响，顾明道也开始创作武侠小说。1929 年，应严独鹤之邀，在《新闻报》副刊"快活林"上连载小说《荒江女侠》，结果一鸣惊人，一年中重版四次，到 1934 年已重版 14 次，成为《江湖奇侠传》之后又一部轰动上海的武侠小说。将侠情结合起来是 30 年代通俗文学的流行趋势，张恨水的小说《啼笑因缘》也将武侠融入小说创作，但两相比较，《啼笑因缘》以言情取胜，《荒江女侠》则以武侠见长。此外，《荒江女侠》在创作技巧上也有创新，打破章回小说的陈腐老套，变换写作视角，采用的是第一人称限制叙事，突破传统章回小说全知全能的视角，使得依靠想象交织而成的想象世界具备了真实感、可信性。并且顾明道的小说虽然颇多言情、哀情、侠情之作，但绝无淫靡猥亵之词，时人誉之"抱以文士之职者，倾向人群至高至洁之情，创制世间至高至洁之文"。[1]

---

1. 王文英主编：《上海现代文学史》，上海人民出版社 1999 年版，第 391—392 页。

第四章
摩登时代（1900—1937）

第四节 现代都市生活

生活方式的变化是社会变迁的综合反映。中国传统上是一个农耕文明社会，人口中占绝大多数的是生活在乡村的农民，他们的日常生活基本是单调的日出而作，日落而息。在传统时代一些比较繁荣的城市和市镇，如苏州、成都、汉口，虽然也有茶馆、戏院一类的公共休闲场所，但是受城市的经济繁荣程度、人口规模以及公共设施缺乏所限，生活方式并未形成明显的城市和乡村差别。然而在近代上海这个现代工商大都市，从衣食住行到包括休闲娱乐在内的日常生活，人们的生活方式都发生了明显的改变。

一、日常生活 [1]

在中国传统时代，受经济发展程度和等级观念等影响，普通人的衣食住行比较单一，更是与展现个性与时尚无缘。但是在近代上海，衣食住行等方面都发生了适应现代都市生活的一些变化。

1. 服饰

中国传统时代，历朝历代普通人的服装从样式到面料都大体统一。在开埠通商之前，上海本地人的服装与其他地方一样，主

---

1. 本目撰写参考熊月之、周武主编《上海——一座现代化都市的编年史》（上海书店出版社 2007 年版）相关内容。

要的式样是满服。男性在正式场合穿长袍马褂，满族妇女穿旗袍，汉族妇女上衣下裙。但是自19世纪后期开始，受租界外侨的影响，上海人的服装开始发生变化，不仅使用外来进口的面料，而且采用西式的缝纫方法和款式，服装样式上越来越追求中西合璧，在穿着心理上也日益追求华丽、新颖、时尚，崇尚西式服装。在这个新的服饰潮流中，领先者是受约束较少的青楼女子。

自1854年租界华洋杂居之后，随着大量华人人口的涌入，妓女和妓院也出现在租界。因较少受中国传统观念的束缚，加之主要在租界活动，并且时常出现在公共场所，又有《游戏报》等娱乐性小报的追捧，妓女成为公众人物。她们出入公共场合之时，不仅着装艳丽，而且追求新颖、独特，因此成为早期上海城市时尚文化的引领者。如晚清时期，上海十大名妓之一的林黛玉穿大红织金衣，一时良家女子也纷纷仿效，金线织绣成为时髦服饰。除了妓女外，女学生也是新潮服饰的引领者。

因新式教育较早兴办，女子也可以同男子一样进入学堂接受教育，因此在晚清时期的上海就已经出现了女学生。这些女学生开始穿中西合璧女学生装。女学生装的特点是上衣较短，一般至腰节下部，裙子长及小腿中部，脚穿皮鞋。晚清时期，张春帆著言情小说《九尾龟》（第一百八回）中描述的女学生打扮颇为流行：

只见一个十七八岁的女子走上楼来，穿着一件淡湖色洋纱衫裤，上身却衬着一件杨妃色汗衫，梳着一条乌光漆黑的油松大辫，一双天然脚，穿着一双皮鞋，好像个女学生的打扮。

直到20世纪20年代末，这种女学生打扮仍然盛行。

民国以后，上海开始有自己所独创的流行服饰，最具代表性的是旗袍。旗袍原是满族人的服装，样式宽大，一统到底。但是上海人对其进行了改良。改良后的旗袍以满族旗袍为基础，采用西洋立体裁剪工艺，突出人体曲线，这种服装可以尽显女性身体优美曲线。受西方短裙的影响，旗袍的下摆提高到膝下，袖口趋小，高领，袍体合身。自20世纪20年代上海旗袍的样式定型之后，直至50年代，除了在裙服高低、领袖装饰等细节上略有差异外，旗袍的样式并无太大变化。

率先穿改良旗袍的是女学生。到了20世纪20年代末，时髦

胡蝶

阮玲玉

女性纷纷仿效，穿旗袍成为一种时尚。旗袍既可以作为礼服，又可以作为便服，四季皆宜，是当时职业女性的必备装束。入时的女性，除穿着合身的旗袍外，还烫发、穿长裤、配披风和毛线背心，或者是旗袍外加西式大衣，这是当时女子最时髦的装束。

旗袍之外，连衣裙也颇为流行。连衣裙的样式大都受西式服装影响，衣襟开衩有的在后面，有的在前面，也有的在两侧，一般为西式翻领，腰间紧缩，或加束腰带；还有的是上身低胸式，在当时也很是流行。

剪短发、穿高跟鞋是民国女子的时尚。中国女子向来留长发，但20世纪20年代以后，受西方电影的影响，女子流行剪短发，新的头饰也应运而生。放足以后的女子，穿长筒丝袜、欧式高跟鞋的装束曾经风靡一时。

与晚清时期不同，民国以后上海流行服饰的引领者主要是商业广告、月份牌美女、电影明星等。如电影明星胡蝶就多次参加服装展览会，穿着连衣裙、晚礼服等各种中西式时装，上海时髦女性争相仿效；另一位与胡蝶齐名的女明星阮玲玉则总是一袭旗袍加身，称得上是20世纪30年代上海旗袍的代言人。

上海男性服装也有很大变化。清末，除了买办以外，一些青年学生和留学海外的人开始穿西装。民国以后，青年当中穿中山装和西装的多起来。在正式场合，男子所穿的礼服有两种，一是大礼服，即西式礼服。另一种是常礼服，常礼服又分两种，一为西式的，与大礼服相似，不同的是要戴较低的有檐圆顶帽；另一种是传统的长袍马褂。在日常生活中，有人是完全西式打扮，有人为中西合璧的打扮，还有一部分人仍是中式打扮。南京国民政府成立以后，规定政府官员在正式场合穿中山装或长袍，但西装在上海仍是男子的主要装束之一，不仅买办、洋行雇员和留学生总是一身西装，连穿不起中装的人也喜欢穿西装。李伯元在他的小说《文明小史》中就写到上海滩上一位"洋装朋友"：

黄国民道："还是你们洋装好，我明天也要学你改装了。"洋装朋友道："改了装没有别样好处，一来裁缝可以省得不少，二来无冬无夏只此一身，也免得到了时候，愁着没有衣服穿。"黄国民道："夷场上的朋友，海虎绒马褂可以穿三季，怎么你这件外国衣裳倒可以穿四季呢？"洋装朋友道："不瞒你说，你说我为什么穿西装？只因中国衣裳实在穿不起，就是一身茧绸的，也得十几块钱。一年到头，皮的、棉的、单的、夹的，要换上好几套，就得百十块钱。如今只此一身，自顶至踵，通算不过十几块钱。"

上海富人的西装则十分考究。富人穿西装讲究胸要挺，腰要细，臀要饱满，穿在身上每一个部位都要与身体距离相等；同时他们还懂得西装的派别，如英国派、德国派、法国派等。

与西装流行相适应，民国时期上海大大小小的西装店也非常多。1930年代初就有数百家，从业职工达万人之多。

2. 居住

上海人的住宅多种多样。有欧式花园洋房、高级公寓，也有新旧里弄（即俗称石库门）、阁楼和棚户。欧式洋房、高级公寓集中在徐家汇和公共租界的西区（沪西一带），这里是富人居住区；

阁楼、棚户一般分布在厂区附近和城市的边缘地带，主要是工人、苦力等城市底层民众居住，如沪东杨树浦、沪西曹家渡的工厂附近，就是棚户集中的区域；石库门房子则是普通市民居住。近代上海，大约百分之七十的居民居住的是石库门房子。上海的住房始终十分紧张，特别是石库门和棚户区，极为拥挤。小报上的一首打油诗曾这样描述：

上海房价真不嘭，请听周瘦鹃先生说端详，一楼一底石库门，有时十户在里面。

替他们算算怎么住，列个表览在下方：

楼上前房一户张，楼上后房一户黄；楼下前房一户唐，楼下后房一户杨。

厨房改造一户庄，梯班阁楼一户桑；亭子间，一户郎，晒台改造一户嬬。[1]

上海住房紧张，不外这几种原因：

人口的大量涌入。上海是移民城市，而且移民的特点不是人口缓慢从农村中移入，而是因战乱等原因突然一拥而入。太平天国占领江南时期、义和团运动时期都带来上海人口迅速的增加。辛亥革命以后，内地难民不断逃往上海。1924年齐卢之战，江浙难民大批涌来，租界增加浙江难民将近50万。1927年北伐战争也使上海人口大大增加，直接导致住房紧张。

相对于人口的激增，城市空间有限。城市的居住环境不同于

---

1. 丹翁：《住房分租小唱》，《晶报》1927年7月3日。

乡村。居住在城市，需要交通、水电煤以及商业设施等。租界的基础设施优于华界，因此住房更加拥挤。据工部局 1937 年调查：单幢房屋每幢住 4 家的计 22 764 家，住 6 家的计 14 028 家，住 9 家以上的计 1 305 家，最多的一幢房屋住 15 家。[1]

住房越来越紧张也带来房屋租金持续上涨。民国以后上海就出现了一批靠转租房屋为生的"二房东"。二房东只是通常的说法，二房东的房客还会将所租的房屋转租、分租，就成为三房东；三房东的房客再分租、转租，成为四房东。为扩大空间增加分租，二房东还会改变房屋的布局，甚至增高搭建。1929 年一位市民曾上书市长，请求限制二房东分租，信中说："房屋分租，漫无限制，甚有单幢房屋分租七八户之多，原有灶间、客堂间改为房间，同时在楼上楼下装置阁楼，有将晒台搭成房间，分人居住。区区一屋居住数十人之众。"[2] 可见，前文引用的周瘦鹃的打油诗并非夸张。

上海特别市成立后，针对上海城区空间小且以租界为中心这种状况，实施"大上海计划"，主要的目的就是拓展城市空间，吸引租界人口流向新规划区，遏制租界向外扩张。

3. 出行

上海开埠早期，人们水路出行乘船，陆路可以代步的交通工

---

1. 陈训炘：《二房东》，《上海研究论丛》第 12 辑，上海社会科学院出版社 1998 年版，第 311 页。
2. 陈训炘：《二房东》，《上海研究论丛》第 12 辑，上海社会科学院出版社 1998 年版，第 311 页。

具主要是小车和轿子，后来又有了人力车、马车。随着城市道路的修筑和路况的改进，以及各种新式交通工具的引进，20世纪以来，人们出行越来越方便。汽车多起来，特别是公共交通的发展，公共交通网覆盖租界和大部分华界地区，这对上海城市的发展有特别的意义。

上海最早的汽车在1901年由西欧运抵上海，仅有两辆，由外侨驾驶。当时汽车还是很新奇的东西，乘汽车的主要还是外侨，租界当局将其作为马车征税。直到民国时期，汽车才多起来。民国元年，上海已经有汽车1 400辆。但汽车还是身份和地位的象征，拥有汽车的多为富商，一般人与汽车无缘。如工部局的第一号汽车牌照被宁波巨商周湘云出高价购得，著名犹太商人哈同因其汽车司机为第一号驾照，所以很想得到第一号汽车牌照，但周不肯相让。慑于哈同的势力，周湘云始终不敢乘坐这辆汽车，终年锁在车库里。

汽车多起来以后，上海也开始有出租汽车。出租汽车的收费分三种，一是以时间计费，二是以行程计费，三是以半天或全天计费。婚丧嫁娶以及火政处救火的车子，都用汽车，乃至于当红妓女出堂差，也以自备车子显示阔绰。

1900年后，上海城市人口激增，工业发展，城市生活节奏加快，原有的运输工具已经无法满足需要，加上人力车、马车等易造成交通拥挤，公共交通事业在上海出现。

上海最早的公共交通工具是有轨电车。1905年，英商上海电车公司成立，获得公共租界有轨电车和无轨电车的专营权。1908

方浜路附近开通电车

年，有轨电车开始在今南京路西藏路和延安路外滩间行驶，电车没有门窗，设备简陋。因当时有谣传说乘电车容易触电，所以第一次电车通行主要是演示给民众观看。当时乘坐的乘客共有24人，其中一半是外国人，华人有虞洽卿、朱葆三等。

到苏州河上外白渡桥、浙江路桥翻建竣工后，电车才全面通车。有轨电车的线路是以外滩为中心，一线向东到杨树浦，一线向西达静安寺，一线向北达虹口公园，一线循环于北火车站、南京路及虹口闹市之间，这样公共租界的主要道路间已经形成一个有轨电车线路网。1914年起，上海电车公司的无轨电车也开始在租界通行。

公共汽车直到20世纪20年代才出现。1922年华商董杏生向工部局申请开办公共汽车公司，所用车辆由卡车改装而来。公共汽车起初运行于静安寺、曹家渡和兆丰公园之间。两年后，英商中国公共汽车公司成立，拥有车32辆。至1932年底，已开通13条固定线路、5条机动线路。载客人数迅速增加，1937年八一三事变前已达3 580万人次。

1908年，法商电车电灯公司在法租界开通有轨电车线路3条，以后不断增辟，1916年已达7条之多。1926年10月无轨电车也开始在法租界通车，1927年又开辟公共汽车线路两条。

华界电车公司出现晚于租界，其经营完全仿照租界。1912年，为阻止外商电车公司向华界扩展，并促进南市的繁荣，上海本地华商陆伯鸿向上海县主管申请在南市开设有轨电车，创立华商电车公司。公司采取英、法两界电车章程，聘请德国工程师仿照办理，在南市中华路、老西门、沪杭车站和高昌庙陆续铺筑路轨。至抗战前，共辟有4条线路。1924年华界也有了公共汽车公司，即在闸北成立的沪北兴市公共汽车公司。该公司先后辟3条路线，但不久歇业。1928年，华商公共汽车公司取得在华界经营公共汽车的权利，此后华界公共交通也迅速发展。

公共交通使一般市民的出行更加方便，且比其他交通工具都快捷经济，如静安寺到外滩的有轨电车开通时票价仅2个铜元。与其他交通工具相比，公共交通可以同时运送许多人，它的出现也使整个城市的生活节奏加快，快节奏是现代都市生活的一个重要方面。

二、娱乐休闲 [1]

休闲和文化娱乐是城市必备的功能。世界近代著名的国际大都市，如伦敦、巴黎、纽约等，均在经济发展的基础上发展文化娱乐产业，并建有各种与城市地位和声望相匹配的公共娱乐设施。近代上海人口数量最多时高达三四百万，这意味着上海有巨大的文化娱乐需求。另一方面，现代的市政理念和高度发达的商业环境，又使得市民可以通过多种方式和渠道获得休闲和文化娱乐的公共设施，如公共租界和法租界以及上海市政府设立的公园、博物馆、图书馆，中外商人投资设立的游乐场、电影院、舞厅、跑马场、跑狗场。市民旺盛的休闲娱乐需求，更是极大地刺激了娱乐业的兴起，尤其是上海开放包容以及移民社会的特点，又使得上海的休闲娱乐种类极为丰富，有中国传统的各地民间戏剧、曲艺，更有各种来自西洋的以追求新奇、刺激为主要内容的娱乐，如跑马、跑狗、看电影、跳舞，等等。相当一部分娱乐设施收费低廉，开放程度高，适合不同欣赏口味和消费层次市民的需要，极具大众性，以致逛游乐场、看电影、跳舞被看作是上海都市生活的象征。

1. 逛游乐场

游乐场是综合性的娱乐场所，中国早已有之。每逢市集，民间杂耍艺人从四方赶来，各展才艺，观赏者不用买门票，随便给

---

1. 本目撰写主要参考王敏等著《近代上海城市公共空间（1843—1949）》（上海辞书出版社 2011 年版）相关内容。

海上繁华
（1843—1949）

些赏钱而已，北京的天桥、苏州的观前街就是中国传统城市里著名的游乐场。近代上海，各种形式的大众娱乐十分发达，各时期都有非常受大众欢迎的游乐场。晚清时期，张园、徐园、愚园等私家园林对外开放，是当时最受欢迎的室外游乐场；民国以后，游乐场更为兴盛，除了楼外楼、新世界、大世界、天外天、绣云天、小世界、神仙世界、大千世界等专门的游乐场之外，四大百货公司也都附设室内游乐场，先施公司的先施乐园、永安公司的天韵楼、新新公司的新新屋顶花园、大新公司的大新游艺场等，都曾盛极一时。

张园：晚清上海最著名的游乐场

张园地处静安寺路（今南京西路）之南，同孚路（石门一路）之西，旧址在今泰兴路南端。1882 年 8 月，寓沪富商张叔和自和记洋行购得这一地块，建私家园林"张氏味莼园"，简称张园。全园面积最大时达 61.52 亩，为当时上海私家园林之最。张园一改江南园林小巧而不开阔、重悦目而不重卫生的特点，仿照西洋园林风格，以洋楼、草坪、鲜花、绿树、池水为筑园要素。1893 年，又在园内建成一高大洋房——安垲第，安垲第分上下两层，开会可容千人，为当时上海最高建筑。安垲第的望楼登高，可以鸟瞰上海全景，极受来沪游客的欢迎。

自 1885 年起，张园对外开放。开放后的张园集花园、茶馆、饭店、书场、剧院、会堂、照相馆、展览馆、体育场、游乐场等多种功能于一体，游客如织。

张园绿化之好，草坪之佳，风景之幽，为沪上之冠。张园的

张园从私宅变成公园，图为 1908 年的安垲第

花展在当时就负有盛名。1891 年，张叔和邀请寓沪西人在张园中举办花展。花展期间，园中高挂各国彩旗，参赛之花的种类，数以百计，姹紫嫣红，满园芬芳。参观之人，摩肩接踵。张叔和还从世界各地引进上品奇异菊花数十种，在园内辟地种植，栽培点缀，花身之茂，高逾丈外，每株放蕊多至百余，大若巨盆，娇艳夺目。他更不惜重资，聘请日本莳花名手，扎就各种人物走兽，西式玩器，玲珑活泼，栩栩如生。据说"似此花样之奇，东篱之妙，不但中国从来未有，即合地球五大洲，将亦推为独一无双"。1897 年 10 月举办的一次菊花为主题的花会，更是盛况空前。

各种比赛、竞赛也常常把张园选作活动场地。1903 年秋，这

里举行了脚踏车大赛，华人赛程是一英里，设有贵重奖赏，参加者不限资格，只要交费五角即可，进场学习、练习者不取分文。同时，举行斗力新法竞赛，延请西国拳师比赛拳术。1909 年 12 月、1910 年 4 月，著名拳师霍元甲还在此设过擂台。

张园中还设有过山车一类的游乐设施。这个设施是筑高台临池，上下以车轮行铁路，用机关运动。游玩者登台以后，即坐小舟，自台上推下，投入池中。舟颠荡似悬空坠下，十分刺激。

张园还以洋气出名。许多没有推广的西洋物品，都先在张园展示。19 世纪末 20 世纪初，照相仍是很时髦的事。张园开放以后，张叔和把这一业务引进了张园，光华楼主人在园中专门开设照相馆。"每当春秋佳日，青楼中人喜至张园摄影，取其风景优胜，足以贻寄情人，视为普通赠品。"有人以《新四季相思》咏此事，其一曰：

春季里相思艳阳天，我的郎呀作客在天边。

拍一个照儿寄郎看，手执兰花朵朵鲜。

郎呀请看奴的雪白脸，可比去年圆。[1]

张园等私园开放后盛极一时，与晚清上海独特的社会结构有关。上海开埠以后，城市中心开始北移租界，但上海社会实际存在两个社区，西人社区与华人社区。西人有自己的公共空间，如总会、旅馆、戏院、跑马厅等。连每年看花展也是分开的，通常前两天是西人参观，然后才是华人参观。1868 年，上海租界最早

1.《妓女在张园拍照之高兴》,《图画日报》1909 年第 148 号。

的公园外滩公园建成，但《游览须知》第六条规定"华人无西人同行，不得入内"。其后，虹口公园、复兴公园、兆丰公园次第辟设，也都规定不许华人入内。不仅如此，其他一切西人公共活动场所，如跑马厅、各国总会，华人均不得随便入内。于是，张园这样对所有阶层、性别的人都完全开放的公共游乐场所应运而生。民国以后，随着大世界等室内综合性游乐场的兴起，张园才渐趋衰落。

大世界

1912年，上海出现了娱乐功能更为齐全的室内游乐场，并迅速风靡。据说创办室内游乐场是受到日本的启发。清末上海文人孙玉声游历日本，看到日本东京一些高楼的顶层辟为花园，附设游艺杂耍，引起他的兴趣。回国后，孙玉声向当时经营新新舞台的商人黄楚九和经润三讲述自己的见闻，黄楚九和经润三对此非常有兴趣，于是斥资在位于浙江路的新新舞台的五层楼顶建楼外楼游乐场，当年11月24日楼外楼游乐场开业。

楼外楼的主要游乐项目有杂耍、滩簧和大鼓。为招揽游客，特地安装通往楼顶的电梯，在入门处还装有荷兰进口的哈哈镜。这种哈哈镜可以把人照成千奇百怪的模样，而电梯对普通市民来说十分稀奇，因为在当时，除租界有少数外侨的楼房有电梯外，很多人对电梯都未见过，也没听说过，所以楼外楼这架以铁栅栏为栏门的老式电梯就成为稀罕玩意。每人掏两毛钱买票，就可以登上电梯，腾空而起，十分有趣。因而楼外楼一开业，即刻刮起了一股前往屋顶花园感受登高眺望城市景观的娱乐风尚，一时游客如云。1914年，黄楚九和经润三又在今南京东路西藏路口创办新世界，不久，经润三病死，黄楚九另建规模更大的游乐场——上海大世界。

黄楚九颇具经商才能，在创办楼外楼游乐场之前，他曾开办中法药房，研制"艾罗补脑汁"，获巨额利润。在开办游乐场的同时，还参与经营共发公司、三星舞台、中华电影公司、日夜银行、上海夜市物券交易所、大昌烟公司等各种企业。黄楚九投资建造的大世界也相当成功，被称为当时远东最大的游乐场。

大世界是一幢四层钢筋混凝土建筑，1917年建成。建筑多取园林景致，辟有风廊、花畦、寿石、山房、雀屏、鹤廊、小蓬山、小访庐山诸胜，另有招鹤、题桥、穿梭、登云四亭，供人游赏。1928年2月重建，外形改为爱奥尼亚式的红柱与奶黄色的楼窗，为中西结合的塔楼式古典建筑，总面积为14700平方米。入门即有12面从国外引进的哈哈镜，各楼分设共和亭、共和台、共和楼、共和阁和共和厅，加上原有的乾坤大剧场、文明新舞台、髦儿

大世界

第四章
摩登时代（1900—1937）

戏场等计 12 个场子，共 6 000 多个座位。另配有茶室、饮食部、小卖部、服务处等为游客服务。每天中午 12 时开放（星期日从上午 9 时起），游客买门票进场即可任意去各剧场和活动室观赏游玩，不受时间、场次限制，可一直玩至夜场结束。

大世界的娱乐项目极为丰富。据当时的娱乐项目目录，戏剧类表演有京剧、滑稽京剧、提线京剧、越剧、沪剧、淮剧、婺剧、扬剧、甬剧、锡剧、昆剧、绍兴文戏、电影、话剧、文明戏、皮影戏、木偶戏、滑稽戏等；非戏剧类表演包括大鼓、苏州评弹、本滩、苏滩、化妆苏滩、单弦快书、三弦拉戏、戏迷双簧、口技、鸟语口技、文明宣卷、太平歌词、小热昏、申曲、群芳会唱、连环春戏、魔术、杂技、幻术等；参与性游艺节目有秋千、飞船、升高轮、弹子房、哈哈镜、剪影、骑驴、电子游艺机、射击、魔宫、梦幻小屋、碰碰车、西洋镜等；此外，这里还有舞蹈、吉尼斯表演、看相、饮食、猜谜等，可谓百戏杂陈。游玩者各取所需，而且票价仅 2 角，十分适合普通市民。大世界的经营相当成功，每日游客可达万人，是沪上最著名的大众游乐场所，外地来沪游玩者必到之处。当时有"白相了大世界就等于白相了大上海"的俗语。

1931 年，黄楚九突然病逝，大世界遂由沪上著名帮会头子黄金荣接办。因 20 世纪 30 年代以后电影、跳舞、跑狗、溜冰等新的娱乐方式在上海的风行，大世界已不似 20 年代那样兴盛。作为近代上海最大、最负盛名的游乐场，大世界是 20 世纪 20 年代上海繁华的象征之一。

2. 看电影

电影最早由上海引入中国。1895 年 12 月 28 日，法国里昂的青年实业家路易·卢米埃尔在巴黎卡普辛路 14 号大咖啡馆的印度沙龙内正式放映电影《墙》《婴孩喝汤》《卢米埃尔工厂的大门》和《水浇园丁》等影片，这一天被电影界公认为电影时代的正式开始。1896 年初，卢米埃尔雇用了 20 多个助手，分派到世界各地去放映他的影片，同年，电影就来到了上海。一些法国摄影师在上海徐园的"又一村"茶楼第一次放映了电影（当时称"西洋影戏"）。1908 年，西班牙商人雷玛斯在虹口租用溜冰场（今海宁路乍浦路口），建造一座可容 250 名观众的简易电影院，取名虹口活动影戏院。这是上海也是国内第一座电影院。此后，电影院日多，至 1939 年，上海累计建成的对外公开营业的电影院 58 家，若包括游乐场自设的电影院，则达 80 多家。[1] 在中国各大城市中，上海电影院数量遥遥领先，1936 年，上海有电影院 36 家，而同年香港为 24 家，天津 23 家，广州 11 家，北平 10 家，武汉 9 家，[2] 其中著名者如雷玛斯创办的恩派亚大戏院和卢根创办的卡尔登大戏院。前者位于霞飞路（淮海中路）靠近八仙桥，后者位于跑马厅北派克路（今黄河路）。这两座电影院各有特点，一座票价低廉，一座高大宽敞，时人作《竹枝词》曰：

浊世休论爱与憎，且将电影作良朋。

---

1. 楼嘉军：《上海城市娱乐研究》，文汇出版社 2008 年版，第 87 页。
2. 楼嘉军：《上海城市娱乐研究》，文汇出版社 2008 年版，第 59 页。

便宜最是恩排（派）亚，轩敞无如卡尔登。[1]

此外，1925 年建于北四川路的奥迪安大戏院，建筑和装备不在卡尔登大戏院之下。1928 年以后，随着大光明大戏院建造，此后又有南京大戏院、国泰大戏院、大上海大戏院、沪光大戏院等多家著名电影院建成。这些电影院当中最为著名的当数有"远东第一电影院"之称的大光明大戏院。

大光明大戏院

大光明大戏院位于静安寺路（今南京西路），由潮州商人高永清与美商合资于 1928 年建造。1933 年，联合电影公司将其收购，并在原址重建。新建成的大光明大戏院号称"建筑现代化，装饰艺术化，设备贵族化，管理科学化，选片严格化，座价平民化"，被誉为"上海的电影皇宫"。[2] 新大光明大戏院（后文简称"大光明"）是一座高达 120 尺的钢筋混凝土框架结构的美国式现代建筑，南立面为大片玻璃窗及乳白色玻璃板雨棚。内部宽敞，设有五彩喷水泉，装饰兼具艺术与奢华特质。设施也十分先进，当时上海的电影院还在用电风扇降温，大光明耗巨资购买美国公司制造的冷气机，设备非常先进，空气冷暖度适宜，干燥均匀，堪与当时纽约最著名的派拉蒙大戏院相媲美。此冷气机每分钟用水 350 加仑，每天可溶水 140 吨，可出冰 40 万磅，"温度适中，四季皆春"。大光明还建有人工自流井，湿浊的空气可通过

1. 顾炳权编著：《上海洋场竹枝词》，上海书店出版社 1996 年版，第 253 页。
2. 《远东唯一大建筑大光明影戏院》，《申报》1933 年 6 月 13 日。

人工自流井的水量排出去。不管是在冬天和夏天，都足以使观众感到非常舒适。

大光明大戏院

大光明计有 2 000 个座位，宽敞舒适，是沪上座位最多的电影院，主要放映美国福克斯、米高梅、好莱坞的原版片，以与欧美几乎同步上映新片的首轮戏院著称。为便于观众了解剧情，在片中打上中文字幕，成为上海豪华电影院的先锋。大光明还效仿欧美高级影院，聘请专门的乐团伴奏配乐。1939 年，亚洲影院公司专门为大光明大戏院定制了一套"译意风"设备，在座位上安装"译意风"，可将对白大意译成中文传送给观众。

电影在上海最先受到比较有文化的知识阶层的欢迎。20 世纪 30 年代前半期，随着电影院的激增以及国产电影的兴起，看电影才逐渐成为各个阶层都热衷的大众娱乐。当时的电影院有首轮影院、二轮影院和三轮影院之分。首轮放映影片的影院，如大光明等，都坐落在租界，一般放映外国片，观众以外国人和上海的上流社会为主，票价在 1 元左右；二轮影院位于虹口，放映的主要是二轮外国片和国产片，票价在 6 角左右。家住虹口的鲁迅一家就经常前往一家名为爱普庐的电影院看电影。这家电影院位于北四川路海宁路，冬天有火炉，夏天有电扇，内部还设有包厢专座、丝绒帷幕、软座沙发等，并且雇有西人乐队随片伴奏以吸引观众。二轮电影院的观众以普通公司职员等为主。三轮影院主要分布在工人居住区，如东海大戏院，位于下海庙，那里的商市很萧条，完全处于工厂区域。除了室内电影院，还有露天电影放映，露天电影一般于夏季的6月到8月间，借用大厦或花园的屋顶来放映，其集消暑降温与娱乐于一体。是时，沪上的露天电影场有：圣乔治露天影戏院、雨园露天影戏场、凡尔登露天大影戏场、逸园夏令影戏场、花园电影院、巴黎花园露天电影场、大华屋顶花园露天电影院、跑马场影戏院、沧州饭店花园影戏场等。

电影在20世纪30年代成为摩登上海的代名词，看电影是上海大都市摩登生活一个不可或缺的构成部分。

3. 跳交谊舞

交谊舞（亦称"交际舞"）随着外侨的到来传入上海。1852年建成的礼查饭店就已附设舞厅，其后，英国总会、汇中饭店、一品香旅社、大华饭店均开设舞厅。但是那时跳舞主要限于外侨，扩散到华人当中、成为大众性的娱乐形式是在20世纪20年代以后。1922年，一品香旅社面向华人社会举办的交际茶舞，是华人社会舞风兴盛的标志。1923年，中国影戏公司在卡尔登影戏院开设卡尔登舞厅，这是中国人在上海开设的第一家营业性舞厅。1928年，作为独立经营实体的黑猫舞厅诞生，标志着上海舞业开始摆脱此前附着于旅社、百货公司的附属地位。此后，跳舞在上海风靡一时，成为与逛公园、看电影等相提并论的大众化娱乐。当时的报纸评论说："今年上海的跳舞热，已达沸点，跳舞场之设立，亦如雨后之春笋，滋苗不已。少年淑女，竞相学习，颇有不能跳舞即不能承认为上海人之势。"[1] 舞厅因此日增月长，至1933年，上海200多个娱乐设施中，舞厅最多，为39家；其次是电影院，37家。[2] 至抗战前夕，有10万以上的人以舞业为生。当时有四大最高档舞厅，即百乐门、仙乐斯、大都会和丽都，其中以位于静安区万航渡路和愚园路转角处的百乐门舞厅最为著名，有"远东第一乐府"之称。

百乐门舞厅

百乐门创办于交谊舞在上海最为风靡之时，投资者是丝商顾联承。1932年，顾氏看中了在公共租界西区静安寺有轨电车总站附近的一块土地，这里位于极司菲尔路和愚园路的转角处，街对面坐落着历史悠久的静安寺，毗邻公共租界西区的高档住宅区。顾氏看准了这块土地未来的商业潜力，坚信在这里建一座豪华舞厅能够吸引上层顾客，于是斥资70万购入，并聘请上海本地著名建筑师杨锡镠设计。这座舞厅取名为"百乐门大饭店舞厅"（Paramount Hall）。"百乐门"（Paramount）意为"至高无上"，寓意"通往百般快乐的门"或"一进此门可得千百种乐趣"。1933

1.《不擅跳舞是落后》，《小日报》1928年5月3日。
2.《全市公私立娱乐场所统计表》，《上海市教育统计》1933年8月。

百乐门舞厅

年 12 月 14 日，百乐门举行盛大的开业典礼，上海市市长吴铁城出席开业仪式，并且致欢迎辞，有数千宾客出席开业仪式。

百乐门是一座四层结构的建筑，平面呈 L 形，主入口坐落于极司菲尔路和愚园路的转角处，大门朝向愚园路。极司菲尔路上的翼楼包括一楼的厨房、商业门面以及二楼以上的宾馆房间和各种设备房；愚园路上翼楼的一楼都被设计成店铺门面，用于出租；二楼是有大舞池的主舞厅；三楼隔层是包厢层，中央有一个小舞池。

百乐门采用的是 Art Deco（装饰艺术）风格。这是一种外观华丽、充满现代精神的建筑风格，首次出现在 1925 年巴黎举办的"装饰艺术与现代工业国际展"，之后迅速在各国传播开来，是 20 世纪 30 年代世界建筑设计的潮流，在当时的美国十分流行，美国当时最典型的现代商业建筑，如纽约的摩天大楼就是采用这种风格。百乐门正面是流线型的立面，饰有垂直线条窗和简单的几何线，外墙贴满了橙色和棕色釉面板，中间镶黑色水墨石腰线。高达 9 米的玻璃灯塔顶逐层向上收缩，装饰着竖线条的霓虹灯。当夜幕降临时，从远处可以窥见霓虹灯散发出的耀眼荧光，霓虹灯五光十色的光影效果成为上海夜生活标志性的风景线。杨氏还采用装饰艺术元素以及色彩丰富的现代工业化材料，营造好莱坞式的梦幻想象。大门和门厅设计营造出大舞台的空间效果，让进门的客人仿佛置身于某部好莱坞电影片场，成为自编自导自演电影中的明星。

百乐门舞厅最具特色的是它的大、小两个舞池，大舞池即百乐门主舞池，可容纳 400 对宾客在这里翩翩起舞，"千人舞池"因此得名。除了规模之大，主舞池另一个显著特点是开阔的视野，主舞池采用的是钢骨架结构，舞池内营造了一个无立柱的大跨度空间，不仅在功能上能满足人们在其中跳交际舞的需要，而且满足观者一览无余的要求。此外，不同于中国传统戏园，百乐门还创造出开放、封闭交错的空间，宽敞的舞池周围有相对私密的空间，客人可以三五成群地围坐在一起。主舞场还以"弹簧地板"出名。为了让地板能够随着舞者的运动上下起伏，在舞池地板下安装了木质的圆轴和杠杆装置。这种"悬挑式弹簧地板"给予跳舞者极大的身体感官上的愉悦。位于三楼的小舞池则由五光十色的钢化玻璃制成，下设 5 万只红、黄、蓝、白、紫五种颜色的小灯泡，流光溢彩、绚丽异常。节奏急促的音乐响起，便开红灯；节奏舒缓的音乐摇曳，就开蓝灯。舞者随着踏踩的节拍，灯光变幻流转，给人以强烈的视觉冲击与感官刺激。

除了设计风格华丽，设施现代、豪华之外，百乐门还以一流的乐队著称。开业之初，聘请的是上海第一流的爵士乐队演奏，百乐门爵士乐一度颇负盛名。抗战胜利后，又聘请菲律宾乐队演奏。20世纪40年代后期，一些菲律宾乐师回国，百乐门又聘请当时正走红的华人乐队演奏，极受青年人追捧。

百乐门舞厅开业后，舞客除了在此体验时尚的西方交谊舞外，还能观看到与中国戏院不同的歌舞表演和外国节目。在上海人眼中，那些异国面孔、漂亮时装与百乐门独特的空间氛围所激发的好莱坞式的娱乐体验与西方美食美酒混合在一起，十分梦幻。在20世纪30年代，百乐门还举办一系列的跳舞大赛。如1934年举办的一场比赛中，舞者随着流行华语电影歌曲翩然起舞，观众观看他们的表演，并参与投票选出舞后。

豪华的设施加上一流的乐队，百乐门一时成为富家子弟、达官显贵、社会名流麇集之地，出入这家舞厅的主要是上海滩的巨商大亨、国民政府高官以及当地黑帮，这里是上流社会争奇斗艳、社交应酬的首选。百乐门舞厅最为兴旺之时，舞客的私家车从静安寺路一路停到常德路。1936年，喜剧大师卓别林偕夫人来沪参加一·二八战士纪念会，即使只停留一夜仍指定要去百乐门跳舞，由此可以看出百乐门的国际知名度。

百乐门舞厅兴建时，时值西方交谊舞风靡一时，跳交谊舞是摩登和时尚的都市人标志性活动之一，百乐门因其别具一格的建筑样式、观演方式、空间体验以及所承载的复杂的社会和文化背景，不断被大众媒体描摹和塑造，成为现代上海舞场文化的代表。[1]

百乐门舞厅开业后，很快也面临数量众多、风格迥异的中低档舞厅的激烈竞争。1935年，杨锡镠受托在大华饭店原址设计了一个中档舞厅——大都会舞厅；1936年，四大舞厅之一的仙乐斯也在跑马场附近开业，作为上海都市文化重要表现之一的舞场文化和都市夜生活亦随之达到顶峰时期，跳舞是摩登时代上海灯红酒绿的夜生活的构成部分。

第五节　国际大都市里的外国侨民 [2]

人口结构的多样性和一定数量的外国居民的存在，这是一座城市国际化程度的重要指标。在近代上海，一直生活着数量相当可观的外国侨民。1843年，上海登记在案的外侨为26人，1846年超过100人，1850年超过200人。1860年超过600人，1865年超过2 000人，1895年超过5 000人，1905年超过1万人，1915年超过2万人，1925年超过3万人，1931年超过6万人，此后几年保持在六七万人之间。1937年八一三事变以后，大批日本人涌来，上海外侨总数迅速膨胀，1942年达到高峰，为150 931人。这些侨民来自世界各地，国籍最多的时候达58个，

---

1. 参见张曦：《二十世纪三十年代的上海百乐门舞厅——一个现代娱乐建筑的建构与都市社会空间的拓展》，《新建筑》2017年第6期。

2. 本节撰写参考熊月之著《异质文化交织下的上海都市生活》（上海辞书出版社2008年版）；熊月之总主编，王敏主编《上海通史·第10卷·南京国民政府时期（1927—1937）》（上海辞书出版社2022年版）。

包括英、美、法、德、日、俄、印度、葡萄牙、意大利、奥地利、丹麦、瑞典、挪威、瑞士、比利时、荷兰、西班牙、希腊、波兰、捷克、罗马尼亚等。上海外侨主要居住在公共租界和法租界，其中英、美、德、日、葡人较多居住在公共租界，法国人、俄国人则主要居住在法租界，其他外国侨民在两租界都有居住。外侨多出于商业或传教目的来沪，他们的活动涉及贸易、航运、金融、工业、商业、医疗、新闻出版、教育、娱乐以及公共事业等各个方面，并且有相当重要的影响。不仅如此，外侨长期在上海生活、工作，并生儿育女，他们还将各自的生活方式、风俗习惯带到上海。虽然就数量而论，外侨在上海总人口当中不超过5%，但是在近代上海国际大都市的形成和发展过程中，外侨发生过重要的和不可替代的影响。他们是上海与世界紧密联系的纽带之一，他们的存在使上海城市经济深度国际化，城市社会高度异质化，更使上海国际大都市文化呈现多元性和摩登性的特点。

一、英美侨民

1843年上海开埠之后，最早到来的外国人是英国人。这年年底，在英国领事馆登记的来沪英国人26人，他们也是最早一批来沪外侨。此后，随着1845年英租界的设立，来沪英国人逐年增加，仅公共租界，1865年超过1000人（1372人），1895年接近2000人（1936人），此后增加更迅速，至1920年，居住公共租界和法租界的英国侨民达6000多人（6385人），最高峰出现在1935年，

海上繁华

达 9 000 多人。[1] 在 1910 年以前，英国人的数量在上海外国人中一直位居第一。

英美侨民经常光顾的英国总会

在上海，美国人通常与英国人并提，习称英美侨民，这不仅因为他们语言相通，更因为自 1863 年以后，英、美租界合并，他们在市政、居住、娱乐等方面难分彼此。20 世纪 20 年代以前，上海美国人人数通常为英国人的五分之一至三分之一；在租界社会文化生活方面，美国人处于英国人笼罩之下，多充当参与、附和、随从角色。20 世纪 20 年代以后，美国人有了自己的总会、学校等机构，在身份认同方面逐渐有明显区别。

英美外侨在沪主要活动之一是经商和投资办厂。1843 年上海开埠这年共有 5 家洋行，1844 年增加到 11 家，全部是英国人所开。1847 年上海共有 24 家洋行，其中 21 家为英国人所开，3

1.《上海租界志》编纂委员会编：《上海租界志》，上海社会科学院出版社 2001 年版，第114—115 页。

家为美国人所开。从 1843 年至 1859 年，上海先后有洋行 74 家，其中 44 家为英国商人所开，14 家为英属印度帕栖人所开，7 家为美国人所开。1865 年上海 88 家洋行中，英商 58 家，美商 6 家。1901 年底，上海外籍企业增加到 432 家，其中英商 194 家，美商 55 家。1911 年底，上海有 643 家外籍企业，其中英商 258 家，美商 59 家。[1]

随着进出口贸易的发展，船舶维修业应运而生，投资于船舶修造业的主要是英美侨民。1851 至 1852 年间，上海地区设立 6 家修造船舶的工厂和行号，即英资伯维公司、拉蒙公司、美里的士、彼得果刚、罗吉士以及美商杜那普在虹口设立的新船坞。19 世纪 60 年代，由英国人创办的浦东祥生船厂、美国人创办的虹口耶松船厂，开办资本都高达 10 万两，为以前其他船厂所不及。

1960 年代以后，国际垄断资本开始在上海直接建立自己的销售机构和生产机构。1894 年，美孚石油首销中国；1900 年，美孚公司在上海设立分公司，自营石油进口与销售。其后，美商亚细亚、德士古相继进入上海，成为垄断中国石油进口和销售的三大公司。1900 年，英国卜内门公司在上海设立东方总号，经营化学品进口和中国土产出口。1913 年，英商茂成洋行在上海设立分行，销售榨油机、挖泥机、起重机等。第一次世界大战前，英国资本在上海占有绝对优势，其对华投资的一半集中在上海，约占上海

---

1. 《上海租界志》编纂委员会编：《上海租界志》，上海社会科学院出版社 2001 年版，第 124 页。

外资的90%，控制了上海公用事业与房地产业。第一次世界大战期间，英国忙于战争，减少了对华商品输出，美国则利用这一契机，在上海连续开办一大批企业，包括慎昌洋行，专营美国商品，日后成为上海最大的外国洋行之一。一战结束以后，英国资本立即返沪。到1936年，英国在上海有170家洋行，占西方外商洋行的30.3%，占英国在华投资的59.86%；美国在上海有140家洋行，占西方外商洋行的25%，占美国在华投资的59.32%。

此外，英美商人还投资于出口加工工业、印刷出版业、饮食业、制药业及制皂、火柴、榨油、卷烟等行业，其中比较知名的有怡和纺丝局、旗昌丝厂、墨海书馆、字林报馆、美华书馆、埃凡馒头店、老德记药房、科发药房、屈臣氏大药房、美查制皂厂、燧昌自来火局等。至19世纪90年代，英美侨民涉足纺织业，在当时上海四大外资纱厂中，英美资本厂家占其三，即英资怡和纱厂、老公茂纱厂和美资鸿源纱厂。20世纪初期，仅怡和洋行在上海就有包括汇丰银行、怡和丝厂、怡和纱厂、公益纱厂在内的14家企业，美商投资的一些大型企业有1902年开设的花旗银行、1903年设立的英美烟公司以及美孚石油公司制罐厂等。

到1930年代，上海英商洋行逐渐形成四大集团，即怡和集团、沙逊集团、太古集团和卜内门集团，四大集团左右着上海的进出口贸易及航运、房地产、石油、公用事业等领域。美国则以慎昌、大来、美孚三大洋行最为出名。

1937年八一三事变以后，英美洋行开始转移资金，收缩经营。太平洋战争爆发以后，英美洋行被日本军队占领接管。抗日战争结束以后，原属英美洋行发还恢复经营。由于南京政府实行亲美政策，上海美商公司发展极为迅速。1946年底，上海有美商洋行256家，占上海洋行总数的48.9%；相形之下，英商洋行大不如前。1947年以后，由于中国政局变化，上海洋行大量减少，美商洋行减至182家。1948年以后外国洋行逐渐撤走，1950年上海尚有美国洋行60家。

英美侨民在上海的第二个重要活动是传教。为配合传教活动，来自英美国家的教会和传教士在上海创办过多家医院、多所学校，设立多家出版和文化机构，对于近代上海医疗、教育、出版的发展有十分重要的贡献，上海之所以成为近代中国医疗和教育、文化事业最为发达的地方，与此有很大关系。仅以教育和文化为例，近代上海最负盛名的高等教育机构和科学文化研究机构均为英美侨民所创办。

1857年由裨治文、艾约瑟、卫三畏等18名外侨在上海发起成立上海文理学会，会长裨治文。1858年9月，该会加入大不列颠及爱尔兰皇家亚细亚学会，并更名为皇家亚洲文会北中国支会，1872年在圆明园路、北京路路口建成会所。该会以调查研究中国为宗旨，调查研究的范围包括博物学、地质学、物理学、地理学、民族学、人类学、历史学、哲学、文学以及中国的政治制度、法律、中外关系等。文会出版学术刊物《会报》，建立图书馆和博物院，并举办学术演讲活动。1886年，文会理事会又设立了一个基金，资助关于远东，尤其是关于中国的课题研究。1910

亚洲文会老大楼

年以后，随着会所、图书馆、博物院的改善，参加学会活动的人越来越多，文会也由一个调查机构转变成为国际学术研究机构，不少来沪的中外著名学者、大学教授在此发表演讲。1933年，文会六层楼的新楼落成。20世纪30年代是文会发展史上最为兴盛的时期，会员人数达700名，遍布六大洲30多个国家，理事会成员经常来自五六个国家。文会的演讲会、图书馆、博物院都向公众开放。图书馆被认为是上海收藏关于远东及中国方面外文图书最多的图书馆，平均每月接待读者300多人次，1939年图书馆接待读者4.5万多人次。博物院最初以收藏自然历史标本为主，这一时期开始收藏中国文物古董、古画、刺绣、木工艺术品等，是远东地区中国生物标本和文物收藏最丰富的博物馆之一。博物院每天都免费向公众开放，来参观的人三分之一为外侨，三分之二为华人。此时的《会报》也有比较好的发展，作者日益国际化，有英、美、日、中、德等国的学者。据统计，1933至1935年刊登的论文来自7个国家。1933年起《会报》增设"汉学消息"栏目，介绍国际汉学研究动态及国际东方学消息。《会报》影响越来越大，受到国际学术界的重视，发行量在1 000册左右，被世界各地100多个图书馆、博物馆等文化机构、团体收藏，成为国际汉学研究的资源宝库。总体而言，20世纪二三十年代的亚洲文会已成为国际东方学，尤其是汉学研究领域的著名学术机构，它为各种学术机构、教育团体提供了学术交流的平台，成为中国境内外国侨民研究东方文化的主要中心。太平洋战争爆发后，文会活动暂停，1946年秋恢复活动，1952年文会关闭。[1]

二、法国侨民

仅就数量而言，上海法侨的数量并不很多。1848年，法国首任驻沪领事敏体尼携家眷6人和旅途中所雇用的一个仆人到达上海，成为最早定居上海的法国人。1850年上海只有法侨10人；1862年约有100人，包括9个妇女，6个家庭；1865年增加到297人；直至1910年，在沪法侨仍只有766人。民国以后，法租

---

1. 王毅著：《皇家亚洲文会北中国支会研究》，上海书店出版社2005年版，第14—27页。

海上繁华
（1843—1949）

220

界大扩张，法侨人数也稳定增长，1925年为1 174人，1936年达到2 554人，1946年为其最高点，共3 872人。居住在上海的法侨人口总数，在上海外侨人口中占第五位，前面四位依次为日本人、俄国人、美国人、英国人。[1]

上海虽然有法租界设立，但是上海法侨的数量始终不多，这与法国对法租界的定位有关。法国出于在远东战略利益的考虑，主要把上海当作其在远东的海军基地，因此不像公共租界那样重视发展贸易，法租界也因此发展比较缓慢，特别是工商业方面，远不及英美租界；又因为法租界实行的是领事独裁制，一些酷爱自由的法侨不喜欢居住在法租界，宁愿居住在公共租界。

法国人酷爱文化，法国文化举世闻名。来沪法侨中，有相当一批人在文化方面有所贡献。1865年，曾经在伦敦担任皇家剧院院长的艺术家雷米扎，在法租界成功地组织了一支交响乐团。1894年，著名建筑师肖洛主持建造了法国领事馆大楼，大量采用柱廊、游廊、阁楼和三角楣等文艺复兴时期建筑样式。1920年代，建筑师勒德罗、米努蒂、莱奥纳尔等合作设计、建造了法国总会。法国总会在建筑样式、用料等方面都赢得崇高声誉。整个建筑按照法国传统样式设计，具有法国式别墅风格，内有游泳池、舞池、弹子房、餐厅、厨房和酒吧间。舞池建造时，采用木框架结构，搁栅下放置小弹簧，踏上去略有下沉之感，此为上海第一家设置弹簧地板的舞厅；大楼南部是几个网球场和其他球类

---

1. 邹依仁：《旧上海人口变迁的研究》，上海人民出版社1980年版，第145、146页。

法国总会

的球场；临近霞飞路的是绿茵草地，网球场西侧是一片茂盛的树林，室外面积约2万平方米。这一建筑被称为"东方大都会最美丽的建筑物，显示了艺术的非凡魅力和法国的欣赏趣味"[1]。此外，法侨对上海医疗、教育、文化等方面也有比较突出的贡献，特别是法国天主教耶稣会士在徐家汇所设立的教堂、学校、天文台、藏书楼等设施和机构，使这一区域成为上海最具欧陆文化底蕴的地方。

上海地区同天主教耶稣会有比较特殊的历史渊源。早在明朝万历年间，就有天主教耶稣会士郭居敬、潘国光等来上海地区传教，他们建教堂，并发展了不少教徒。至清朝雍正年间，清政府采取禁教政策，但到上海开埠之时，上海地区仍有一些世代信奉天主教的教徒。因此法国天主教耶稣会士来沪之后，传教活动很容易就开展起来，他们在上海建有许多教堂、学校、医院以及天文台、博物院、藏书楼等科学研究和文化机构，其中徐家汇教堂

1. ［法］居伊·布罗索莱：《上海的法国人（1849—1949）》，曹胜梅译，熊月之、马学强编：《上海的外国人（1842—1949）》，上海古籍出版社2003年版，第108页。

海上繁华
（1843—1949）

为其中最为著名者。

徐家汇天主堂有旧堂和新堂之分。旧堂建于 1851 年，地点在徐家汇。那时的徐家汇是一个小村庄，居住于此的主要是徐光启的后人。法国耶稣会传教士南格禄从徐姓教徒那里获得一块土地，建立耶稣会会院。之后又接受常熟一位教徒的 8 000 银圆捐献，在此建立教堂。1853 年 7 月，教堂竣工。教堂以耶稣会创始人依纳爵为主保，故称"圣依纳爵堂"。19 世纪末，随着徐家汇天主教徒人数的增加和设在徐家汇的耶稣会会院成为江南传教区的领导中心，主教倪怀纶和姚宗李决定建一座新的教堂。1904 年教堂开始动工；1910 年 10 月新教堂落成，举行祝圣典礼。新教堂奉圣依纳爵为主保，旧教堂改奉始孕无玷圣母为主保。新教堂

1910 年建成的徐家汇大教堂

为法国中世纪哥特式教堂建筑，占地面积 6 700 多平方米，建筑面积 2 690 平方米。平面为 T 字形，大门朝东，深度 79 米，连同两个侧厅宽 44 米。堂高 28 米。正门有浮雕圣像。两侧钟楼南北对峙，尖顶铺淡紫灰色石片瓦。红砖外墙，墙基用青石勒脚。四周水落接头处以兽形装饰。尖拱门窗樘，铅条彩色圣像玻璃窗，所有线脚、花饰、雕刻均为大理石。室内大方砖铺地，走道地坪以花瓷砖铺筑。堂内有大小 64 根立柱，每根由十根小圆柱并合而成，悉以金山石精刻细凿。门窗皆尖券式，有彩绘玻璃窗。该教堂可容纳 2 500 多人，为远东最大的天主教堂。

三、俄国侨民

俄国侨民比英美侨民和法国侨民来上海的时间要晚一些，在上海租界辟设之初 20 年内，没有一个俄国人在上海常年定居，只是偶尔有几艘俄国军舰途经上海，官兵上岸作短暂停留。19 世纪 60 至 80 年代，上海开始有零星俄侨居留。19 世纪末，俄侨数量开始增加，1895 年为 28 人，1900 年为 47 人。1904 至 1905 年日俄战争以后，上海俄侨增加较快，1905 年上海有俄侨 354 人。[1]此后至第一次世界大战爆发的 10 年间，公共租界内俄侨人数稳定在 360 人左右。这时的俄侨多数是为经商而来，在上海开设华俄道胜银行、义勇舰队公司、东亚公司以及几家经营茶叶、丝绸

1.《上海租界志》编纂委员会编:《上海租界志》，上海社会科学院出版社 2001 年版，第 128 页。

海上繁华
（1843—1949）

等商品的商行。1917年俄国十月革命发生后，大批俄国贵族逃来上海避难，此后上海俄侨大幅增加，数量仅次于日侨。

大批俄国贵族来到上海是在1918年12月，当时有上千名俄国贵族乘英国公司邮轮到达上海。由于他们与苏维埃政权为敌，故称白俄。此后不断有俄国人来沪，最高峰出现在1942年，当时上海有俄侨约2.1万人。

俄侨主要居住在法租界，比较有社会地位和经济实力的俄侨居住在法租界比较有名的公寓里，如培恩公寓、康绥公寓、新华公寓、永业大楼等，但绝大多数俄国侨民散住在中国人居住的新式里弄。

俄侨一般受过良好的文化教育，他们在上海立稳脚跟以后，多数从事文化和艺术方面的工作。至20世纪20年代末，上海一流医师、建筑师、工程师中，俄侨已占十分之一以上。有些俄侨在本国时就是著名的艺术家，他们来到上海后，其艺术才华很快就引起人们的注意。20世纪20年代以后，公共租界工部局乐队成员俄国人占60%。1926年成立的法租界公董局管乐队中，大部分也是俄国人。1927年成立的上海国立音乐专科学校中，扎哈罗夫、托姆斯卡娅等俄侨专业音乐人员担任教员，其外籍学生几乎全是俄国人。谢罗夫、曼热莱、埃利罗夫等大批俄侨芭蕾舞演员定居上海后，20世纪30年代上海的芭蕾舞剧盛极一时。俄国画家也大展才华。1918年卡尔梅科夫在汇中饭店举行画展，让上海市民首次领略了俄国绘画艺术，其后波德古尔斯基、基奇金等许多俄籍画家相继在上海开办画展。俄侨美术家参加上海许多大型建筑物的设计装饰工作，波德古尔斯基参加设计的沙逊大楼、法国总会，亚龙设计的法租界内圣尼古拉耶夫古教堂，利霍诺斯设计的圣母大教堂等，都在上海建筑绘画史上留下浓重的一笔。

此外，还有相当多普通俄侨从事的是与华人有密切关系的商业活动，比如女帽头饰业、女服童装制作业、男子服饰、面包房和西式食品、钟表和珠宝首饰业。仅1926至1928年，俄侨在霞飞路（今淮海中路）就开设了近20家小百货店、30家服装店、10家食品店、5家大型糖果店、5家药房、5家钟表首饰店、5家理发店，还有许多小吃店、饮食店、糕点铺、报亭、照相馆、花店等，为数众多的俄国餐馆遍布于大街小巷，使得俄国大菜很快风行起来。这些行业的服务对象有相当部分是中国人。俄侨与中国人謦欬相闻，对俄罗斯文化与中国文化的交流有着重要的意义。

四、犹太侨民

犹太侨民是上海外侨中的特殊群体。1938年之前，上海犹太侨民或来自中东，或来自俄罗斯，人数也不多。1900年前，上海有犹太人14人，1914至1919年为116人，1934年增至1 671人。[1] 最早进入上海地区的犹太侨民为赛夫拉迪犹太人，又称巴格达犹太人，早在19世纪中叶就由巴格达取道印度前来中国。他们多属富裕阶层，居住在苏州河以南的公共租界和法租界，其中

---

1. 《上海租界志》编纂委员会编：《上海租界志》，上海社会科学院出版社2001年版，第131页。

以沙逊家族为先驱。

伊利亚斯·大卫·沙逊出生于巴格达。19世纪中叶将其业务扩展至中国及印度，1850年以上海为总部建立沙逊洋行，在上海发展成为远东最有权势的家族，极盛时有700人。其他著名犹太家族还有嘉道理、亚伯拉罕、沙乐门家族等。

上海另一部分犹太侨民为阿兹肯纳齐犹太人，又称俄罗斯犹太人，原居住在中欧、东欧、北欧地区。阿兹肯纳齐犹太人因欧亚社会政治巨变而涌入中国，并移居上海。起初在1895至1904年，少量阿兹肯纳齐犹太人由俄国迁入中国，最初多定居于哈尔滨，少数人继续南迁。俄国十月革命发生后，有一批阿兹肯纳齐犹太人南迁，至1924年有800—1 000人在上海定居。1931年以后日本侵略东三省，在经济上排挤所有外国势力，原居东北的阿兹肯纳齐犹太人又有一些人移居上海。

1938年以后，纳粹德国加大对德国、奥地利、波兰等国犹太人的迫害，使得大批犹太人移居他地，上海作为二战时期世界上唯一可以不持护照允许进入的城市，接纳了大批犹太难民。原居欧洲的犹太难民，先后通过海路和陆路两种途径抵达上海。先是在1938年底至1940年6月，犹太难民坐船从意大利里雅斯特到亚历山大，穿过苏伊士运河或绕过好望角到达孟买、香港和上海；由于意大利参战，犹太难民无法继续从海路出发，只能穿越俄罗斯，经过西伯利亚，进入中国，最后抵达上海。上海犹太人最多时高达2万人。

来沪犹太难民相当部分居住在虹口提篮桥、华德路、百老汇路一带。这一带房租相对低廉，食品等价格便宜，多数贫困的犹太难民聚居于此。上海犹太难民救援组织先后在虹口地区建立了7个难民中心，其中华德路难民中心规模最大，能容纳上千人，还设有难民医院和产科医院。1943年2月，侵沪日军宣布对上海地区的犹太难民施行隔离政策，将所有犹太难民强制迁入虹口隔离区内。1944年1月的统计数字显示，隔离区内难民总数为14 245人，其中德籍8 114人，奥地利籍3 942人，波兰籍1 248人，捷克籍236人。[1]在虹口隔离区内，犹太难民依靠自身努力勉强度日，开设了300多家店铺，包括服装店、餐饮店、旧货店、食品杂货店、裁缝店、书店、陶瓦器店、药房、电器行、皮革店、皮货店、照相馆、橡胶厂、旅店等。

聚集在虹口的犹太难民，因语言不通，平时与当地中国居民并没有多少往来。但一个突如其来的事件一下子拉近了华犹居民的距离。1945年7月17日，美军飞机误掷炸弹于虹口，令数百名中外平民葬身瓦砾，其中死者250名，犹太难民有31人；受伤者500人以上，犹太人居其半。在犹太医生设立的急救站里，受伤的中外居民得到了及时的救护。犹太难民迅速组织起一支防备有人趁火打劫的护卫队，上海居民也给那些受轰炸后无家可归的难民送去食品，并向一些收容所捐款。中国人与犹太人，由于患难与共而变得情意融融起来。

---

1. 《上海租界志》编纂委员会编：《上海租界志》，上海社会科学院出版社2001年版，第132页。

太平洋战争爆发后，日军进占公共租界，犹太难民生活状况进一步恶化。抗战胜利以后，在国际难民救援组织安排下，犹太难民陆续离开上海，前往以色列、美国等国家。

五、日本侨民

上海日本侨民出现较晚。日本在锁国时代，国家不鼓励人民向外拓展，日本船只不能驶往外国，在外国定居的日本人也不能归国，违者将被处以死刑。1868年，日本明治政府开始维新变法，放开对外贸易，人们可以自由选择职业，并允许西洋船舶私有。这些措施促进了日本人向海外的拓展。1871年，中日两国签订《中日修好条规》和《中日通商章程》，规定两国既经通好，所有沿海各口岸，彼此均应指定处所，准听商民来往贸易。此后，日本开始有人来上海发展，但人数不多，规模不大，20年间不到1 000人，多为小商贾、小职员，以及为外侨服务的侍妾、仆役等，对上海社会影响不大，也不为上海人所重视。

20世纪以后，由于日本在华投资增加等多种因素的刺激，上海的日侨快速增加，1903年超过2 000人，1915年居住在上海的日侨达11 457人，超过英侨，居上海外国侨民第一位。1923年上海—长崎定期航线开设，日本侨民来沪人数增加更快。1926年，上海日本人超过2万人。1932年日本发动一·二八事变，1937年发动八一三事变，疯狂侵略上海，上海日侨人数迅猛增加。1938年超过3万人，1939年超过5万人，1942年高达94 768

人，超过所有其他国家外侨人数总和。[1]抗战胜利后，日本无条件投降，在沪日侨除少量技术人员被上海市社会局留用外，其余全部遣返回国。

在大多数时间里，日本侨民的职业占多数的是公司职员、银行职员、店员、事务员，其次是商品销售业，其他职业有家庭用人、雇员。其中比较富有的上层侨民是商社老板、银行分社长、分行长及高级官员、公司经营者，他们居住在公共租界中心地段或法租界；中间层侨民以在纺织公司、银行、商社中供职的薪给人员为主，大多数住在公司、银行或商社的住宅里；下层侨民包括从事小商业、家庭工业、饮食服务业、各类杂业以及无职业者等一般平民，主要居住在虹口和闸北一带。

世界各地的日本人内聚力都很强，上海的日侨也不例外。上海日本侨民大部分居住在苏州河以北的虹口一带，特别是以吴淞路和北四川路为中心的公共租界北部边缘。这一带由于日本人密集，被习称为"日本人租界""日租界"或"小东京"。日本人在这里开日本商店，办日本学校，出日文报纸，建日本医院，开日本料理、旅馆，设日本公园、神社、寺庙等。1907年，日本侨民设立自治团体上海居留民团，负责管理日本义勇队、上海居留民团立学校、日本人墓地、火葬场、卫生防疫等。日侨社区事实上成为租界中的租界，成为与外界相对独立的地区。

与其他国家侨民相比，上海日侨同中国人的关系比较特殊。

---

1. 参见邹依仁：《旧上海人口变迁的研究》，"表56、57、58"，上海人民出版社1980年版。

19 世纪中后期，日侨在上海人数既少，从事的行业也多卑微，除了一些文化人受到一定程度尊重之外，日侨在中国人眼里，没有什么显山露水的特别之处，多被看不起。20 世纪初，日侨在上海已经很成规模了，但是，由于日侨自成一体，与中国人接触不多，所以，一般人对日侨生活状况并不熟悉，一般中文传媒对日侨也很少报道。中国人与日侨直接打交道的重要场所是工厂。第一次世界大战以后，日侨在上海设厂增多，中国人在日侨所开工厂里工作的人也增多，两国人接触日多，中国人对日侨的感觉、评论自然也多了起来。由于日本老板对中国工人多为苛刻，所以中国人一般对日侨少有好感。1931 年以后，特别是 1937 年以后，日本大举入侵，先是占领华界，继而占领整个上海，相当多的上海日侨或直接参与侵略活动，或以各种方式支持侵略活动，成为中国人敌视的对象。

第四章
摩登时代（1900—1937）

第五章 战时上海
（1937—1945）[1]

从 1937 年 8 月八一三事变爆发至 1945 年 8 月抗日战争结束的 8 年间，是上海历史上一个十分独特并具有转折意义的时期。在经历了 4 年"孤岛"期之后，日军于 1941 年 12 月 8 日太平洋战争爆发当天进入并实际控制了公共租界。两年后，汪伪政府于 1943 年 7 月底从日本手中"接收"了公共租界和法租界，在上海存在了近百年的租界至此结束。

---

1. 本章撰写参考熊月之主编《上海通史·民国政治》（第七卷）、《上海通史·民国经济》（第八卷）（上海人民出版社 1999 年版）相关内容及其他相关研究成果。

1937—1945

第一节 "孤岛"时期的上海

1937 年 11 月淞沪会战后，国民党撤出上海，上海华界和苏州河以北的公共租界被日军占领，上海沦陷。此后直至 1941 年 12 月 8 日太平洋战争爆发，日军并未进入苏州河以南的公共租界和法租界，而且公共租界亦宣布中立，因此形成了奇特的"孤岛"局面。这一时期史称"孤岛"时期。"孤岛"时期的上海是国民党重庆政府、日伪乃至中共等各派政治势力角逐的场所；另一方面，与其时中国其他地方的战火四起相比，上海因两租界的存在相对平静、安全，大批人口涌入，加之公共租界与外部的经济联系并未完全中断，"孤岛"时期的上海经济竟然呈现出奇异的繁荣景象。

一、八一三淞沪战役与上海沦陷

1937 年 7 月卢沟桥事变发生后，日军在平津地区的轻易得手助长了日本军国主义的侵华气焰，表现出迅速占领华北进而迫使中国屈服的野心。以蒋介石为首的南京国民政府对其时日军侵华形势的判断是，日本下一步侵华步骤便是沿着平汉铁路南下，占领武汉，再沿着粤汉铁路南下广州。这样，日本将依托占据贯通南北的铁路大动脉，将中国分隔东西两块，进而将主要依托于东南沿海地区的南京国民政府消灭，最终灭亡中国。据此，蒋介石一方面寄希望于英、美、法等列强调停的同时，决策在上海地区与日本进行会战，其时上海是首都南京的门户，也是列强在中国的利益集中地和国际关注的焦点。中国军队在上海地区作战，必将引起国际上的广泛关注，中国亦以向国际社会表现抗战决心争取国际舆论的支持。且中国军队在上海能打胜最好，如果不能打胜，则可以用空间换时间，逐步退守西南，迁都重庆，为打持久战做准备。而日军挑起的八一三事变就成为这场会战的前奏。

1937年8月9日晚，日本海军陆战队两名士兵，无视中国卫兵警告，驾车冲闯虹桥中国军用机场，并打死机场保安队员。中国守军还击，将二人击毙。日方增兵调员，以"虹桥机场事件"为借口挑起战事。13日上午，一支日军便衣队窜入横浜路上海保安队防地，与保安队发生交火。下午，日军向八字桥等处的中国守军发起进攻，中国军队奋起抵抗，这就是八一三事变。淞沪会战大幕就此拉开。

淞沪会战是抗日战争时期中国组织的第一场大会战，至1937年11月11日结束，经过四个阶段：

第一阶段，中国军队进攻阶段。8月14日，中国军队向虹口一带日军发起全面攻击，逐渐缩小包围圈。中国空军袭炸黄浦江上的日舰和杨树浦日本海军陆战队司令部。中国空军与日本航空队激烈空战，日机被击落、击毁3架，但是对日海军陆战队司令部的攻击，因缺乏重武器而未能奏效。蒋介石为首的军事委员会决定增兵上海，扩大沪战规模，划定淞沪、苏南与浙江沿海为第三战区，任命冯玉祥为第三战区司令长官。

第二阶段，抗击日本援军阶段。淞沪战役开始后，日军向上

海上繁华
（1843—1949）

海增援，以松井石根为司令官。8月23日，增援的日军分别在长江岸边的川沙河口与黄浦江张华浜、蕴藻浜等处登陆，战斗重心由闸北、虹口移至月浦、罗店、吴淞、宝山一带，战线也从开始时的10公里延长至50公里左右。双方展开了登陆与反登陆的激战。经过两个多星期的殊死搏斗，9月7日至12日，宝山、月浦、杨行相继被日军占领。11日，中国军队撤至北站、江湾、庙行至蕴藻浜一线。

第三阶段，中国淞沪前线部队进入守势，在北站、刘行、罗店、浏河镇一线抗击日军。9月21日，蒋介石亲自兼中国第三战区司令长官，并继续增兵上海。中国前线各守军英勇拼搏，与日军逐村逐屋争夺，牺牲惨重。10月1日起，中国军队退守蕴藻浜南岸即陈家行、广福、施相公庙、北新泾镇、浏河一线。

第四阶段，中国军队持续退防，顽强抵抗。10月2日以后，中国军队在北站、江湾、蕴藻浜沿岸、陈行、浏河镇一线抵抗。日军持续向南进攻，中国军队阵地不断被日军摧毁，兵员伤亡急遽上升，只能不断地以新开到的部队来接替损耗极大的部队。26日，沪西重镇大场失守，中国守军放弃北站至江湾间阵地，向苏州河南岸转移。转移过程中，孙元良师第524团团副谢晋元奉命率该团第一营官兵400多人（号称800人）坚守闸北四行仓库，血战四天四夜，击退日军6次进攻，掩护大部队转移。完成任务后，该部于10月31日撤退到苏州河南的公共租界内。11月5日，新增日军在杭州湾全公亭等多处强行登陆成功，随后占领金山卫、亭林镇、松江、枫泾等处，与苏州河北面之日军对苏州河南岸之中国军队形成合围之势。中国军队被迫向西撤退。11月11日，上海除了苏州河以南的租界部分，全部落入日军之手。时任国民政府上海市市长俞鸿钧宣告上海沦陷。

淞沪会战自1937年8月13日起，至11月11日结束，历时近3个月，是中国抗日战争史上20多次会战中，发生最早、最为惨烈、最具战略意义的一次会战。淞沪会战期间，上海各界表现出高度的爱国精神和抗日热情，成立战地服务团、救护队、慰劳团等各种临时性组织，积极参与抢救伤员、运输军需、助筑工事、护送难民，有力地支持了中国军队。

八一三事变后日军对上海的进攻和随后展开的淞沪会战，给上海造成巨大的破坏和损失。这是日本侵略者在中国最大的现代

八一三战火后的闸北宝山路

化都市发动的一场城市攻坚战，战场扩及上海华界绝大部分地区和租界部分区域，日军运用了飞机、大炮、军舰和坦克等现代化重型武器，给上海带来了巨大的灾难。日军残酷的屠戮和蹂躏，致使上海居民生灵涂炭、人口数量锐减。据研究，八一三淞沪战役导致的直接人口伤亡 7 万余人。[1] 而惨烈的轰炸和焚烧，又使得上海居民财产遭受严重损失，工厂建筑和公共设施被损毁，导致经济凋敝、百业萧条，上海遭到了史无前例的重创。

二、"孤岛"形态的形成与抗日锄奸

1. "孤岛"形态的形成

1937 年 11 月 11 日，中国军队从沪西阵地撤离，日军占领了虹口、闸北、南市、浦东和周边郊区，但是并未占领苏州河以南的东至黄浦江，西达法华路（今新华路）、大西路（今延安西路），南抵民国路（今人民路），北临苏州河的公共租界和法租界地区。上海租界是英、美等列强在华经济利益的集中地，由于其时复杂的国际关系，加之日本并未对英、美宣战，因此在淞沪会战后期并未进攻租界。另一方面，中国军队西撤后，1937 年 11 月 13 日，公共租界工部局总董代表租界当局宣称，工部局保持中立立场，在中日战争中不偏袒任何一方，对双方在租界内的权益一视同仁。此后直至 1941 年 12 月 8 日日军在太平洋战争

---

1. 上海市委党史研究室编：《上海市抗日战争时期人口伤亡和财产损失》，中共党史出版社 2016 年版，第 24—25 页。

爆发后进入公共租界前，以租界为中心形成了"孤岛"形态，其范围是苏州河以南的公共租界和法租界以及两租界的越界筑路地区。

"孤岛"虽然被口军所包围，但是濒临租界的黄浦江直出吴淞口可以自由通航，而黄浦江另一岸的浦东地区被日军占领，与"孤岛"隔江相望，这种形态至1938年初稳定下来。

2. 日伪上海汉奸政权的更迭

日军侵华期间实行"以华制华"的统治策略，在占领区扶植傀儡政权。上海沦陷以后，日军在其控制的华界地区也扶植过几个伪政权。

上海华界被日军占领以后不到一个月，12月5日，日军特务部在上海扶植了一个治安维持会，称"上海大道市政府"。大道市政府设在浦东东昌路，有留学日本背景的汉奸苏锡文任市长。其辖区以前上海特别市的行政区域为基础，划分为浦东（包括庆宁寺、东沟、高桥、南码头等地）、南市（包括南市、旧上海城内、龙华等地）、沪西（包括曹家渡、徐家汇、法华区等地）、闸北、真如（包括大场、南翔等地）、市中心（包括江湾、引翔港、殷行等地）以及与此相毗邻的北桥（旧上海县政府所在地）、宝山、嘉定、川沙、南汇、奉贤、崇明等地。这是上海地区第一个汉奸政权。

1938年3月28日，日本扶持的汉奸政权伪中华民国维新政府在南京成立，管辖江苏、浙江、安徽三省的沦陷区包括南京、上海两市。4月28日，上海大道市政府易名督办上海市政公署。

海上繁华
（1843—1949）

督办上海市政公署在大道市政府原来的基础上，设一处六局，即秘书处、财政局、警察局、社会局、教育局、工务局、地政局。9月12日，又将所辖区域划分为12个区政务署，各区政务署置政务长一人，总理全区一切事务。10月5日，督办上海市政公署从东昌路迁移至江湾原市政府大厦，改组为上海特别市政府，傅筱庵出任伪市政府市长，苏锡文改任秘书长，实际操纵者为日军上海特务机关顾问部。12月1日，崇明划属上海特别市，全市辖区扩充为13个区政务署。1939年1月1日起，改区政务署为区公署；5月，闸北区改称沪北区。1940年3月30日，汪精卫伪中华民国政府在南京成立，4月3日，汪精卫即以伪行政院院长的身份致电上海特别市政府，宣布"一切政务暂维现状"。傅筱庵遂摇身一变而成为汪伪国民政府上海特别市市长。1940年10月11日凌晨，傅筱庵在其官邸被刺杀，20日，汪伪国民政府特任陈公博接替傅筱庵，任上海特别市市长。1944年11月10日汪精卫病逝，20日，陈公博继任汪伪行政院院长，代理国民政府主席。上海特别市市长一职由伪财政部部长周佛海兼任。日本宣布无条件投降后，1945年8月16日，汪伪中央政治委员会召开临时会议，决定解散伪国民政府。至此，日伪上海特别市政府寿终正寝。

3. 国民党军统的锄奸活动

严格意义上来说，"孤岛"并不能代指上海租界全部地区，也不包括沪西越界筑路地段，它的实际区域大概为东自黄浦江以西，西自法华路、大西路以东，北自苏州河以南，南自肇家浜以北的公共租界和法租界地区。苏州河以北的虹口区虽也属于公共租界，但这一地区向来是日本军事机关和日侨的集聚地，当时就有"东洋租界"的俗称，这里自然也就不属于"孤岛"的范围。上海沦陷后，日军在沿苏州河各桥口布置了严密的岗哨，但凡行人要过桥者，必须向日军脱帽致敬并接受人身检查才可通过。这就导致原来居住于虹口和闸北一带的家境富有者，纷纷迁往桥南租界内，形成了一河之隔，桥南人烟稠密，市井繁荣，桥北冷冷清清，市面萧条的强烈反差。

　　"孤岛"时期的上海，表面上维系着一市三治的局面，即公共租界、法租界和日伪上海市政府。"孤岛"的市政权分别操纵在公共租界董事会及法国总领事所属的公董局之手；治安方面，仍由上述两租界管辖当局所属的巡捕房和万国商团以及英美法驻军所维持，日军未进驻租界内。英美势力占主导地位的公共租界当局只承认重庆国民政府为中国合法政府，不承认日本羽翼下的南京维新政府，因此，国民政府的机关依然在租界内存在。这样事实上便有多种政治势力在影响着"孤岛"时期的上海。在这个"孤岛"上，国民党的党政机关依然设立办事处或通讯处，且架设电台与内地互通声气，国旗照挂，法币通行，国民党政府的中央、中国、交通和农民四大银行以及其他金融机构照常营业，国民党两大特区法院也照常行使职权，宣传机关中央社照常发稿。最明显的是上海各报馆找洋人做挂名老板，向外国政府注册，再悬挂洋旗后照常发表抗日言论。租界内的上海市民抗日情绪高涨，反侵略气氛浓厚，一切看起来都与上海沦陷前并无差别，[1] 上海"孤岛"由此成为沦陷区中抗战力量汇聚的一大基地。

统系各异甚至相互敌对的机构同处一个空间，其中交织着各种势力的较量与斗争，使得"孤岛"时期的上海显得格外诡异，尤其是国民党在租界开展的反日伪活动，使得"孤岛"时期的上海充斥着刀光剑影，不时发生暗杀等各种恐怖活动。

1937 年 11 月 11 日国民党军队从上海西撤时，仍有国民党上海特别市党部、江苏省党部、上海市总工会、军统上海区、中统苏沪区等秘密留沪组织以及第一特区法院、银行、海关、邮局等公开机构；在郊区，则游弋着由军事委员会苏浙行动委员会别动队改组而成的"忠义救国军"。军统特务机关的潜伏人员颇为活跃，利用"孤岛"特殊形态，采用暗杀等手段，开展锄奸（铲除汉奸）活动。

据美国学者魏斐德研究，在全面抗战时期，因上海自身独特的政治地位与国际关系的变化，使得这座城市内部形成一系列错综复杂的矛盾，包括欧美列强与日本帝国主义的矛盾、欧美列强与中国政府的矛盾、在沪欧美侨民与日本的矛盾、占领上海的日军与郊区国民党游击队的矛盾以及重庆国民政府和汪伪政府特工之间的矛盾，[2] 尤其是中日两国的民族矛盾和重庆政府与伪维新政府的矛盾最为激烈和尖锐，这两种矛盾也构成了此后上海爆发的

---

1. 陶菊隐：《大上海的孤岛岁月》，中华书局 2005 年版，第 27 页。
2. 魏斐德：《上海歹土：战时恐怖活动与城市犯罪（1937—1941）》，上海古籍出版社 2003 年版，第 10 页。

一系列政治暗杀与恐怖袭击案件的最根本动因。其中国民党特务组织军统的锄奸惩奸活动最为活跃。

八一三淞沪抗战期间，国民党军统头子戴笠劝说蒋介石设立"军事委员会苏浙行动委员会"，并吸收了杜月笙、黄金荣、王晓籁、虞洽卿等上海名人出任委员，该组织还从社会招募成员，组建"淞沪别动总队"。上海沦陷后，别动队一部分被改编为忠义救国军，还有一部分在租界从事政治恐怖活动，惩治汉奸傀儡分子。

战时上海的锄奸惩奸行动始于对投日资本家的制裁。1937年12月30日，上海华商电气公司和闸北水电公司总经理、法租界公董局华董、上海市民协会积极分子陆伯鸿在吕班路寓所外被人狙杀。陆伯鸿于当天中午返回吕班路寓所进午餐，饭毕应公司董事之约前往华商电气公司处理事务。当他出门登上弄口汽车时，忽然从弄堂内冲出两名假充小贩者，举枪乱击。枪手向陆伯鸿连开十几枪，陆伯鸿被送往医院时已气绝身亡。

投日政客也成为锄奸的重要对象。1938年9月30日，国民党内重要政治人物、民国第一任内阁总理、担任国民党中央监察委员的唐绍仪在上海寓所内被刺身亡。唐绍仪被刺是这一时期刺杀案中最为轰动的一件。其时，社会风传日本有意请唐绍仪出山担任新组织的华中傀儡政权首脑，试图倚仗其在国民党及社会上的声望和号召力，分化瓦解国民政府的抗日力量。而长期寓居上海租界的唐绍仪，既未公开声明拒绝反对，也未明确答应允诺，态度处于模棱两可间，这给了外界各种解读和猜想的空间。武汉沪陷前夕，唐绍仪可能投日的倾向和潜在危害成为促使国民党特务人员实施暗杀的重要原因。1939年2月19日，南京伪维新政府外交部长陈箓被军统上海区杀手枪杀于家中。作为伪维新政府的要员，陈箓的被刺对于一班积极投靠日伪的汉奸是沉重的打击，深深震慑了这一时期汉奸傀儡的嚣张活动。陈箓毙命两日后，晚清重臣李鸿章长孙李国杰因与梁鸿志、温宗尧等人积极参与伪组织，还担任伪行政院高级参谋，被军统杀手暗杀于上海新闸路寓所门前。[1]

上海全面沦陷后，重庆国民政府的特工人员锄奸惩奸活动更为积极。1939年12月22日，早期同盟会会员、民国著名女权主义者吴木兰，因在上海与陈璧君接洽，准备组织一个妇女和平会，为南京汪伪政权服务，被军统特工人员刺杀。1940年8月14日，投靠日伪势力的上海流氓头子张啸林被击毙。10月11日，伪上海市市长傅筱庵被军统收买的亲信仆人用菜刀砍死。

1939年初陈箓被刺后，在日伪的支持下，原属国民党中统的李士群、丁默邨等人在沪西越界筑路地区的极司菲尔路76号设立特工总部。在极司菲尔路以及附近的愚园路上，布满各种形式的"七十六号"的分支机关。侦察搜捕抗日分子、激烈报复重庆特工的锄奸行动，是汪伪特工总部最主要的工作。

为报复军统，汪伪"七十六号"于3月22日制造了白赛仲路（今复兴西路）江苏农民银行宿舍血案，集体屠杀银行职员12

---

1. 《李国杰饮弹毙命》，《文汇报》1939年2月22日，第7版。

人（其中5人重伤未死），并抓走居住于极司菲尔路96号中行别业中国银行集体宿舍内的职员128人。3月25日，汪伪"七十六号"又用定时炸弹袭击逸园中央银行办事处及爱文义路（今北京西路）该行分处，炸死炸伤数十人。军统以牙还牙，把中储上海分行业务科科长劈死在大华医院病房内。为报复军统，"七十六号"从抓走的中国银行职员中提出3人杀害，以为复仇。一时沪上舆论大哗，汪伪为万人唾骂。

三、经济的畸形繁荣

淞沪会战虽然对上海造成非常大的打击和破坏，但是上海的经济并未因此一蹶不振。在经历了短时间的下行后，上海的工商业以及对外贸易均逐步恢复，甚至一度出现了十分繁荣的景象。"孤岛"时期上海经济再度繁荣，除了上海原有的经济基础条件之外，还有其他方面的因素：

其一，"孤岛"时期的上海在经济上并不孤立，与外部的经济联系并未因上海华界的沦陷而断绝。

淞沪抗战爆发后，"孤岛"对外洋的航线始终是通畅的，上海口岸去国外的海轮照常行驶；租界内沿黄浦江的海轮码头可以自由驳船，装卸货物，对于商品的进出口，并无限制。上海港通往国内的水路交通的情况则有些变化。上海沦陷之初，日军宣布封锁自江阴至广东汕头的中国海面，后又将封锁线向北延伸至秦皇岛，向南延伸至北海口，对长江的一些港口也实施了一定的封锁或禁运政策，上海与周围战区的水陆交通也被日军切断。但是由于当时日本与英美并未宣战，日军的封锁只是针对中国船舰的海上交通运输，并未完全禁止第三国船只在其封锁区内出入；而其时的中国船只又可以通过悬挂其他国家国旗避开日军的封锁。一个典型的事例是在上海"孤岛"时期，由于日军封锁，内地粮食无法运入上海，上海因此一度发生粮荒。上海民族资本家、航运巨头虞洽卿设法将其航运公司的船只悬挂意大利或者是挪威、巴拿马等中立国国旗，然后向东南亚国家采购大米，运进上海。1938年2月，从"孤岛"到沿海各地和江浙内河的航线已完全复航，浦东地区交通也恢复到封锁前原状。嗣后，内地与"孤岛"间的人口来往和物资交流，经日伪管制机构的严密检查后，也可通行。另一方面，国民政府当局虽然对某些港口有过封锁举措，但也是随着军事需要，时禁时弛。因此，通过美、英、法等国的海上航运，上海继续与海外和中国国内其他地方保持着联系。

其二，人口的激增。自1853年小刀会起义以来，不时因上海周边和国内发生战乱，大批人口涌入租界避难，租界人口激增。淞沪会战爆发后，上海租界人口再次大幅增加，为租界设立以来最大的人口增幅。这些新增的人口主要是难民。据统计，仅八一三事变当天，由上海华界地区逃入租界的难民就达6万人。淞沪会战后，随着上海形势的逐渐稳定，难民继续增长。战前两租界人口不到170万，到了1938年下半年，两租界人口大幅增长。据近代上海以登载经济类新闻而著称的报纸《新闻报》报道："本市现虽称为'孤岛'，然与各地交通仍便。且人口众多。两租界据统计现挤居约400万之数。职是之故，致最近地产业及经租业，重演二十年前发达之状态。现内地资产阶级，纷集沪上。"[1] 此后曾一度达到 500 万人。至 1940 年初，因物价上涨等原因，部分来沪避难者返回原籍，但上海仍然有三百八九十万人口。[2] 这些激增的人口刺激了租界商业的繁荣，同时也为工业提供了廉价劳动力。

其三，资金的汇聚。抗战爆发后，上海因"孤岛"的特殊格局，成为游资汇聚之地。1938 年夏租界游资为 5 亿元，1939 年下半年增至 12 亿元，至 1941 年 6 月已达 30 亿元。[3] 这些游资来自多方面：一是中国官僚政客、富商巨贾以及地方豪绅，抗战爆发后携带巨资来租界避难；二是 1938 年 10 月广州沦陷，原由上海逃往香港等地的资金流回上海租界；三是 1939 年上半年，由于日军威胁天津租界，导致北方资金大量南下，其中有相当部分流入上海租界；四是第二次世界大战爆发后，东南亚英属殖民地一带华侨因惧怕战争危及，也将其资金汇入上海租界。这些流入的资金大多活存银行，以待投资或投机机会。

此外，中国广大内地原本经济落后，工业生产能力低下，抗战期间，因战争的影响，生产更加无法满足需求，这对上海的工商业和贸易而言，都是一个巨大的市场；第二次世界大战爆发后，欧洲与东南亚的交通受阻，这为上海与南洋之间贸易的发展

---

1. 《两租界挤居人口四百万，住屋问题紧张》，《新闻报》1938 年 10 月 18 日，第 11 版。
2. 《人口锐减，总数不足四百万，货物供应渐平衡》，《申报》1940 年 3 月 28 日，第 7 版。
3. 汤心仪：《上海之金融市场》，汤心仪等著述、王季深编辑：《战时上海经济》（第一辑），上海经济研究所 1945 年版，第 28 页。

提供了契机。正是在这多种因素的共同影响下，"孤岛"时期的上海经济一度十分繁荣，这主要表现在以下方面：

（1）工业的高速增长。1937年11月淞沪会战结束后，随着战事西移，上海的各业工厂即陆续复工。首先是沪西一带纱厂及小工业，因未受战争毁损，均先后在1938年初开工。据公共租界工部局工业科报告，1938年1月1日至5月1日止，在公共租界中西北三区及沪西越界筑路地区开设新工厂560家；至9月底，公共租界中西北三区工厂达2540家，工人154296名；此后至1939年2月，仅向电力公司申请通电的大小工厂就达到1994家。[1] 这种情况使得电力、煤气等公司，有供不应求之势。当时"孤岛"的工业用电，1937年为491905000度，1938年曾减为425713000度，1939年却飙升为614179000度，1940年再升为627895000度，[2] 有超过战前的势头，尤其是洋货代用品和行销南洋市场的工业品为最发达。上海工业高速增长的主要原因是第二次世界大战爆发后，来自欧洲的工业品受战争影响顿时短缺，因此一些敏锐的投资者趁机投资工业。

大体上，"孤岛"时期的工业复苏于1938年，1939年长足发展超过战前，并于1940年达于鼎盛。其时，上海各业厂商，无论外商华商，此业彼业，大厂小厂，产量蒸蒸日上，利润滚滚而

---

1. 汤心仪：《上海之金融市场》，汤心仪等著述、王季深编辑：《战时上海经济》（第一辑），上海经济研究所1945年版，第15页。
2. 上海社会科学院经济研究所、上海市国际贸易学会学术委员会编著：《上海对外贸易（1840—1949）》下册，上海社会科学院出版社1989年版，第84页。

来。以 1939 年为例，纺织业如英商怡和纱厂获厚利 2 000 万元，华商统一、永安、鸿章、中新各厂利润均在 1 000 万元以上。面粉业如阜新、福新诸厂盈余亦达 1 000 万元。机器业如泰利厂，1939 至 1941 年初，共制造并销售了 42 000 锭的成套棉纺机器及其他各种纺织机器，每万锭成套棉纺机器售价达黄金 7 000 两，一部梳棉机可卖到黄金 200 两，且还预收订货价款 330 万元，获利之巨无以复加；1940 年，该厂资金总额 6 299 930 元，工人 1 193 人，较 1938 年建厂时资本 120 万元增加了 5 倍，工人增加了 40 倍。如果换一个角度，从证券行情来看，以 1938 年 6 月的交易价为准，统一厂 16 元票面上升至 45 元，华成烟厂 20 元票面涨至 30 元，大中华火柴公司 10 元票面上扬至 17 元，电话公司 10 元票面升至 27 元，新亚药厂甚至以月息一分二厘的高利，集资为期一年的公司债券以扩大再生产。[1] 这一切无不显示着上海工业生产的发达及其资金的旺盛。

（2）商业的极度繁荣。随着"孤岛"时期上海工业生产的高速增长、游资富余、人口激增，商业迅速繁荣起来。淞沪会战稍息，上海各行业商店或恢复营业，或迁至租界开设，营业渐上轨道。如棉布业，首由协大祥绸布商店在公共租界大世界附近及法租界八仙桥开设新店；宝大祥绸布商店和信大祥绸布商店相继在法大马路（今金陵东路）和南京路设立新号，完成了企业重心向

1. 熊月之主编：《上海通史·民国经济》（第八卷），上海人民出版社 1999 年版，第 366—367 页。

"孤岛"时期的畸形繁荣

租界的转移，为20世纪40年代沪上棉布业三鼎足格局奠定了基础。1938年，沪上新设饮食店129家，日用品店85家，服装店58家，医药店31家，饰品店26家。1940年，百货商店增开500家。1939年，上海的米行多者可赚五六十万元，少者不下十余万元。租界内灯红酒绿，富人挥金如土，娱乐业也因此极为兴旺，一家三等电影院可获利十万余元，其时上海租界内的茶室、舞厅等娱乐场所，日日客满。上海百货业巨头永安公司面对迅速增长的社会购买力，特别是消费水平的异常畸形，广泛网罗洋货，甚至不惜购进黑市外汇。永安公司附属的宾馆大东旅社，成了大亨阔少寻欢作乐的场所。永安公司附属的天韵楼游乐场更是门庭若市，人满为患，每日售出的门票最高达12万张之多。1941年公司以巨资重新装修天韵楼，并新辟溜冰场，以美国进口地板、溜冰鞋为设施，以满足超前消费和寻求刺激的社会心态。永安公司获取的厚利，据综合统计，1939 年为 359.01 万元，1940 年增至 509.98 万元，1941 年高达 1 775 万元。[1]

（3）进出口贸易旺盛。因日军在占领区、国民政府在国统区均不同程度地实行贸易管制措施，因此"孤岛"时期上海的贸易以国际贸易为主。"孤岛"时期上海的国际贸易仍然有不俗的表现，主要原因在于上海仍然具备国际贸易的条件：一是中国政府无法在租界执行贸易管制的法令，商人仍然可以从事进出口业务；二是中国政府对上海虽然停止了供应官价汇率的外汇，但仍然通过英商汇丰银行继续维持"市价"（黑市）外汇，外汇买卖对进出口商来说毫无问题；三是"孤岛"内部贸易不受任何管制，而去外国的海轮因海运通畅照常行驶，进出口不受影响；四是工业的高速增长也为出口贸易提供了基础条件。然而受中日战争进程和国际环境的影响，"孤岛"时期的国际贸易又呈现出一些新的变化：

其一，并非平稳恢复和发展。淞沪抗战爆发后，受战事影响，上海的对外贸易一度衰落，1938 年降到谷底，贸易总额不足全国总数的 30%。而同时期广东各港口进出口贸易大为增长，对外贸易的中心遂由上海转向香港，然而为期短暂。自广州、武汉相继沦陷，从 1938 年第四季度起，上海对外贸易重见

---

1. 据上海社会科学院经济研究所编著的《上海永安公司的产生、发展和改造》表 40、41 资料计算，上海人民出版社 1981 年版。

起色。1939 年第一季度，上海进出口总额 21 024 万元，占全国的 47.1%。[1] 1939 年底，上海进出口贸易总值为 24 620.5 万（美元），达到 1936 年的 90%，基本上恢复至战前水平，全国对外贸易之中心回归上海。1940 年达到了 27 267.6 万（美元），完全恢复到 1936 年的水平。1941 年底，则达到了 30 502 万（美元），为 1936 年的 112%，已超过战前的水平。[2]

其二，进出口商品结构不同于战前。首先是进口商品结构方面的变化。战前，上海的进口以杂货（包括日用百货）、金属及矿砂、油脂蜡（包括汽油、煤油、柴油）占前三位，但是 1939 年以后被棉花、粮食和日常生活必需品所替代。原因是日军对中国沦陷区棉花、粮食和煤炭（"两白一黑"）民生必需品实行统制和封锁。日本纺织业发达，但不产棉，加之棉花是当时火药制造的主要原料，为稀缺物资。同时，日本在 1939 年遭遇百余年未见的旱灾，粮食产量大受影响。因此日军对中国沦陷区棉花、粮食和煤炭实行统制和封锁，移供日本占领军军用和运往日本。日军的这些措施导致"孤岛"外贸商品结构发生明显变化，粮食等上海居民的日常生活必需品不得不仰仗国外进口。1940 年和1941 年，日军对"孤岛"的粮食封锁更严，"孤岛"向国外进口粮食的数量随之突飞猛进。日军对棉花的统制、搜刮导致了沦陷区的棉花被日商搜购运往日本，而"孤岛"的纱厂（包括日商纱

---

1. 许涤新：《抗战以来两个阶段底中国经济》，《理论与现实》1940 年第 1 卷第 4 期。
2. 上海社会科学院经济研究所、上海市国际贸易学会学术委员会编著：《上海对外贸易（1840—1949）》下册，上海社会科学院出版社 1989 年版，第 3 页。

厂）所需要的棉花几乎全从国外购入。1939 年和 1940 年，棉花进口值占当年第一位，1941 年居第二位。[1]

其三，出口商品结构也较战前发生变化。一方面，由于侵华日军破坏了占领区农副产品的生产，统制了农副产品的出口，因而作为上海传统出口的初级产品货源减少，出口比重下降。另一方面，上海工业产品的内地传统市场因大半沦陷而失去，但其时的东南亚地区需求旺盛，因此上海的轻工业制成品转而开拓东南亚市场，并形成出口旺盛的局面。

第二次世界大战爆发后，"孤岛"与南洋的贸易呈突飞猛进之势。上海从南洋各地输入之物品，主要有缅甸、越南、泰国的米，澳洲的小麦及面粉，印度的棉花等；输出的货物大宗为棉纱及其纺织品，次为矿砂金属、玻璃制品、化学产品及纸张等。太平洋战争爆发前，南洋各地在上海对外贸易总额中几乎成倍增长，从而填补了上海与战时欧洲各国之间贸易的缺额，维持着上海进出口贸易的盛况，同时还改变了以往上海对外贸易向以美国、日本、英国、德国为顺序之格局。至 1940 年，在上海的输出入中，印度跃升为第 2 位，越南第 4 位，荷属东印度第 5 位。此外，在上海与南洋各地的贸易中，上海居于出超地位，且输出以上海生产的轻工产品为主。上海轻工产品主要为上海华商工厂生产，华商工厂轻工业产品对南洋出口旺盛与其对南洋市场的精

1. 上海社会科学院经济研究所、上海市国际贸易学会学术委员会编著：《上海对外贸易（1840—1949）》下册，上海社会科学院出版社 1989 年版，第 33 页。

密调查、采取"以销定产"的方针有直接关系。抗战前夕，上海华商工厂通过试销，已对南洋市场的特点有所掌握，特地生产支数低而价格低廉的汗衫、背心、圆领衫以及其他纺织品，专供菲律宾等地的南洋市场，而由潮州帮经营的南洋办庄又能充分利用其销售网络，推广沪产轻工业品。

其四，投机风潮兴起。"孤岛"时期，人们普遍认为投资工业获得收益的周期长，而有利可图的是投机事业。尤其在1939年9月第二次世界大战爆发后，人们似乎感觉到第一次世界大战时期囤货致富类的机会又来临了，于是掀起囤积与投机的风潮，如黑市外汇、证券、黄金交易，投机棉纱交易，囤积大米、煤球，甚至火柴、肥皂，出现了"工不如商，商不如囤积，囤积不如投机"的现象，上海沦陷后汇集在"孤岛"的大量游资，仅小部分投资于工业，而其中的大部分投入到前述投机事业，"孤岛"经济也因投机的兴盛而被推至畸形繁荣。在这种畸形繁荣中，获得巨大利益的是资本家，而工人阶级却更加贫困。工人阶级食不果腹，自1939年9月起，上海市民不断掀起抢米风潮。工部局为安定社会秩序，邀请上海商界领袖人物虞洽卿出面，设法从南洋购运大米以平准米价。

随着日本帝国主义加紧进行原料的掠夺及对"孤岛"的经济封锁，从1940年开始，"孤岛"上海逐步走向衰败，股票交易日趋清淡，旅馆、饭店、游乐场、影戏院等游客锐减，昔日灯红酒绿、光怪陆离的繁荣景象烟消云散。

第二节　上海全面沦陷与日伪在上海的统治

1941 年 12 月 8 日，太平洋战争爆发，日军进占上海租界，"孤岛"时期结束，上海全面沦陷。日本侵略者对租界实行战时统制，把上海变成日本侵略中国及进行大东亚战争的资源仓库和经济基地。到了 1943 年，日本制定了所谓"对华新政策"，在其扶持下，汪伪政权走上前台，而日本侵略者在幕后予以操纵。于是，在汪伪的旗号下，上海全面实行统制经济，致使上海的经济遭到空前严重的破坏。

一、上海全面沦陷后日军对租界的占领与控制

1941 年 12 月 8 日，日本海空军突然袭击美国海军基地珍珠港，日本陆军同时进攻英联邦及其在远东的殖民地，挑起大东亚战争。当天，日本天皇颁布《宣战诏书》，向美英宣战。是日，美英两国分别宣布对日作战。翌日，抵抗日本侵略已达 4 年之久的中国发表《对日宣战布告》。至此，太平洋战争全面爆发，并迅速波及上海，驻沪日军进入上海公共租界。

1. 日军逐步控制公共租界

12 月 8 日凌晨 4 时，日本驻沪海军炮击停泊于黄浦江上的英美军舰，英舰"彼得烈尔"号被击沉，美舰"威克"号挂白旗投降。10 时许，日军由苏州河各桥梁分路开进公共租界，在东自外滩西至越界筑路地段各路口设岗置哨，实施警戒。与此同时，日陆海军代表各一人偕日驻沪总领事赴公共租界工部局，会见工部

局总董，向其转达驻上海地区日本陆海军总司令的命令，要求其工部局照常工作。[1]由于法国维希政府已经投降德国，成为日本的"盟友"，因此日军并未进占法租界。下午，日哨兵从公共租界各街口撤去。公共租界表面上复归原貌，但实际上已易主。

日军于进占公共租界的当天上午，即分四路接收设在租界的各英美背景的新闻机构。一路由报道部部长秋山中佐率领，接收了《大陆报》，查封了《密勒氏评论报》《中美日报》和《大晚报》。而《泰晤士报》在表示"接受日方指导，并愿尽力协助日军作好宣传"后，始允其于次日照常出版。一路由酒井中尉带队，接收了《正言报》《神州日报》。一路由山冢少佐负责，接收《字林西报》。《大美晚报》则在表示服从日方指导，决不从事反日宣传后，被准许复刊。一路由高山中尉指挥，查封了《申报》。《新闻报》在负责人汪伯奇声明"今后停止一切抗日宣传"后，高山坚持必须加以改组，方能复刊。是日晚上，日陆军报道部和宪兵队又分头接收了位于跑马厅、华懋饭店、博物院路、静安寺路、爱多亚路及法租界天主堂路28号等处的英美广播电台。

对英美等国银行，日方亦于事变当日派兵进驻，令其暂停营业。12月11日始行复业。1942年1月7日，日方"委托"日商正金、三井、三菱、住友、台湾、朝鲜等银行，"代行清理"英、美、荷、比等国的包括汇丰、沙逊、通济隆、运通、美丰、达

---

1. 上海市档案馆编：《工部局董事会会议录》（第28册），上海古籍出版社2001年版，第666页。

商、汇众、华比、麦加利、花旗、大通、荷兰、荷印商业、友邦、有利等 15 家银行。英美等国的实业则由日本当局委任日方代表"监督"，改悬日本旗。

1942 年 1 月 13 日，日方正式宣布公共租界之中国公共汽车、上海制造电气、上海自来火、上海自来水、上海电力、沪西电力、上海电话等 7 家公用事业公司归日本华中振兴公司接收。据不完全统计，被劫夺的英美等国在沪洋行、公司、工厂、堆栈近百家。与此同时，日方还将英美等国在沪建筑物更名改称：汇丰银行大楼易名"兴亚大楼"，有利银行大楼改称"共荣大楼"，亚细亚火油公司大楼更名"善邻大楼"等。

日军对公共租界最高权力机关觊觎已久，进占租界后则取蚕食之策。1942 年 1 月 7 日，在日方的操纵下，工部局董事会被改组，由驻沪日本领事馆参事冈崎胜男出任工部局总董，汉奸袁履登为副总董。原总董李德尔及各英、美、荷籍董事，在日方的胁迫下全部辞职。之后日方改组了工部局，组成临时董事会，而后工部局各处负责人员也全部更换为日人，工部局完全操之于日人之手。5 月 31 日，工部局音乐队由日商音乐信托公司接收。7 月 15 日，根据日本驻沪领事要求改组工部局警务处以便与日方保持紧密合作关系的建议，由总董提议，工部局董事会决议解聘警务处所有英美籍警官，下辖之各捕房由日籍官佐领导。9 月 2 日，日方操控的工部局董事会决定解散万国商团。10 月 21 日，再一次实施警务改组，将公共租界分为南北两监察区，监察区区长由日人担任。1943 年 2 月 12 日，取消工部局所设华童小学英文课而改教日文。3月2日，日方关闭工部局原设4所外侨学校，英美籍教师被全部辞退。至此，英美在上海公共租界近百年的统治地位彻底终结。

2. 苛待英美侨民

日军进占公共租界后，即按国籍把租界侨民划分为敌对国与非敌对国两类侨民，与日本交战国的侨民为敌侨。为控制敌侨，日军于1941年12月22日召集英美侨民会议，规定侨民不许迁移住址。1942年1月20日起，日军规定14岁以上英美侨民均须登记。10月1日起，规定凡敌国留沪侨民年满13岁者，均须在左臂佩戴10厘米宽的红色臂章，臂章上书有英文字母，以代表不同的国籍。11月9日，日军发出布告，宣布冻结全部敌侨不动产。11月13日，日军宣布调查取缔敌产，规定从16至25日，凡敌国个人与法定团体，必须向日本当局报告一切财产，包括动产与不动产。凡有短波收音机、摄影机、望远镜者，均须自动交出，甚至家具之转让或移动，包括电扇、火炉等，均须事先取得日方允许。1943年1月24日，日本决定将与日本处于交战国关系的英美等国在沪侨民收容进集中营，英美侨民仅剩的人身自由也被剥夺殆尽。

日军在上海浦东、龙华、闸北等各处共设立9所盟国侨民集中营，关押英国、美国、加拿大、荷兰、比利时、澳大利亚、新西兰、南非、葡萄牙、挪威等国侨民。1943年1月29日，集中营正式启用。到4月底，第一阶段收容告一段落，共收容英美等国侨民5258人。1944年9月底，上海集中营收容人员为6200

人。这些人来自英国、美国、加拿大、荷兰、比利时、澳大利亚、新西兰、南非、苏联、葡萄牙、挪威等。被关押者，年龄最小的为 6 个月，最大的为 88 岁。集中营侨民过的是被剥夺自由的集体生活。集中营条件相当简陋，物资供应匮乏，特别是后期，缺水缺粮缺药。侨民在集中营里，为了生存与自由，进行了各种各样的反抗，包括逃跑，但他们一旦反抗、逃跑，将受到严厉惩罚。

集中营历时 2 年 4 个月，直到 1945 年 8 月日本宣告投降才结束。上海集中营是日本占领当局为了防止盟国侨民加入反对日本法西斯阵营而设立。欧美侨民集中营是第二次世界大战当中发生在上海的影响极大、极其重要的世界性事件，是上海外侨生活中最为苦难、最为特殊的一页。美国著名导演斯皮尔伯格曾据此执导电影《太阳帝国》。

3. 租界的"收回"

日本由于在太平洋战场上的作战主动权丧失，被迫从战略进攻转向战略防御，对华政策也相应做出调整，提出所谓"对华新政策"，将租界"交还"给汪伪政府就是体现日本这个政策的一项举措。

交还租界、撤销在华治外法权，原是由英美首先提出。抗战期间，为促进国民党重庆政府积极对日作战，以牵制侵华日军东调南下，减轻太平洋战场的压力，遂于 1942 年 10 月 9 日，由美国首先向中国建议取消美国在华治外法权并解决有关的各项问题，英国采取了与美国一致的行动，亦与中国进行磋商。1943 年

1月11日，美、英政府与中国政府分别签订《中美新约》《中英新约》，宣布放弃在中国的治外法权及其有关特权，将上海等地租界的行政与管理权交与中国政府。随后，其他与公共租界有关的国家，包括比利时、挪威、加拿大、瑞典、荷兰等国，也和中国政府签订了新约。

日本获悉英美准备交还租界、撤销在华治外法权这个消息后，决意抢在美英之前，与汪伪政府签订关于归还租界、撤销治外法权的协定。1月9日，日驻汪伪政府大使重光葵与汪精卫签订了《关于交还租界及撤废治外法权之协定》，规定日本承认中华民国政府收回上海公共租界行政权。在汪伪政府的要求及日本的斡旋下，法国维希政府于2月23日也发表声明，宣布撤废在华治外法权，并放弃在华法国专管租界行政权。

2月9日，汪伪政府组成接收租界和撤销治外法权两个委员会，实施租界接收事宜。7月底，为"接收"上海公共租界和法租界，汪伪政府特命陈公博为接收两租界委员，负责上海公共租界和法租界具体交接事宜。7月30日和8月1日先后举行接收法租界和公共租界的仪式。接收后法租界改称"第八区"，公共租界改称"第一区"。汪伪政府"接收"两租界后，根据日本的旨意，为彻底扫除英美在沪势力，8月26日，陈公博命人将黄浦滩畔所有英美人铜像克日拆卸，并改正原两租界及越界筑路西文路名。9月9日，赫德等铜像被拆除；10月10日，240条以西文命名的马路全部改以中国省市命名的新路名。

归还汪伪政府后的公共租界和法租界实际上仍然控制在日军

手中，其权力机构的设置与其时日本在东北建立的伪满洲国如出一辙，第一区公署和第八区公署不仅设日本顾问，而且下设的 8 个处当中，最重要的财务、工务、消防 3 个处的正席仍由日本人占据，其余 5 个处的次席亦用日本人，公署秘书处全部由日本人担任。各处下设各课的正职也多由日本人担任。

二、日伪在上海的统治

太平洋战争爆发后，日本独占上海，力图把上海变成其继续占领整个中国、支持所谓大东亚战争的战略基地，对上海采取了一系列服务其侵略中国战略部署的统治政策，严重破坏了上海城市的发展和人民的正常生活。

1. 推行保甲制

在完全沦陷之前，无论是在上海华界还是在租界，行政当局都未实施过对城市人口的完全控制，因此在城市内部，人口可以自由流动，城市人口的进出不受限制。但是在日军全部占领上海之后，开始对人口进行控制。

1942 年 2 月 1 日，奉日军命令，公共租界和法租界开始办理户口登记。之后公共租界成立了"保甲筹备委员会"，在租界推行保甲制。保甲以户为单位，每一店铺与住宅均为一户，十户为一甲，十甲为一保。3 月 9 日，保甲证（户口表）开始分发，贴于大门明显处。3 月 12 日，工部局公布了编组保甲暂行条例。5 月 3 日，工部局正式成立保甲常务委员会。11 日，工部局公布联保长、保长、甲长名单，把苏州河以南公共租界分为 A、B 两大区，共设 7 个总联保，32 个联保，400 个保，4 854 个甲。法租界则于 5 月 31 日成立中央保甲筹备委员会，各捕房区组织保甲筹备分会。法租界居民共设 264 个联保，1 038 个保，4 499 个甲。两租界在编组保甲的过程中，先后向年满 14 岁以上的居民发放市民证，并规定市民外出须带市民证以备呈验，违者将受盘诘乃至拘留。

汪伪政府在其管辖区内也推行保甲制。3 月 15 日，以伪警察局长为主任委员的保甲委员会成立。8 月 1 日，各区署成立保甲办事处，由各区公署署长兼任主任。20 日，日军占领当局成立水上保甲部，对船民编制保甲组织，并于 10 月 1 日建立上海水上保甲制。于是，日伪从租界到华界，从陆地到水上，从城镇到乡村，逐步确立起联保连坐的保甲制度。保甲制极大地加强了对上海人民的控制，影响了居民的正常社会生活。

2. 日伪对上海的经济统制

日军进占租界后，采取物资的限量供应、限价收购、限时登记、限地移动等措施，实行经济的全面统制，以攫取更多的粮食和其他重要物资。12 月 18 日，日军以"上海方面日军最高司令部"名义，发出布告，规定五金、橡皮、汽车、药品、染料颜料油脂等五大类重要物资限期申报，以使日军对上海现存之重要战略物资的种类、商标、品质、数量、价值、保藏处及所有者的国籍、姓名、住址了如指掌，以应战争急需。随着战局的发展，日本深感物资的缺乏。1942 年春，日军确定由兴亚院华中联络部统制上海地区内所有物资的使用、制造及贩卖。3 月 27 日，日军发布布告，规定钢铁、非铁金属、矿石、棉花及棉制品等18大类物资为统制物资，于4月1日起，非经许可不准移动。其间，日本还策划组成日本人主办的统制协会或同业公会，作为物资统制的辅助组织。

1942年夏，中途岛海战失败后，日本在太平洋战争中失败的势头已无法挽回，于是竭尽全力动员本国及占领区的全部力量，开始准备与英美的决战，并调整了对华政策，实施所谓"以华制华"的新政策。这个新政策在上海贯彻的体现之一是将对上海实施经济统制的权力交由汪伪政府执行。在汪伪政府保证向日本提供更多物资的前提下，由汪伪政府出面笼络江浙沪资产阶级，来接管对上海物资的统制。

在日本侵华新政策的驱使下，汪伪政府于1943年2月公布施行《战时经济政策纲领》，据此，汪伪政府试图成立一个物资收买配给的最高统制机关——全国商业统制总会（简称"商统会"），以拉拢上海工商界人士参与其事。3月15日，全国商业统制总会在上海正式成立。两天后，汪伪政府又成立全国物资统制审议委员会，由行政院副院长、财政部部长周佛海兼任委员长，实业、建设、粮食等与经济有关之各部部长、商统会理事长，并日本驻汪伪公使等为委员，责权上有物资统制之最后决定权。由是，一张庞大的物资统制网形成。1944年7月1日，商统会奉命改组，总会之下设米粮、棉业、粉麦、油粮、日用品5个统制委员会，为实施事务机构，分别办理一切统制事宜，总会主要任务为监督、指导、联络、设计以及建议事项。

海上繁华
（1843—1949）

商统会成立后，即议决上海各业一星期内办妥存货登记。一星期届满，商统会下令在上海首先进行棉纱棉布存货登记。6月19日，又在上海设置中日物资调查委员会，以彻查上海非法囤积。物资调查委员会正式成立后，即派出检查员分赴各处仓库进行实地调查。8月9日，汪伪最高国防会议通过《收买棉纱棉布暂行条例》及《实施纲要》，强制收买棉纱棉布。8月23日，商统会发出布告，宣布开始在上海收买棉纱棉布。布告规定，凡上海地区内棉纱棉布之所有人或占有人，应将其所有或占有的全部棉纱或白坯棉布或加工棉布，分别填具出卖申请书及出卖总表；仍未进行登记的棉纱棉布，准予补行登记，即日开始，9月6日截止。

棉纱棉布业是上海最主要的一个产业，棉纱布是上海市场上最主要的一种物资，当时投机者囤积物资，主要就是囤积棉纱布。强制收买政策一出笼，即产生一系列连锁反应。一些大囤户将棉纱布运往内地销售，而布店在被强制收买之前实行大倾销，企图出清存货避免损失。于是，上海又有排队买布的怪现象：布店内人山人海，店门外排成长蛇大阵，交通为之阻塞。汪伪政府紧急采取补救措施，下令自9月1日起，各布店一律停止营业。此种强制收买，无异公开劫夺，致使上海棉纱棉布厂商损失惨重，倾家荡产者不在少数。而汪伪政府通过强制收买棉纱棉布，统制了上海大批棉纱棉布。

除了强制收买棉纱棉布，汪伪还通过商统会的局外机构米粮统制委员会，统制米粮的收购和运销。

3. 物品配给制度

物品配给始于 1942 年 7 月实行的食米按户口配给。早在 1941 年 12 月 9 日，即日军进占租界的第二天，工部局奉令布告市民不得储存一个月以上消耗量的米煤。12 月 16 日，工部局宣布平价米每人限购 3 升，3 升以上不许搬运。为便于控制，旋又下令裁并各米店，租界米店从 800 家骤减至 250 家，并指定其中 125 家为公粜处。1942 年 1 月 13 日起，租界试行手指染色粜米办法，除星期日和星期三停止粜米外，每星期供应 5 天，自星期一、二、四、五、六依序将颜色涂染于粜米市民之拇指、食指、

日军占领期间闸北的黑市交易

中指、无名指、小指上，以免重复抢购。3月间，日军为搜刮苏浙皖三省地区的粮食，竟禁止上海郊区米市场营业，禁止中国国产米运入租界，遂造成上海空前的粮荒。延至6月16日，在租界完成户口登记的基础上，当局在租界公布实行配给米制度，凡租界内居民，凭户口登记发购米证一张，分四联，每联于每一星期内向指定米号购取食米。华界公粜由上海特别市粮食管理局实施，自1942年2月开始。

战时上海户口米配给，维持至1945年初，其间曾有短暂中辍。三年中，上海户口米的配给种类、配给数量、配给价格、配给日期、配给方式以及配给机关时有调整，然其变化无补大局。自1942年7月6日至1945年8月止，三年来上海每个市民共配给户口米粮为实际需要量的1/3，市民常年处于半饥饿状态。

4. "清乡"运动

"清乡"运动是汪伪政府根据日本军方要求实施的军事行动。相对两租界及市区而言，日伪对上海郊区的控制比较薄弱，而新四军及其抗日游击队则在上海四郊地区渐趋活跃，使日伪深感不安，必欲除之。1942年6月4日，汪精卫召开"清乡"工作会议，决定把"清乡"运动由江苏扩展到浙江、上海。随后日伪在上海郊区先后进行了三期"清乡"运动。

第一期"清乡"地区为南汇、奉贤、北桥三区，第二期"清乡"地区为崇明、嘉定、宝山三区，第三期为川沙及浦东南、浦东北三区。日伪将各"清乡"地区改组为特别区，强化警察机构，增加警力，设置分区公所，加强统治力量。日伪倾力于在"清乡"地区清查户口，完善保甲，并编组警防团，规定 18 至 45 岁之男丁均为警防团员。据统计，第一期"清乡"之南汇、奉贤、北桥三地区，共设 10 个分区公所；第二期"清乡"之崇明、嘉定、宝山三地区，共设 19 个分区公所，从而严厉地控制了郊区人民。日伪对"清乡"地区普遍厉行邮政等各种检查，并实施封锁，且以竹篱筑成封锁线。这种封锁线，第一期"清乡"地区长达 167 千米，第二期"清乡"地区长达 221 千米，连崇明岛海岸线均围以竹篱。第三期"清乡"地区虽未筑竹篱围墙，然因川沙、浦东毗临黄浦江、长江，遂施以船舶登记，签发通行证，凡未履行登记之船舶一律禁止航行，违者予以扣留没收。而封锁线上交通孔道遍设大小检问所，并配置检问人员，实行身份、物资、车船检查。三期"清乡"地区共设大检问所 54 所，并制定"清乡"地区物资流动及搬出入规则，规定"封锁线物资移动搬出入，除大小检问所外，一概禁绝"，并将汽车、汽油、机械、通信器材、金属、药品、橡皮、棉纱布、蜡烛、火柴、肥皂、糖、米、小麦、面粉、棉花、豆类等物资列为无全国商业统制总会之许可，不得移动搬出入的范围，让人民生活十分痛苦。

日本尚未正式宣布投降之前，远在重庆的国民政府已在为从日伪手中接收上海、组建上海市政府做准备。8月下旬9月初，国民党任命的接收大员陆续抵沪，着手接收伪市政府，抢先建立起在上海的统治。

与1937年抗战爆发后国民党撤出上海时相比，国民党重回上海之时，上海已经发生很大的变化。一是由于公共租界和法租界已由中国收回，原有的一市三治的格局不复存在，上海市政府管辖上海全境。二是上海市的辖境也略有扩大，由战前的527平方千米扩至1949年的约618平方千米，划分了32个行政区。国民政府十分重视上海经济的恢复和城市的建设。但是，国民党接收上海时表现出来的极度腐败和积极作内战准备，使得各种经济恢复和城市建设的举措都未能取得实际效果和进展，城市建设甚至仅停留在规划的阶段。尤其为了筹措军费，以蒋介石为首的国民政府以发行金圆券等方式拼命在上海搜刮财富，导致急剧的通货膨胀。在撤离大陆之前，国民党又从上海运走大量的财富到台湾。战后统治上海的近4年间，国民党不但未能管理、建设好上海，反而给上海经济发展和人民的生活带来巨大的损害。

1945—1949

第一节　战后初期短暂的新气象

国民党重返上海之初，在经济恢复方面有一定起色；同时，在国民党上海市政府主持下，上海大都市建设着手规划，这使得战后初期的上海似乎一定程度上呈现出新气象。

一、经济的短暂繁荣

抗战胜利后，国民党政府在对敌伪产业进行接收的同时，注意为尽快恢复生产做准备。国民政府经济部在着手接收敌伪工矿之初就开始准备各项生产基本条件，如煤炭供应，先后在上海及河北平津成立燃料管理委员会统筹管理，并督导开滦、淮南等煤矿积极生产；在动力方面，督促各重要地区电厂迅速恢复发电并扩充设备增加产量；在原料器材方面，协助各厂矿向国内各地搜求或利用美国物资，并从日本运来蚕种、桑茧及重要工矿原料；在劳动用工方面，由社会部拟定《复员时期民营企业工资调整办法》及《劳资纠纷评断办法》，与商家共同处理劳资纠纷，使各厂矿逐步走上正常生产；在资金方面，由经济部先后协商各区施行复工贷款办法，供复工各厂资金周转之用。这些举措对战后经济的恢复有一定促进作用。战后首先恢复的是与人民日常生活关系最为紧密的服装、饮食等行业。在上海，纺织业的恢复最为迅速。

据研究，1946年1月，上海棉纺厂运转纱锭数已恢复到战前1936年的43.3%，到12月，设备总纱锭已超过1936年，达到 123 万多锭，开工率达 85.7%，纺织业呈现一片繁荣景象，出现了极为罕见的高利润率，官僚资本的中国纺织公司利润高达 100% 以上，民营申新第一、二、五、六、七厂平均利润率也达 82.7%。据估计，当年上海民营棉纺厂的利润总额达法币 3 600 亿元，折合黄金 180 万两。[1]

上海纺织业的迅速繁荣有多方面的因素。一是因为纺织品是生活的必需品，经过艰苦的抗战后，人们在这方面的需求强烈，因此国内需求上升；二是抗战胜利前由日本等控制的市场出现空缺，需要填补，使得上海的棉纺织业一时间呈现内销外售两旺的景象；三是由于其时纱布供不应求，成了投机商们囤积的对象，这样进一步造成了市场的短缺，形成社会虚假需求；四是战后输入的大量相对廉价的美棉为棉纺织业的发展提供了充足的原材料。

与纺织业繁荣同步繁荣起来的是对外贸易。战后初期，国民政府推行"鼓励输入"政策，对进出口管理很松，外汇汇率极低，这大大有利于进口贸易。因此国营企业、官僚资本和民营公司都纷纷经营进口业务，造成一时对外贸易的极度繁荣；而且这一时期同以往外商洋行在进出口贸易中一直居主导地位不同，经营进出口的华商户数激增，表明国际贸易中华商逐渐代替洋商占据主导地位。同时，过去由洋商垄断的大宗商品如汽油、煤油、

---

1. 熊月之主编：《上海通史·民国经济》(第八卷)，上海人民出版社 1999 年版，第 437—438 页。

海上繁华
(1843—1949)

柴油、棉花、焦炭、汽车等，华商也开始涉足，并取得相当成果。在出口方面，经营直接出口的比重华商上升，洋商下降。另外在经营大宗出口商品方面，华商也已占据绝对地位，如1946至1949年间，华商经营出口棉纱占80%、棉布占80%、桐油占85%、猪鬃占90%、针棉织品占100%。[1]

工业和贸易的繁荣也促进了金融业的恢复。除了抗战胜利前上海原有的华商银行清理整顿后继续开业外，1946年起，后方银行或迁沪复业，或在沪设分行。据1946年12月31日调查，上海共有华商银行129家、洋商银行15家。上海的保险业发展也很迅速，上海市保险业同业公会先后改组，并组织中华民国保险公会联合会。1947年5月，上海保险业同业公会有中外会员147家，其中人身保险11家，财产保险136家。[2]

据研究，战后的上海经济一度有所恢复。1947年上海工业总产值（按1936年不变价计算）共计11.51亿元，比战前1933年的10.51亿元高出1亿元。然而，这仅仅是昙花一现。

二、大上海都市计划

1927至1937年国民党统治上海时，在上海城市建设方面有一定作为，制定并实施了"大上海计划"。可惜的是，由于日军的入侵，一·二八事变和八一三事变后，已启动的大上海建设不

---

1. 熊月之主编：《上海通史·民国经济》（第八卷），上海人民出版社1999年版，第438页。
2. 熊月之主编：《上海通史·民国经济》（第八卷），上海人民出版社1999年版，第439页。

得不中断，在华界已实施的工程大多不同程度受到破坏。战后重返上海之后，国民党上海市政府又启动了城市建设工作，主持制定了"大上海都市计划"。

国民党上海市政府制定的"大上海都市计划"依据的是战后南京国民政府颁布的《都市计划法》及《收复区城镇营建规则》，实际实施者是上海市政府工务局。

1945年10月，在时任工务局局长赵祖康主持下，工务局邀请中国建筑师学会理事长、著名建筑师陆谦受等富有市政建设学识的专家举行恢复城市建设的座谈会。1946年3月，上海市都市计划小组成立。8月，《大上海区域计划总图初稿》《上海市土地使用总图初稿》和《上海市干路系统总图初稿》编制完成，并提交上海市都市计划委员会讨论。年底，《大上海都市计划总图草案报告书》正式刊印，广而告之，征求社会意见。在听取各方意见的基础上，1947年2月完成《大上海都市计划总图草案报告书（二稿）》，此后两年又经过多次征询各方意见，1949年6月完成《上海市都市计划三稿初期草图》及说明书。

"大上海都市计划"是上海结束百年租界时代后首次编制的完整的城市总体规划，也是第二次世界大战后中国大城市编制的第一部现代城市总体规划。西方留学背景的建筑师、工程师积极参与其中，当时西方城市规划的"有机疏散""快速干道"和"区域规划"等理论被运用到规划中。"大上海都市计划"大致分人口、土地区划、新道路系统、港埠和其他交通系统等几个方面：

《大上海都市计划总图草案报告书》初稿、二稿

（1）人口与建设卫星市镇。上海市未来人口的增加是必然的趋势。经与苏联、日本、太平洋区域的人口比较，得出的结论是，以1946年上海市人口370万作为基数，则50年后上海市的人口将达1 500万。当时上海总面积为893平方千米，以平均人口密度每平方千米1万人计算，则上海市最高人口容量仅为700万人。剩余的800万人口如何处置？解决的办法是疏散到分布于市界之外的卫星市镇。

（2）土地区划。一是工业应向郊区迁移。工业向郊区转移是过去50年中世界大都市的发展趋势，但是上海不能采用欧美各国的办法，而是在现有城市的周围设立新市区，这些新市区就是工业区；通过绿地带将城市与新市区分隔开。二是制定土地使用

第六章
繁华难再（1945—1949）

标准，其中包括 50 年内暂定每平方千米总平均人口密度为 1 万人；其他土地使用标准为住宅 40%，工业 20%，绿地面积 32%；次干道及主要交通线 8%。三是规定各种土地使用的相互关系，其内容有，孩童每日自住宅到学校步行时间不超过 15 分钟，离开住宅不超过 10 分钟步行距离范围内应有食品、燃料等日用品店铺，半小时步行距离内应有娱乐设施，工业区应远离住宅区，防止噪声、煤烟、臭味及有害物质的骚扰，各地区道路交通须配备合理等。此外还有土地段分和积极的土地政策、绿地带、新的分区、住宅区、工业地区、新区划分法令等多项内容。

（3）新道路系统。针对以往上海交通系统的种种弊端，建议新建宽度为 23 米的若干直通干路：由吴淞港起点，经虬江码头、杨树浦北站而至北新泾区；由前法租界外滩为起点，经南市环龙路、复兴路、虹桥路而达青浦；由吴淞为起点，经江湾、虹口、外滩、南市、南站、龙华而达新桥、塘湾、闵行各地区；由肇家浜起点，经善钟路（今常熟路）、普陀路而达蕴藻浜；由南站起点，经西藏路、北站而至大场。此外，对绕越路线、次干路系统的建设也提出了具体设想。同时对地方道路、停车场及客货终点等问题的解决进行了论述。

（4）新建港口。在吴淞附近及蕴藻浜、江湾及龙华之间、闵行附近、高桥区建新港口。同时建议在吴淞港区建造渔业港。

（5）关于浦东地区。浦东被规划为市区牛乳、鸡蛋、蔬菜供应的基地和容纳 70 万人口的住宅区。

（6）其他交通系统。较重要的是市镇铁路，设计路线为：从吴淞港经江湾、杨树浦、北站、普陀而达虹桥；从吴淞镇经江湾、外滩、南市、龙华而达松江；从蕰藻浜经大场机场、普陀而达龙华港；从北站经中山路、龙华机场、闵行而达松江；从南市经外滩、山阴路而达中山路；从南翔经北站、南站而达川沙和南汇。这 6 条市镇铁路将构成地方交通系统的主体，其余交通工具则在市区内行驶，作为市镇铁路的供给线。[1]

1946 年 8 月，上海市都市计划委员会成立，由时任上海市市长吴国桢兼任主任委员。此后，按照拟定的组织规程和会议程序，由秘书处组织基础资料收集与汇总，成立专业小组讨论专项规划原则与设想，对重大问题以大会和联席会议形式反复论证、补充调研，在意见不统一的情况下采取"少数服从多数"原则，保留争议、按进度持续推进，具体到市参议会应当对都市计划怎样批复、批复些什么内容，如何筹措计划实施的财源等，一并认真讨论，形成决议则严格执行。自 1946 年 8 月至 1949 年 2 月的两年半时间内，仅仅以都市计划委员会秘书处的名义，即组织了 33 次处务会议、8 次联席会议、10 次技术委员会会议，以及大大小小的业务座谈会、检讨会和专题扩大会议等。会上对计划的用词和程序的合理性反复斟酌，因此在计划成果之外，还随之诞生了各种市政管理的组织章程、规程、办法、通则、细则和标准。正如其参与人员、港口专项研究负责人韩布葛骄傲地宣称的："上海都市计划委员会的组织是极其摩登（modern）和新

---

1. 圣孩：《蓝图之夭——旧"大上海都市计划"始末》，《上海档案》2002 年第 2 期。

派的（streamlined）。"[1] 主持和参与"大上海都市计划"的工程师、建筑师，如赵祖康（工务局局长）、施孔怀（浚浦局局长）和建筑师陆谦受、黄作燊、郑观宣、白兰德、甘少明、梅国超、王大闳，均为接受过现代高等教育的专业人士，其中不少人还有留学西方的教育背景，这使得"大上海都市规划"不但十分专业，而且具有世界眼光。此外，现代主义建筑师、时任圣约翰大学建筑系教授的鲍立克也是参与"大上海都市计划"的主要专家。

然而，"大上海都市规划"启动不久，由蒋介石挑起的国共内战爆发，战争阴云笼罩上海，"大上海都市规划"的落实前途未卜，赵祖康与参与规划的专家们对时局高度关注。1949 年 3 月 19 日，赵祖康与侯德榜、茅以升、恽震、顾毓泉联名给国民政府代总统李宗仁、行政院院长何应钦和中共中央主席毛泽东撰写公开信，呼吁国共双方不要因战争对工矿企业和交通公用设施造成破坏，切实履行保护城市建筑和生产建设设施的责任。信中恳言："倘若因为战争造成对上海等城市的重大破坏，将使中国经济倒退 20 年！"公开信完成之后，赵祖康即返回上海，敦促鲍立克、程世抚、钟耀华和金经昌四人加快"大上海都市计划"三稿的编制，最终 5 月底在上海解放之后完成于程世抚的家中，并特意将结稿日期签署在 6 月 6 日——传说中的大禹生日、旧中国的工程师节。赵祖康当时作为国民党政府的上海市代理市长，为守

---

1. 侯丽、王宜兵：《大上海都市计划（1946—1949）——近代中国大都市的现代化愿景与规划实践》，《城市规划》2015 年第 10 期。

海上繁华
（1843—1949）
278

护城市，完成和平交接，精心保留相关资料。"大上海都市计划"三稿在征得上海市市长陈毅同意后结集成册，得以保存。大多数"大上海都市计划"编制的参与者都留在了新中国，并参与开创了新中国城市规划专业教育，使得"大上海都市规划"理念在之后的上海城市规划中得到延续。[1]

第二节　国民党在上海统治的崩溃[2]

国民党重返上海之初，虽然经济有一定程度的恢复和发展，但由于国民党政府发动内战，加上美国战后剩余物资的充斥泛滥，好景不长，很快又步入困境，而通货膨胀和物价飞涨加剧了社会矛盾和危机。国民党政府虽然进行了一些改革和努力，但军费开支像一张血盆大口，吞噬了一切。

一、美货泛滥

战后的中国百废待兴，需要得到国际社会的支持进行重建，美国作为国民党政府的"友邦"，看到了中国正好是其战时生产的大批工农业产品的极好出路，于是这些产品以"援助"的名义

1. 侯丽、王宜兵：《大上海都市计划（1946—1949）——近代中国大都市的现代化愿景与规划实践》，《城市规划》2015年第10期。
2. 本节撰写参考熊月之主编《上海通史·民国经济》（第八卷）（上海人民出版社1999年版）相关内容及其他相关研究成果。

源源不断地输入中国。上海作为美货的集散地，可以说是"无货不美""有美皆备"。南京路上四大百货公司中80%的货物都是美货，中央商场、中美商场等专门销售美货。美货的大量倾销，对于还未完全恢复过来的上海工业中某些行业来说，无异于雪上加霜。

上海著名的民族企业家刘鸿生回忆当年美货冲击下他经营的水泥厂的情况："虽然我的水泥厂装备好美国机器，仍然无法开工。即使短短地开工，也无法和市面上大量倾销的美国水泥竞争。美国水泥五十公斤一包只售一元八角，我们自己的水泥成本都达三元。然而这时我们的码头生意却大发其财。栈房里堆满了美国水泥、毛纺、面粉等物资。最后，我们的水泥厂只好关了门，变成了一个仓库，专存美国的剩余物资！"[1]

同样受到美货倾销影响的还有其他行业。卷烟业是上海仅次于棉纺织业的第二大行业，战后一度得到发展，但随着美烟"骆驼""幸福"等产品的倾销，仅1946年，上海民族卷烟业80多家工厂先后被迫停工与减产。其他如面粉业、造纸业、丝织业等都不同程度地受到冲击。

但是，相比美货对上海经济的冲击而言，更大灾难却是内战的爆发及国民政府随之实施的统制经济和无休无止的恶性通货膨胀。

---

1. 上海社会科学院历史研究所编：《刘鸿生企业史料》（下），上海人民出版社1981年版，第465页。

二、国民党对上海经济的全面垄断

抗战结束不足一年，蒋介石挑起的内战爆发，随之而来的军费开支使得国民政府本来已经惊人的财政赤字更是一发不可遏制，通货膨胀惊人，经济形势日益恶化。这种情况下，南京国民政府加强了对经济的全面统制。上海在刚刚摆脱日伪的统制经济政策之后，又沦为国民党经济统制政策的牺牲品。与日伪的经济统治方式有所不同的是，国民党是通过国营机构和官商合办企业垄断上海经济。

战后，通过对日伪企业的接收等举措，国民党政府控制的国营机构设立并不断扩大，一些国民党官僚把持的官商合办企业和以民营企业面目示人的四大家族背景的企业也纷纷成立，逐渐垄断了整个国家的经济命脉。国民党主要通过以下几种方式控制国家的经济命脉。

一是通过国家资本企业垄断资源性行业和纺织业。对资源性行业的垄断通过资源委员会实现。资源委员会是国家资本企业的经营管理机构，在战前已设立，战后通过对敌伪产业的接收和发展，实力大大增强，垄断了全国煤矿、电力、石油、钢铁、金属矿业、电工、机械、建筑材料、化工、造纸和制糖等10多个主要工业行业，拥有291个厂矿，223 775名员工，总资产在52 442亿元以上，仅1947年营业收入达2 400亿元。[1]

对纺织业的垄断是中国纺织建设公司。中国纺织建设公司是

---

1. 熊月之主编：《上海通史·民国经济》(第八卷)，上海人民出版社1999年版，第447页。

为接收日伪纺织企业，由时任国民党最高经济委员会委员长宋子文筹备，1946 年初在上海正式成立，成立后开始对上海、青岛、天津和东北的原日伪纺织企业进行接收。至 1948 年，中纺公司拥有的纱锭占全国 70%，布机占全国 56%，总资本估计在 1.5 亿美元以上，是当时世界上最大的纺织企业。在上海，中纺公司共有 34 个工厂，其中纺织厂 17 个，纱锭 887 364 枚，线锭 230 116 枚，布机 17 580 台；另有机械厂 2 个，印染厂 6 个，毛纺厂 5 个，制麻厂 2 个，绢纺厂、针织厂各 1 个。无论从资本还是生产规模，都占上海纺织业的绝大部分。

除了对纺织业的垄断，国民党还建有国家垄断企业中国蚕丝公司。中蚕公司是在接收日伪中华蚕丝公司上海总公司及其所属支店、工厂、洋行的基础上建立起来的，总公司设在上海，在无锡、广州等地有分支机构、工厂、仓库等 26 个单位，1947 年其资本总额达 4 983 亿元，垄断了上海、江苏、浙江等省市的蚕丝事业。[1]

二是通过官商合办、以官为主的大型垄断企业。国民党主持、设立的一系列这类企业中，比较重要的有如下几个：其一是中国植物油料厂。中国植物油料厂由战前国民政府实业部投资建立，战后总公司迁沪复员，接收了大量日伪油脂企业及其工厂，资本急剧膨胀，在各地拥有分公司、加工厂、炼油厂等数十个单位，登上了"油霸"的地位。其二是中国纺织机器制造公司。该

---

1. 熊月之主编：《上海通史·民国经济》（第八卷），上海人民出版社 1999 年版，第 448 页。

公司是在战后接收日伪产业的基础上，1947年3月28日由经济部核准在上海成立，官股40%，商股60%，主要经营纺织染整机器及配件。其三为中国农业机械公司。该公司是在获得美国救济物资1 000万美元的基础上建立的，在上海设立总厂，沈阳、天津等地设分厂，由农林部、农行、中行、交行、中央信托局、新中工程公司等投资。

三是通过蒋宋孔陈四大家族凭借权势建立的官僚资本企业，这类企业名义上是民族资本企业。官僚资本企业中最有权势的是以孔祥熙为代表的孔氏家族企业。孔家企业在战前就有很大规模，战中得到发展，战后更是大发其财。这些资本主要集中在上海。战后孔家经营的重要商号就有祥记商号、庆记纱号、强华公司、裕华公司等；1946年1月又成立了扬子建设股份公司，资本10亿元，从事国际贸易，倒卖进口豪华轿车等奢侈品。1948年10月该公司在上海囤积倒卖200辆豪华汽车和电冰箱等高档奢侈物品被告发，全国舆论一片哗然，但在蒋介石的保护下不了了之。战后，宋家和陈家也大有收获，尤其是陈氏兄弟，凭借国民党的力量大肆向各个公司和企业渗透，并成立自己的公司企业。这样，战后不久，上海就集中了蒋介石系统的中美实业公司、民用航空公司，宋子文系统的立达公司、孚中公司、金贸易公司，孔祥熙系统的扬子建设、嘉陵企业和建新实业等公司。上行下效，各级大小官僚都蠢蠢欲动。

国民党政府对经济的全面垄断，在上海表现得最为突出。据统计，1948年，在工业生产方面，官僚资本拥有上海全部的炼钢平炉和电炉的 85.7%、纱锭的 38.5%、织布机的 59.2%；所生产的产品中，钢产量占全市总产量的 89.3%，棉纱占 42.4%，棉布占 35.5%，粗纺毛织品占 41.8%，变压器占 61.6%，烧碱占 38.1%，食用植物油占 31.9%。上海的铁路、公路、航空运输和邮电的全部或大部为国民政府所控制。此外，55% 的轮船吨位、48% 的码头岸线、32% 的仓库面积也被国民党政府所控制。在外贸和金融业方面，国民党政府通过中国进出口贸易公司、中国棉业公司、中国植物油公司和中央信托局、邮政储金汇业局等垄断着流通领域。[1] 这些机构全面地控制了上海的经济命脉。

国民党政府对经济的全面垄断造成了民营经济的萎缩，在官僚资本企业的竞争压迫下，民营资本企业的发展空间自然极为狭窄，难以施展。

三、通货膨胀与金圆券改革的失败

通货膨胀一直是战后国民党面临的最棘手的经济问题之一，内战爆发后，巨大的军费开支造成的惊人财政赤字又使得通货膨胀如脱缰的野马，难以控制。1948 年 8 月，国民党政府抱着最后一搏的心态而进行的"金圆券改革"也以失败告终，宣告了上海经济的彻底崩溃。

抗战胜利以来，由于受到物价上涨等原因的影响，上海市的财政赤字问题一直没有得到解决。超过限度的财政赤字必然引起

---

1. 熊月之主编：《上海通史·民国经济》(第八卷)，上海人民出版社 1999 年版，第 450 页。

严重的通货膨胀，带来经济发展危机，而助推通货膨胀的首先是战后的收兑伪币政策。

抗战胜利后，因国民政府迟迟未公布法币与原沦陷区使用的伪币的兑换率，导致各地的兑换率不一致，这为投机者创造了投机的机会。1945年9月27日正式公布的兑换率又大大低于实际比价，这一方面意味着对收复区人民的无端剥削，另一方面导致上海物价偏低，刺激了后方法币的大肆流入上海，抢购和囤积物资、黄金进行投机，引起了物价上涨和法币发行量剧增，战后的第一轮通货膨胀随之而来。内战爆发后，军费开支的膨胀，更刺激了国民党政府财政赤字的飙升，法币发行量呈几何级数增长，恶性通货膨胀造成货币大幅贬值，人们对政府所发行的钞票失去信心后，加快了资金的流通速度，给通货膨胀火上浇油。

通货膨胀和物价飞涨带来了严重的金融危机，国民党政府企图用开放外汇市场和抛售黄金的办法平抑物价，以恢复经济的正常状态。然而由于人们对法币的购买力日益失去信心，黄金和外汇逐渐成为人们储备的对象，各地资金纷纷涌向上海，许多国民党的高级军官甚至把刚刚领到的军饷立刻投到上海；而一些投机分子和工商企业则用刚从四联总处获得的生产贷款进行抢购，导致黄金、外汇抢购热潮，价格暴涨。与此同时，物价飞涨，1948年后，法币发行更是跟不上物价的飞涨速度，从6月到8月的两个月中，上海各主要物资的物价都上涨到10倍左右。物价的不断上涨，使商店的店主们不得不一天关门打烊几次，以调整货物牌价；许多商店甚至全天关门，不愿意用那还有些价值的存货去换回一文不值的法币。这种情况下，蒋介石指示翁文灏内阁想办法整顿经济秩序。时任财政部部长王云五提议以中央银行所存的黄金证券做保证，发行金圆券代替法币。

王云五的提议最终被采纳。为了整理财政并加强管制经济以稳定物价，平衡国家总预算及国际收支，1948年8月19日国民政府颁布《财政经济紧急处分令》，宣布发行金圆券代替法币，以金圆券为本位币，限期收兑已发行之法币及东北流通券；限期收兑人民所有黄金、白银、银币及外国币券；限期登记管理本国人民存放国外之外汇资产。上海作为全国的财政、经济和工商业中心，自然成为改革措施执行的实验田。蒋介石任命中央银行行长俞鸿钧和蒋经国就任上海经济管制督导员。

彼时的蒋经国踌躇满志，带着一批亲信和以青年为主的"戡乱建国大队"共三千余人来沪，大张旗鼓地展开工作。抵沪后采取的第一项措施是限制物价。按照政府公布的物价管制办法，所有商品都必须停留在8月19日的市价上，目的是打击投机和囤积。在蒋经国的指挥下，全市警方和检查机构四处检查市场、仓库、水陆码头，凡是违背法令者，商店吊销执照，货物全部没收。起初有一些成效。但是不久限价造成商品短缺，一些资本家将工业产品偷运到外地出售牟利。于是他将矛头转向控制着上海经济命脉的资本家，即所谓"大老虎"。

蒋经国会见了刘鸿生、钱新之、杜月笙等上海金融界、工商界的头面人物，要他们交出金银和外汇，同时让装着高音喇叭的大卡车在马路上来回逡巡，停在这些人家的门口动员他们把黄金交出来。可是这些人却阳奉阴违。蒋经国开始采取更为强硬的措施：将泄露经济秘密的财政部秘书陶启明处以徒刑；枪毙因大量倒卖外汇而在两个月前被捕的王春哲，并在报纸上刊登其被执行死刑时的大幅照片；同时对一些"大老虎"开刀，荣家企业的头号人物荣鸿元、中国水泥公司常务董事胡国梁、美丰证券公司总经理韦伯祥等 64 名大工商业者因私逃外汇和私藏黄金而被捕入狱。工商业界为之震动，纷纷交出他们所私藏的黄金首饰和外汇。

然而，发行金圆券未能解决根本问题。物价持续上涨问题首先未解决。将上海物价限制在 1948 年 8 月 19 日的水平上，可是全国其他各地的物价还是在继续上涨，造成上海大量商品流向外地，而上海工厂必需的原材料又不能从外地购得，上海的物资短缺情况愈演愈烈，最终引起了消费者和生产者的恐慌，而且货物短缺也给物价造成极大的压力。先是大米供不应求，随后每天早上市场上蔬菜和猪肉一抢而空。随着冬季的到来，过冬物资的缺乏更是造成社会空气极端不安。9 月 30 日，行政院授权蒋经国将他的物价限制区域扩大到南京、江苏、浙江和安徽，但为时已晚。10 月 2 日对上海来说是一个转折点。国民党政府为减少预算赤字，决定对烟酒等货物提高征税，并允许对这些商品提高价格。店主们打烊调整牌价，各类卷烟上涨 100% 到 120%。面对此况此景，对通货膨胀的恐惧促使人们开始了限价以来的第一次抢购风潮，大街小巷到处都是排队购买商品的人群。4 日，纱布市场奉令暂停交易；6 日，粮油市场又奉令停业。到 7 日，上海商品短缺

第六章
繁华难再（1945—1949）

已达极限，商店货架空空如也，甚至连市政当局多年来一直取缔不了的走街串巷小摊贩也销声匿迹。经过 3 个星期左右，抢购风慢慢平静下来，上海已经没有任何再可购买的东西了，穷人家没粮没肉没油，医生给病人开不出药，婴儿没有奶粉，甚至死人的棺材也无处可寻。蒋经国在此情况下，仍然想尽一切办法企图走出困境，他把上海的棉织品和糖运到内地去交换米和食品，还打算从 11 月开始实行定量供应，但这一切都起不了作用，上海的生产和商业活动都处于彻底瘫痪状态。10 月 31 日，国民政府宣布撤销限价政策，同一天支持金圆券改革的翁文灏和王云五也向蒋介石提交辞职书。至此，金圆券改革宣告彻底失败。

第三节　反对国民党的反动统治与上海解放[1]

国民党虽然在上海重建了统治，但这个政权的腐败无能，尤其是为建立独裁统治，一意发动内战导致的通货膨胀等一系列经济问题，破坏了上海城市正常的经济秩序和社会生活，不但上海昔日的繁华难再，还激起了各种社会矛盾和人民的不满。上海各界人士在中共领导下，发动各种抗议活动和反抗运动，形成反内战的第二条战线。与此同时，中国人民解放军在战场上节节胜利，国民党在上海的统治随着上海的解放而终结。

---

1. 本节撰写参考熊月之主编《上海通史·民国政治》（第七卷）（上海人民出版社 1999 年版）相关内容及其他相关研究成果。

一、反内战的第二条战线

1946 年 6 月 26 日，国共内战在全国范围内爆发。国民党坚持内战，给作战区的人民带来极大的灾难，也使国统区的各种政治、经济矛盾和危机进一步激化。上海发生的一系列事件就是这种危机和矛盾的突出反映。

1. 摊贩事件

全面内战爆发后，包括上海在内的国统区经济状况进一步恶化，民族工商业倒闭，失业人数增多，一些失业无业人员为维持生计摆起了地摊。1946 年全市摊贩约 15 万。1946 年 8 月，上海市政府以"妨碍市容""整顿交通"为由，下令黄浦、老闸两区的摊贩一律取缔。然而摊贩们为生活所迫，还是不断地摆出来。11 月下旬，警察局出动大批警察、便衣，连日在黄浦、老闸两区行动，先后拘禁摊贩 700 多人。30 日，有数千名摊贩和被拘摊贩家属，一面向市参议会请愿，一面聚集在黄浦分局门前，要求释放被拘摊贩、发还被没收的物品。全副武装的军警用装甲车、高压水枪驱赶群众。当天，有 11 人被打伤。12 月 1 日，聚集在黄浦分局门前的摊贩群众更多，计 5 000 多人，与警察发生对抗，受伤者无数。摊贩的抗议活动后来引起了全市性的市民骚动，商店关门、交通中断。最后市政府不得不收回成命，释放被拘的摊贩，撤换黄浦警察分局局长。1 月 29 日，被提起公诉的 40 多名摊贩被"谕知免诉之判决"，摊贩事件至此始告结束。

2. 抗议美军暴行

抗战结束后，国民政府与美国订立《中美友好通商航海条约》等一系列协定，换取了美国50多亿美元的援助。美国则通过这些条约获得控制中国和垄断、独占中国市场的特权，美国资本和货物大量进入中国。由于上海是战后美军、美货输华的主要基地和集散地，矛盾尤为突出。

抗战结束后，美军先后在上海设立驻沪基地司令部、驻华海军司令部，美军中国战区总司令部亦由重庆移至上海。1945年9月，美国第七舰队抵达上海港，六十余艘舰只分布于黄浦江及其他江口。美军数量在上海激增之初，上海一般市民将其作为"盟军"看待，起初并无恶感。但美军在上海恣意妄为，吉普车满天飞，横冲直撞，军车肇祸日必数起。1946年9月22日，美国水兵乘坐人力车不付车资，并将人力车夫臧大咬子打死，是为轰动一时的臧大咬子事件。而国民党当局对美军的暴行不仅不加追究，反而卑躬相向，将上海最好的建筑物供美军使用，甚至规定国际饭店周围只准"盟侨"进出，不许中国人通行。

战后美国视上海为其对华倾销商品的中心，他们将战后在华推销剩余物资的"联合国救济总署中国分署"总办事处移驻上海，设立"救济合作总署中国分署"，美国公司商号还直接在沪设分支店。1946年7月，上海有此类分支店115处。大到石油、机械，小到香水、口红、牙刷、牙膏，美货充斥上海市场，极大地损害了民族工商业。

内战全面爆发以后，美国资助蒋介石打内战的面目逐渐为上海人民所认识，各界市民酝酿着反美风暴。12月24日，北平发生北大女学生被美军强奸的事件，点燃了全国抗议美军暴行的熊熊烈火。全国有 50 多个城市举行了不同形式的抗议活动。在上海，暨南大学、中华工商专科学校、复旦、交大、同济、大夏、民治新闻专科学校等大中学校的学生行动起来，抗议美军的暴行，并组织"上海学生抗议驻华美军暴行联合会"统一领导这一行动。29 日，该联合会代表上海 30 万学生发表宣言，要求美方道歉惩凶，立即将军队撤出中国。1947 年 1 月 1 日，上海二十余校学生万余人在外滩举行抗议集会和示威游行。

3. 五二〇事件

全面内战导致国民党军费开支十分庞大，为筹措巨额的军费开支，国民政府滥发纸币，使战后法币的发行量呈几何级数增加，物价的猛烈上涨，引起市面混乱和市民恐慌。1947 年 2 月 16 日，蒋介石主持通过《经济紧急措施方案》，采取强制性手段管制市场，规定 5 天内物价必须恢复到 2 月 1 日之前的水平，冻结生活费指数，禁止黄金买卖。并派军警对全市银行、金号、米店等进行监察、检举。然而就在紧急措施下达之后，公用事业费首先涨价，2 月 19 日，全市电费平均上涨了一倍半；自来水、燃料、汽车、轮船、铁路客运费等也跟着上涨。与市民生活关系最为密切的米价普遍上涨，5 月 2 日，市政府宣布凭户籍证购米，半月一次，每次每人以 1 斗为限，市政府每日配售米 9 000 包。各米店除经售市政府配米，多无货应市，无形停业，终于导致抢米风潮，5 月 7 日发生 6 起，9 日有 12 家米店被抢。

物价继续涨，而工资限定在 1 月份的标准上，使工薪阶层的

第六章
繁华难再（1945—1949）

购买力大打折扣。上海第三、四、六等区机制产业工会及邮务、保险、百货、丝织、电力、化学、橡胶、炼钢等业工会纷纷向市政府和南京国民政府请愿，要求解冻生活指数。四五月间，这一要求形成全市性工人的行动。4月29日，上海工人协会发表"五一"宣言，重申解冻生活指数的要求，沪西棉纺业工人以同盟罢工1小时表示共同决心。5月1日，上海工人在国民党市总工会举行的劳动节纪念大会上提出"无条件解冻生活费指数""抑平物价"口号。此后从2日至9日数天内，先后有京沪铁路工人、沪西棉纺业4.5万工人罢工，四区机器业3000多工人联名向社会局请愿，三区百货业职工集会，全市丝织业1万多工人游行示威，法商电车公司职工举行游行请愿。

在全市工人此起彼伏的请愿活动的冲击下，国民党政府被迫宣布自5月份起有条件的解冻生活费指数。虽然如此，物价仍普遍暴涨，5月23日白粳米已涨至每石38.5万元。这样的涨幅，不仅有条件解冻的生活费指数远远跟不上物价的涨势，广大工薪阶层仍为困厄所苦，即使是资本家也深感按生活费指数发放工资不胜负担，难以维持生产。5月间，终于因南京中央大学学生要求增加副食费事件为导火线，引发了上海学生大规模的反饥饿、反内战运动。

5月20日，上海赴京请愿的学生代表与南京、苏州、杭州的学生代表共6000多人在南京举行向国民政府请愿联合大游行。学生们提出提高学生公费、提高教职员工待遇、提高教育经费等5项要求。游行队伍在珠江路遭到国民党军警的镇压，学生500多人被打，其中重伤19人，被捕28人，史称五二○事件。消息传到上海后，上海医学院、同济、上音、暨南大学、交大等校学生连夜行动起来。21 日，全市 102 所大、中学校的学生代表齐集上海医学院，宣告成立上海学生抗议五二〇惨案后援会，决定 23、24 日实行罢课，向社会宣传，抗议国民党当局的暴行和声援南京学生的斗争。

从 1946 年下半年的摊贩事件到 1947 年上半年的五二〇事件，在上海所发生的这一连串事件是国统区状况的一个缩影，表明国民党发动全面内战所造成国统区经济、政治状况的进一步恶化，使得工人、学生、市民、教师、工商界等各阶层人士普遍感到不满和失望。

二、上海解放

1948 年 9 月起，中国人民解放军先后发起辽沈战役、淮海战役和平津战役，至 1949 年 1 月，东北、华北及华东的长江以北地区基本解放，人民解放军已兵临长江北岸，国民党统治中心的南京、上海已危在旦夕。迫于内外压力，蒋介石被迫同意与中共和谈。1 月 21 日，蒋介石宣布下野，由李宗仁代总统与中共和谈。但对于蒋介石而言，同意和谈只是为了获得喘息的时间。1 月 25 日，宣布下野的蒋介石在溪口与何应钦等人商定了以江防为外围，以沪杭三角地带为重点，以淞沪为核心，采取持久防御的战略决策，准备与中共决战。蒋介石的算盘是利用海空军的优势在上海坚守 6 个月，以期引起国际干涉。同时争取时间将上海的金银、物资、设备抢运至台湾。

为实施这一战略决策，蒋介石任汤恩伯为京沪杭警备总司令，统一指挥湖口以东长江南岸包括苏、浙、皖三省及赣东地区共计45万国民党军队。汤恩伯深谙蒋介石的意旨，把主力放在京沪线上，重点护卫上海。他督促上海工事构筑委员会加紧实施在上海周围建筑钢筋水泥碉堡组成的防御工事，先后建造碉堡5 000个，活动碉堡3 000个，组成外围阵地、主阵地、核心阵地三道防线。1949年2月初，上海军政当局重新订定市区警备计划，将全市划为三个警备区域，由各分区统一指挥配属之军、警、宪部队。

1949年4月20日，国民党政府拒绝在《国内和平协定》上签字。21日，人民解放军强渡长江。23日，解放南京之后，人民解放军迅速向京沪杭地区进军，至4月底已解放了苏南、皖南及浙江大部，对上海形成包围态势，国民党在上海的统治已危在旦夕。4月22日，淞沪警备司令部宣布上海市进入战时状态，实施全面军事管制。26日，蒋介石亲自到上海，连日召见上海的军政人员，部署保卫上海。

首先是军事防御。国民党退守上海的军队约20万人。在上海以浏河、嘉定、南翔、华漕镇、七宝镇、华泾镇及浦东的川沙、北蔡一线为外围阵地；罗店、洛阳桥、北新泾、虹桥、龙华镇及浦东的高桥至高行、庆宁寺、洋泾镇、塘桥镇、杨思镇一线为主阵地；市区的国际饭店、汇丰银行、海关大楼、永安公司、大新公司、百老汇大厦、北站大楼、四行仓库等32座高大坚固建筑为核心阵地，并以百老汇大厦和国际饭店为苏州河南北两个指挥中心。另外还配有飞机一百三四十架、舰艇三十余艘。[1]

其次是抢运金、银和战略物资。从 1948 年底 1949 年初，国民党政府就开始实施将存放在上海的金银外币和物资，以及重要的工厂设备等运往台湾。至 1949 年 4 月上海解放前，先后运出中央银行库存的黄金、白银等数批。1949 年 5 月 6 日，汤恩伯和陈良在上海组成"上海物资调节委员会"，召集中央银行、中信局、物资局、中纺公司、造币厂、药品供应处、交通储运总处、招商局等会商将上海所存的珠宝、纱布、化学原料、通信器材、金属材料、药品等战略物资抢运台湾。

此外，国民党军警对革命者和进步人士进行疯狂的逮捕、屠杀。至上海解放前夕，在上海共逮捕了 3 000 多革命者和进步人士。其中，中共地下电台的李白、秦鸿钧、张困斋，民盟上海支部负责人黄竞武，交大学生穆汉祥、史霄雯，国民党警察局内部的中共地下党员钱凤岐、刘家栋、蒋志毅、钱文湘，中共地下情报人员钱相摩、方守月，国民党革命委员会京沪代表孟士衡、吴士文，孙文主义革命同盟陈惕虞、张达生、方志农、朱大同、王文宗及国民党官兵中参加策反、准备起义的张权、李锡九等人士，共 100 多人被杀害。

在国民党部署上海防御并抢运物资前往台湾的同时，人民解放军解放上海的战役也在紧张的准备中。中共中央对解放上海采

---

1. 刘剑石、邹彬等：《上海战役概述》，中国人民政治协商会议全国委员会文史资料研究委员会编：《文史资料选辑》合订本第 23 册，中国文史出版社 1986 年版，第 180—181 页。

295

第六章

繁华难再（1945—1949）

取了非常谨慎的态度。上海是中国最大的城市，又是中国最大的经济中心。人民解放军既要消灭国民党在上海的守军，攻占上海，又要尽可能把这座城市完整地保存下来，免遭炮火焚毁和避免引起城市的混乱。因此，中共中央把是否做好接管的准备工作作为进攻上海的先决条件之一。进军上海之前，中央从各解放区、北平、香港组织了5 000多人的"南下干部总队"进行培训，为接管上海做准备；还从各地调运足够的粮食、棉花、煤炭等，以备进入上海以后的民用和生产所需。4月29日，第三野战军第九、第十兵团已分别攻占了苏州和浙江的吴兴等地。5月10日，第三野战军陈毅、粟裕、谭震林、张震签署下达了《淞沪战役作战命令》，命令叶飞、韦国清、陈庆先指挥第十兵团，宋时轮、郭化若、覃健指挥第九兵团，分别从江苏、浙江两面会攻上海。担任解放上海战役的第九、第十兵团辖10个军和1个特种兵纵队计30个师近40万人。

对解放上海之役，当时设想了三种方案。第一是长围久困，这样可以以逸待劳，减少部队伤亡。但是长围久困，粮食和燃料不能运进上海，会给上海600多万市民的生活带来困难；而国民党军队有海上通道，这个方案不可能完全围死。第二是选择国民党守军防御薄弱的苏州河以南实施突击，但主战场放在市区，城市会被毁坏，也不可取。第三是把攻击重点放在吴淞，暂不攻击市区。这样既可以封锁国民党军队海上退路，切断国民党抢运上海物资的通道，还可以把国民党军队吸引到吴淞口周围决战，避免在市区进行大规模战斗，减少城市破坏。但这将大大增加战斗

海上繁华
（1843—1949）

的艰巨性和部队的伤亡。为了保全上海这座大城市，确定第三种方案为最佳方案。[1]

解放上海的战役共分两个阶段：5月12日夜至24日，为郊区主阵地战斗阶段；24日夜至27日上午，为市区战斗阶段。

5月12日夜，第九、第十两兵团分别在浙江和江苏两个方向同时发起外围战斗。第十兵团第二十九军攻占浏河后，于13日对月浦镇发起攻击。第二十八军攻占太仓、嘉定后，于14日发起对刘行、杨行的进攻。月浦、刘行、杨行是吴淞口西侧屏障，汤恩伯为保护吴淞出海口，在这里布下重兵，依托钢筋水泥的地堡群和海上舰炮、空中飞机进行顽抗，战斗异常激烈，数日内双方反复争夺，伤亡惨重。至18日，解放军攻克月浦、刘行。浙江方面的第九兵团第二十军、第二十七军在连克平湖、金山卫及嘉兴、嘉善后，于14日攻占奉贤、南汇。汤恩伯计划于18日趁海潮时炸毁海堤，以海水阻止解放军从浦东方向的进攻，但未来得及实施，解放军第三十军、第三十一军就迅速向浦东进军，15日占领川沙，16日攻克周浦，18日逼近高桥。

高桥位于吴淞口的浦东一侧，解放军进逼高桥，与月浦方向的解放军对吴淞口形成两面夹击之势。汤恩伯亲自指挥部队，利用高桥以东海面上的军舰火力，在高桥固守。双方激战数日，至23日解放军炮兵赶到，猛轰高桥以东海面上的国民党军舰，控制了高桥东北的海面。与此同时，解放军第九、第十兵团外围作战

---

1. 粟裕：《粟裕战争回忆录》，解放军出版社1988年版，第622—623页。

第六章

繁华难再（1945—1949）

的另外几支部队分头攻下安亭、黄渡、南翔及松江、青浦、泗泾等地，除吴淞口尚未封闭外，人民解放军从三面迫近上海市区。国民党经过近半年时间修筑，自诩为攻不破、摧不毁的钢铁阵地，在解放军的打击下，不到半月便外围工事尽毁，阵地俱失。为免全军覆没，蒋介石于23日下令汤恩伯撤退。同一天，第三野战军下达了向上海市区进军的总攻击令，命令部队从四面八方同时向市区国民党守军发起进攻。由于在吴淞口两面——月浦和高桥激战的时候，汤恩伯为控制住吴淞出海口这一唯一的退路，把主要部队从市区抽调到吴淞口两侧加强防守，市区内守军的力量因而大为减弱。

5月24日，解放军第二十七军、二十军、二十三军等首先分别从虹桥、龙华、浦东、漕河泾等方向突入市区。此时，国民党上海市军政当局已陷于一片混乱，淞沪杭警备总司令汤恩伯、上海市市长陈良等已上了停在吴淞口的军舰准备出逃。临出逃前，汤恩伯任命国民党第五十一军军长刘昌义为淞沪警备副司令留守；陈良则将上海市市长的印信交给了时任工务局局长的赵祖康。25日，市区苏州河以南部分已基本解放。在苏州河北岸，国民党军队凭借百老汇大厦、上海邮电大楼等高层建筑，以密集火力封锁苏州河各桥梁。关键时刻，国民党上海守军的最高军官刘昌义派人来联系，向解放军投诚。

刘昌义起义对于解放军加速解放上海市区，减少解放军伤亡起到重要作用。另一边，赵祖康在此前已与中共上海地下党建立了联系，积极配合地下党稳定上海秩序。他指示在市府大楼竖起白旗，与中共地下党代表商妥了维持社会治安、防止破坏、保管好档案财物和户籍图册、维持水电供应、恢复公共交通及工厂商店复业等八项措施。26日，人民解放军攻占了吴淞镇、宝山、江湾镇、高桥，并向苏州河北挺进。这一天，赵祖康召集了中华民国史上最后一次上海市政府会议。下午，赵祖康与据守苏州河北邮政大楼、百老汇大楼、河滨大楼的国民党军队联系，和平解决了这些军队的缴械问题，并释放了被国民党关押的政治犯400多人。27日，解放军占领国民党京沪杭警备总司令部，杨树浦最后一股国民党守军向人民解放军投降。同日，解放军军管会进驻旧市政府。至此，上海全部解放。

解放上海战役历时15天，歼灭国民党军队15万人。解放军伤亡3万余人。[1]

在人民解放军向上海进军的过程中，中共上海地下党广泛组织人民保安队护厂、护校，保护工厂、企业、机关的财产、档案，阻止国民党最后的抢掠，维持社会秩序，劝降驻在工厂学校内的国民党军队，收缴残敌的武器弹药等工作，使上海这座城市在战争过程中基本上没有停电，没有断水，电信畅通，市内外交通也在上海解放后第二天就恢复通车，为配合人民解放军解放上海做出了重要贡献。

1949年5月28日，陈毅到市政府，宣布新的上海人民政府成立，陈毅为市长。赵祖康代表旧市政府向新生的人民政权办理移交，国民党在上海统治至此正式终结。

---

1. 刘统：《战上海》，上海人民出版社、学林出版社2018年版，第77页。

图书在版编目（CIP）数据

上海简史.海上繁华：1843-1949 / 王敏著；熊月
之主编.—上海：上海教育出版社，2024.7.
— ISBN 978-7-5720-2868-7

Ⅰ.K295.1

中国国家版本馆CIP数据核字第2024PC9658号

责任编辑　储德天
封面设计　陆　弦

上海简史·海上繁华（1843-1949）
熊月之　主编
王　敏　著

出版发行　上海教育出版社有限公司
官　　网　www.seph.com.cn
地　　址　上海市闵行区号景路159弄C座
邮　　编　201101
印　　刷　上海颛辉印刷厂有限公司
开　　本　889×1194　1/32　印张 9.875
字　　数　204 千字
版　　次　2024年8月第1版
印　　次　2024年8月第1次印刷
书　　号　ISBN 978-7-5720-2868-7/K·0030
定　　价　78.00 元

如发现质量问题，读者可向本社调换　电话：021-64373213